谨将此书
献给中国著名经济学家
谷书堂教授
90华诞

国家自然科学基金项目（71062002）
国家软科学研究计划项目（2005DGS3D057）　　共同资助
重庆工商大学长江上游经济研究中心

"十二五"国家重点图书出版规划项目

长江上游地区经济丛书

长江上游地区经济一体化研究

黄志亮　饶光明　等/著

科学出版社

北京

图书在版编目（CIP）数据

长江上游地区经济一体化研究/黄志亮等著.--北京：科学出版社，2014.6
（长江上游地区经济丛书）
ISBN 978-7-03-041070-2
I.①长… II.①黄… III.①长江流域-上游-区域经济一体化-研究 IV.①F127.5
中国版本图书馆CIP数据核字（2014）第127752号

丛书策划：胡升华　侯俊琳
责任编辑：杨婵娟　卜　新 / 责任校对：赵桂芬
责任印制：徐晓晨 / 封面设计：铭轩堂
编辑部电话：010-64035853
E-mail: houjunlin@mail.sciencep.com

科学出版社 出版
北京东黄城根北街16号
邮政编码：100717
http://www.sciencep.com

北京教图印刷有限公司 印刷
科学出版社发行　各地新华书店经销

*

2014年7月第 一 版　开本：720×1000　1/16
2015年3月第二次印刷　印张：13 3/4　插页：1
字数：262 000
定价：68.00元
（如有印装质量问题，我社负责调换）

"长江上游地区经济丛书"编委会

（以姓氏笔画为序）

主　编	王崇举	杨继瑞	汪同三	
副主编	文传浩	白志礼		
委　员	左学金	史晋川	刘　灿	齐建国
	杨云彦	杨文举	余兴厚	宋小川
	张宗益	陈泽明	陈新力	郝寿义
	荆林波	段　钢	黄志亮	曾庆均
	廖元和	魏后凯		

"长江上游地区经济丛书"指导专家

(以姓氏笔画为序)

王崇举　教　授　重庆工商大学长江上游经济研究中心名誉主任
文传浩　教　授　重庆工商大学长江上游经济研究中心常务副主任
左学金　研究员　上海社会科学院常务副院长
史晋川　教　授　浙江大学社会科学学部主任
　　　　　　　　浙江大学民营经济研究中心主任
白志礼　教　授　重庆工商大学长江上游经济研究中心顾问
刘　灿　教　授　西南财经大学副校长
齐建国　研究员　中国社会科学院数量经济与技术经济研究所副所长
杨云彦　教　授　湖北省人口与计划生育委员会主任
杨文举　教　授　重庆工商大学长江上游经济研究中心副主任
杨继瑞　教　授　重庆工商大学校长
　　　　　　　　重庆工商大学长江上游经济研究中心主任
余兴厚　教　授　重庆工商大学研究生院院长
宋小川　教　授　美国圣地亚哥美厦学院教授
　　　　　　　　重庆金融学院执行院长
汪同三　研究员　中国社会科学院数量经济与技术经济研究所所长
张宗益　教　授　西南财经大学校长
陈泽明　教　授　贵州省商务厅副厅长
陈新力　教　授　重庆工商大学经济学院院长
郝寿义　教　授　天津滨海综合发展研究院院长
荆林波　研究员　中国社会科学院财政与贸易经济研究所副所长
段　钢　教　授　云南省经济研究院院长
黄志亮　教　授　重庆工商大学副校长
曾庆均　教　授　重庆工商大学科研处处长
廖元和　研究员　重庆工商大学产业经济研究院院长
魏后凯　研究员　中国社会科学院城市发展与环境研究所副所长

丛书序 Preface

30 余年的改革开放，从东到西、由浅入深地改变着全国人民的观念和生活方式，不断提升着我国的发展水平和质量，转变着我们的社会经济结构。中国正在深刻地影响和改变着世界。与此同时，世界对中国的需求和影响，也从来没有像今天这样突出和巨大。经过30余年的改革开放和10余年的西部大开发，我们同样可以说，西部正在深刻地影响和改变着中国。与此同时，中国对西部的需求和期盼，也从来没有像今天这样突出和巨大。我们在这样的背景下，开始国家经济、社会建设的"十二五"规划，进入全面建成小康社会的关键时期，迎来中国共产党第十八次全国代表大会的召开。

包括成都、重庆两个西部最大的经济中心城市和几乎四川、重庆两省（直辖市）全部国土，涉及昆明、贵阳两个重要城市和云南、贵州两省重要经济发展区域的长江上游地区，区域面积为100.5万 km^2，占西部地区12省（自治区、直辖市）总面积的14.6%，占全国总面积的10.5%，集中了西部1/3以上的人口，1/4的国内生产总值。它北连甘、陕，南接云、贵，东临湘、鄂，西望青、藏，是西部三大重点开发区中社会发展最好、经济实力最强、开发条件最佳的区域。建设长江上游经济带以重庆、成都为发展中心，以国家制定的多个战略为指导，将四川、重庆、云南、贵州的利益紧密结合起来，通过他们的合作使长江上游经济带建设上升到国家大战略的更高层次，有着重要的现实意义。

经过改革开放的积累和第一轮西部大开发的推动，西部地区起飞的基础已经具备，起飞的态势已见端倪，长江上游经济带在其中发挥着举足轻重的作用。新一轮西部大开发战略从基础设施建设、经济社会发展、人民生活保障、生态环境保护等多个方面确立了更加明确的目标，为推动西部地区进一步科学良性发展提供了纲领性指导。新一轮西部大开发的实施也将从产业结构升级、城乡统筹协调、生态环境保护等多个方面为长江上游经济带提供更多发展机遇，更有利于促进长江上游经济带在西部地区经济主导作用的发挥，使之通过自身的发展引领、辐射和服务西部，通过新一轮西部大开发从根本上转变西部落后的局面，推动西部地区进入工业化、信息化、城镇化和农业现代化全面推进的新阶段，促进西部地区经济社会的和谐稳定发展。

本丛书是"十二五"国家重点图书出版规划项目，由教育部人文社会科学重点研究基地重庆工商大学长江上游经济研究中心精心打造，是长江上游经济研究中心的多名教授、专家经过多年悉心研究的成果，涉及长江上游地区区域经济、区域创新、产业发展、生态文明建设、城镇化建设等多个领域。长江上游经济研究中心（以下简称中心）作为教育部在长江上游地区布局的重要人文社会科学重点研究基地，在"十一五"期间围绕着国家，特别是西部和重庆的重大发展战略、应用经济学前沿及重大理论与实践问题，产出了一批较高水平的科研成果。"十二五"期间，中心将在现有基础上，加大科研体制、机制改革创新力度，探索形成解决"标志性成果短板"的长效机制，紧密联系新的改革开放形势，努力争取继续产出一批能得到政府、社会和学术界认可的好成果，进一步提升中心在国内外尤其是长江上游地区应用经济学领域的影响力，力争把中心打造成为西部领先、全国一流的人文社会科学重点研究基地。

本丛书是我国改革开放30余年来第一部比较系统地揭示长江上游地区经济社会发展理论与实践的图书，是一套具有重要现实意义的著作。我们期盼本丛书的问世，能对流域经济理论和区域经济理论有所丰富和发展，也希望能为从事流域经济和区域经济研究的学者和实际工作者们提供翔实系统的基础性资料，以便让更多的人了解熟悉长江上游经济带，为长江上游经济带的发展和西部大开发建言献策。

王崇举

2013年2月21日

前言 Foreword

中国是一个大洲性大国，研究这个大洲性大国内部的区域经济一体化，具有特殊意义。2010年，中国经济总量已居世界第二，但内部存在沿海发达地区、中西部欠发达地区、港澳台地区等，不同地区之间发展不平衡，且有较大的体制差异。世界是复杂的，有东西南北国家之分，这些国家的地理区位、发展历史、发展阶段、发展现状、制度基础极为错综复杂，因此，中国欠发达地区的对内、对外经济一体化必然是复杂多样、犬牙交错的。例如，本书研究的长江上游地区经济一体化就呈现错综复杂的形态：既有长江上游地区内部的经济一体化、长江上游地区与西部其他地区之间的经济一体化，又有长江上游地区与东部地区、中部地区之间的经济一体化，还有长江上游地区与港澳台地区之间的经济一体化；既有长江上游地区与南方国家之间的经济一体化、长江上游地区与北方国家之间的经济一体化，又有长江上游地区与东方国家之间的经济一体化、长江上游地区与西方国家之间的经济一体化。

20世纪末期，随着新一轮技术革命的兴起，全球范围内的社会生产力空前提高，国际分工进一步加强，各国经济日益融合成一个整体，经济全球化成为一种趋势。与此同时，国际区域经济一体化也在蓬勃展开。

环视国内，为顺应经济全球化与区域经济一体化的发展，中国区域经济一体化也正如火如荼地展开。首先突出表现在我国沿海三大经济圈——珠三角地区、长三角地区和京津冀地区的经济融合日益紧密。

在此背景下，加强对长江上游地区经济一体化的研究，对长江上游地区经济的科学发展、高质量发展和持续健康发展有着十分重要的实践意义。

早在1983年，四川、云南、贵州就向前来视察的中央领导提出联合开发西南的初步设想。1984年4月，川、滇、黔、桂、渝四省区五方经济协调会第一次会议在贵阳召开。会议提出，四省区五方共同加速发展西南地区经济。1986年，西藏自治区加入四省区五方经济协调会，经济协调会更名为五省区六方经济协调会。1990年，成都市加入五省区六方经济协调会，经济协调会更名为五省区七方经济协调会。1997年重庆成为直辖市后，经济协调会更名为六省区市七方经济协调会。尽管成员在增加，名称在变化，但经济协调会的核心成员是长江上游地区的主要省（直辖市），该经济协调会的目的是促进长江上游地区各省（自治区、直辖市）共同发展、协调发展和一体化发展。遗憾的是，时至今日，经济协调会虽有形式上的变化，在基础设施建设、环境保护、资源开发、旅游发展等方面也取得了一系列成绩，但在错位发展、产业深度合作等重大问题上仍缺乏实质性突破。正因为如此，长江上游地区各省（自治区、直辖市）共同发展、协调发展和一体化发展的呼声才一浪高过一浪。

由于本书重点研究经济意义上的长江上游地区一体化问题，而不是在纯地理意义上考察长江上游地区的资源、人口等问题，因此本书将长江上游地区定位于四川省、重庆市、云南省、贵州省境内全部地区。本书研究对象定位于长江上游地区经济一体化。通过对长江上游地区经济一体化现状和特征的分析，在借鉴区域经济一体化理论的基础上，总结长江上游地区促进区域经济一体化发展面临的机遇和挑战，提出长江上游地区经济一体化的战略框架与推进措施，并提出推进长江上游地区经济一体化的具体制度、体制、机制创新。

经过课题组多年潜心探索，从本书的研究结果看，我们的研究特色和创新主要表现为以下几点。

第一，系统阐述了大国内部地区之间区域经济一体化理论。本书创造性地提出区域经济一体化内涵：不同地区为共同的经济利益而进行经济合作，并通过相应的组织结构和制度安排实现联合的动态过程。区域经济一体化的本质：为谋求共同经济利益扩大而进行联合。国内区域经济一体化的具体内容是：市场一体化、生态环境一体化、产业一体化、城乡一体化、高技术一体化、交通设施一体化。国内区域经济一体化的基本形式：经济联席会、经济协调会、跨行政区专属协调管理局、跨行政区综合协调管理局。国内区域经济一体化的实现过程：从贸易一体化到要素一体化，再到政策一体化，最终达到完全一体化。

第二，根据中国欠发达地区经济一体化的现实条件，提出了欠发达地区经济一体化的推进方略及实现模式。现实条件：现阶段中国欠发达地区经济一体化的有利条件和约束因素同时并存；欠发达地区经济一体化成员数量少，发展水平相近，易于组织和协调；改革开放使我国欠发达地区具备了深化经济一体化的现实基础。推进方略：以国内欠发达地区之间的区域经济一体化为基础，逐步拓展到与国内其他地区的经济一体化，进而拓展到国际经济一体化；以国内欠发达地区之间水平分工为基础，以国内欠发达地区与国内外发达地区的垂直分工为过渡，进一步拓展到与国内外发达地区之间的水平分工；以初级形式的合作为基础，根据不同的一体化对象开展合作，初级形式的合作和高级形式的合作可以并行发展；以南南型合作为集体自力更生的手段，南北型合作与南南型合作并行发展；以提高区域生产力为主攻方向，通过区域经济一体化推动中国欠发达地区工业化、现代化；以提升农村生产力和农民生产生活水平为重要抓手，将区域经济一体化作为推动中国欠发达地区城乡一体化的一个大战略；政府主导、有效支持是国内欠发达地区通过经济一体化带动自身后来居上的重大推力。实现模式：以欠发达地区之间紧密合作为基础，以增进共同实力和共同利益为目的，政府主导、协议分工、多种类型交集、多种形式并存的区域经济一体化。

第三，初步概括了当前长江上游地区经济一体化的主要特点：松散的、半紧密的初级形式的合作占主要地位；内部经济一体化的重要形式——多边合作日益深入；内部经济一体化的初级形式——长江上游地区各省市的双边合作渐趋活跃；与国内其他地区（主要是中部地区、西部其他地区）省际合作力度明显加强；参与国际经济合作力度有限，但与东盟合作日益活跃。

第四，从战略全局提出和构建了长江上游地区经济一体化的战略目标及基本架构。战略目标：到2030年，在长江上游地区四省市初步建成特色鲜明、相互补充的现代一体化产业带，建成一个城乡统筹的现代城市群，促使长江上游地区整体成为继长三角地区、珠三角地区、京津冀地区之后的中国经济第四增长极。创造性地提出了体现上述战略目标的基本战略架构：在长江上游地区内部经济一体化方面，建成"一圈两核四心五带"的空间架构；在长江上游地区国内经济一体化方面，提出长江上游地区要与长江中下游地区、珠三角地区、西北地区主动建立紧密战略合作，并主动融入长江流域经济带和泛珠三角经济带的发展架构；在国际经济一体化方面，以长江上游地区作为一个整体，积极实现与东盟、欧盟的紧密战略合作，在中国-东盟自由贸易区、中欧贸易伙伴中发挥更突出的作用；有选择地实现与东亚、北美洲、南美洲、东欧、俄罗斯、南亚、非洲的一般性合作参与，在与它们的协作中有所为，有所不为。

第五，提出了推动长江上游地区经济一体化的十大战略措施。这十大战略措施是：以长江上游地区四省市的合作为基础，扩大开放，深化合作，主动参与国内外产业分工；围绕长江上游地区一体化的目标和空间架构，加强五年规划和长远规划的协商、协调和有机整合;以两地之间的次区域合作、单一领域合作为突破口,以此积累经验,逐步扩展到整个长江上游地区,再到长江流域和珠江流域;长江上游地区四省市的经济一体化在未来18年乃至更长一段时间的发展,必须按照由点到面、由浅入深的步骤展开;在国家战略层面,长期培育、打造、提升成渝地区,促使成渝地区成为西部地区的首要增长极和长江上游地区经济一体化的轴心区;共建亲民富民、兴商活商的现代投资软环境,重点是建设服务型、合作型、开放型各级区域政府;实施一体化的产业和区域政策,保障长江上游地区四省市的弱质产业和后进区域平稳发展;鼓励长江上游地区企业跨区域整合,联合共建一批世界级、大区域级现代企业集团;实施对小城镇及乡村的大规模投资,促进更多现代工业、服务业有序向小城镇和乡村适度转移,稳步推动长江上游城乡一体化发展;建立长江上游经济合作战略统筹委员会,在组织机制上保障跨区域的战略协调有序开展并富有成效。

第六,提出推进长江上游地区重点领域经济一体化的具体战略举措。

在加快市场一体化方面提出如下主要对策:加快"国进民进"改革步伐,完善市场一体化管理运行机制;以区域共同市场为目标,促进要素在长江上游地区四省市自由流动;构建四省市自由贸易区,推进市场主体在区内无障碍经营;以重庆、成都、昆明、贵阳为中心,加强区域内共同市场建设。

在推动生态环境一体化方面,提出:谋求区域生态环境一体化,以区域整合打破行政区经济的限制;以区域经济一体化组织作为四省市统一的生态环境治理的考核单位;在长江上游地区共建补偿机制,更加有效地推动西部地区的生态保护;四省市建立统一的生态税收制度,加强对企业市场行为的引导,减少市场运行对环境治理的冲击;加强四省市区域内生态环境建设的研究和教育方面的合作。

在提高产业一体化水平方面,提出如下对策建议:推动四省市在主导、支柱产业中实现战略协议分工,实施主导产业差别化发展;以地级中心城市为核心,培育产业集群,向小城镇、乡村延伸产业链条;在充分发挥四省比较优势基础上培育竞争优势,推动高技术产业向国际水平、国家水平靠近;四省市加大相互间协调力度,制定和实施一体化产业政策。

在推进城乡一体化方面,提出:以缩小城乡差距、走向共同富裕为目标,制定长江上游地区城乡统筹发展的总体规划;加强四省市教育发展战略协调,统筹发展基础和职业教育,给跨地区流动劳动力以同等待遇;探索建立更加灵活的土地制度,组建股份合作社和专业合作社,促进现代农业发展;四省市统筹规划并建设城镇体系,通过城镇体系的传导机制来缩小城乡差距。

第七,创新长江上游地区经济一体化组织机制。在长江上游地区经济一体化背景下,建立一种多主体治理型战略统筹机制,实现与区域经济一体化发展的良性互动。

前　言

在一体化成员组织构成方面，由与区域经济一体化相关的中央(上级)政府代表和各级地方政府代表，以及各类社会中介组织代表、企业代表、专家学者代表、公众代表等共同组成；在一体化成员组织的权力来源方面，由中央和利益相关的地方政府通过战略部署、重大政策、国家立法等途径共同赋予一体化组织机构相应的战略决策和战略管理权力，并由该机构集中行使跨区域的战略统筹发展权；在一体化成员的经费保障方面，借鉴欧盟共同基金的经验，由中央设立的专项资助经费和组织成员(主要是地方各级政府)交纳的"会费"共同组成区域经济一体化战略统筹发展基金；在一体化成员组织的决策规则方面，充分体现效率与公平兼顾的原则，对于基础性区际公共领域战略决策采取"一人一票"和"票票平等"原则，对于此外的区际公共领域战略决策采取差别原则，如实力胜出原则和弱者保护原则等；在一体化成员组织的功能职责方面，重点解决跨行政辖区的区域公共性重大问题；在一体化成员组织的运行流程方面，通过联席会议定期决策和工作机构跟踪服务落实各项战略统筹项目。

第八，构建大国内部地区之间区域经济一体化指标体系、探索综合评价方法。本书创造性地从市场一体化、生态环境一体化、产业一体化、城乡一体化、高技术一体化、交通设施一体化方面构造大国内部地区之间区域经济一体化评价指标体系，并运用权数估值法、功效系数法等方法构建区域经济一体化综合评价指标，将这些方法创造性地运用到长江上游地区经济一体化的定量分析和评价中。

黄志亮

2013 年 12 月 18 日

目录 Contents

丛书序 ·· i
前言 ·· iii

第一章 绪论 ··· 1

第一节 研究背景 ··· 1
一、经济全球化与区域经济一体化发展的时代要求 ·············· 1
二、沿海及中西部区域经济一体化浪潮的推进 ···················· 2
三、长江上游地区科学发展的需要 ···································· 3
四、长江上游地区各省市自身发展的迫切要求 ···················· 3
五、推进欠发达地区经济一体化理论创新的迫切需要 ··········· 4
六、本书研究的长江上游地区范围界定 ····························· 5

第二节 研究内容和方法 ·· 5
一、研究内容 ·· 5
二、研究方法 ·· 7

第二章 区域经济一体化一般理论及中国欠发达地区经济一体化的特殊性 ······ 9

第一节 区域经济一体化的定义 ······································· 9
一、国外区域经济一体化内涵研究 ··································· 10
二、国内区域经济一体化内涵研究 ··································· 11

三、本书对区域经济一体化的重新定义……………………12

第二节　区域经济一体化核心理论述评…………………………14
　　一、国家或区域经济一体化核心理论的基础综述……………14
　　二、区域经济一体化核心理论的简要评论……………………21
　　三、区域经济一体化核心理论对本书深入研究的启示………23

第三节　区域经济一体化的内容和形式…………………………25
　　一、国际经济一体化的基本性质、内容、形式与类型………25
　　二、国内区域经济一体化的基本性质、内容与形式…………28
　　三、国内区域经济一体化的实现过程…………………………30
　　四、区域经济一体化的效应……………………………………30

第四节　中国欠发达地区实现区域经济一体化的特殊性………32
　　一、中国欠发达地区实现区域经济一体化的特殊条件………32
　　二、中国欠发达地区实现区域经济一体化的特殊方略………34
　　三、中国欠发达地区实现区域经济一体化的特殊模式………37

第三章　长江上游地区经济一体化的进程、特点及障碍……41

第一节　长江上游地区经济一体化的进程及主要特点…………41
　　一、长江上游地区经济发展简史………………………………41
　　二、长江上游地区经济一体化主要阶段………………………44
　　三、长江上游地区经济一体化进程中取得的成就……………47
　　四、长江上游地区经济一体化的主要特点……………………51

第二节　长江上游地区经济一体化的障碍及原因………………56
　　一、市场一体化障碍……………………………………………57
　　二、生态环境一体化障碍………………………………………58
　　三、产业一体化障碍……………………………………………63
　　四、城乡一体化障碍……………………………………………64
　　五、高技术一体化障碍…………………………………………66
　　六、交通设施一体化障碍………………………………………66
　　七、一体化障碍原因分析………………………………………68

第四章　长江上游地区经济一体化程度定量评价·················71

第一节　长江上游地区经济一体化综合评价方法·················71
一、区域经济一体化评价指标体系构建·················71
二、区域经济一体化综合评价方法及权数处理·················75

第二节　长江上游地区经济一体化程度综合评价·················79
一、长江上游地区经济一体化二级指标分析·················79
二、长江上游地区经济一体化一级指标分析·················82
三、长江上游地区经济一体化程度综合指标分析·················88

第三节　长江上游地区经济一体化程度横向对比分析·················89
一、长江上游地区经济一体化二级指标横向对比分析·················89
二、长江上游地区经济一体化一级指标横向对比分析·················93
三、长江上游地区经济一体化综合水平横向对比分析·················97
四、定量分析小结·················98

第五章　国内外区域经济一体化案例及启示·················101

第一节　国内外区域经济一体化案例·················101
一、国外区域经济一体化案例·················101
二、国内区域经济一体化案例·················114

第二节　国内外区域经济一体化对长江上游地区经济一体化的启示···125
一、国外区域经济一体化对长江上游地区经济一体化的启示···125
二、国内区域经济一体化对长江上游地区经济一体化的启示···127

第六章　长江上游地区经济一体化战略架构与推进措施·················129

第一节　长江上游地区经济一体化的原则及目标·················129
一、长江上游地区经济一体化原则·················129
二、长江上游地区经济一体化战略目标及基本架构·················133

第二节　长江上游地区经济一体化的空间架构·················135
一、在长江上游地区内部经济一体化方面，建成"一圈两核

　　　　　四心五带"………………………………………………………………135
　　　二、在长江上游地区国内经济一体化方面，与长江中下游地区、
　　　　　珠三角、西北经济区主动建立紧密战略合作，与京津冀、
　　　　　东北经济区展开一般性协作……………………………………140
　　　三、在国际经济一体化方面，积极与东盟、欧盟建立紧密战略
　　　　　合作，与东亚，北美洲、南美洲、东欧、俄罗斯、南亚、
　　　　　非洲建立一般性经贸联系………………………………………143
　第三节　长江上游地区经济一体化战略重点、战略步骤和重大措施………145
　　　一、战略重点……………………………………………………………146
　　　二、战略步骤……………………………………………………………148
　　　三、重大措施……………………………………………………………149

第七章　推进长江上游地区重点领域经济一体化的战略举措……………155

　第一节　加快市场一体化的主要对策……………………………………………154
　　　一、加快"国进民进"改革步伐，完善市场一体化管理运行
　　　　　机制………………………………………………………………155
　　　二、以区域共同市场为目标，促进要素在长江上游四省市内自
　　　　　由流动……………………………………………………………156
　　　三、构建四省市自由贸易区，推进市场主体在区内无障碍
　　　　　经营………………………………………………………………156
　　　四、以重庆、成都、昆明、贵阳为中心，加强区域内共同市场
　　　　　建设………………………………………………………………157
　第二节　推动生态环境一体化的主要举措………………………………………158
　　　一、谋求区域生态与环境建设一体化，以区域整合打破行政区
　　　　　经济的限制………………………………………………………158
　　　二、以区域一体化组织作为四省市统一的生态环境治理的考核
　　　　　单位………………………………………………………………160
　　　三、在长江上游地区共建补偿机制，更加有效地推动西部地区的
　　　　　生态保护…………………………………………………………161
　　　四、长江上游四省市建立统一的生态税收制度，加强对企业

　　　　　市场行为的引导，减少市场运行对环境治理的冲击……………162
　　　五、加强长江上游四省市区域内生态环境建设研究和教育
　　　　　方面的合作……………………………………………………164
　第三节　提高产业一体化水平的主要对策……………………………165
　　　一、推动四省市在主导、支柱产业中实现战略协议分工，实施
　　　　　主导产业差别化发展……………………………………………166
　　　二、以地级中心城市为中心培育产业集群，向小城镇、乡村
　　　　　延伸产业链条……………………………………………………166
　　　三、四省市加大相互间协调力度，制定和实施一体化产业
　　　　　政策………………………………………………………………167
　第四节　推进城乡一体化的对策建议……………………………………167
　　　一、以缩小城乡差距走向共同富裕为目标，制定长江上游城乡
　　　　　统筹发展的总体规划……………………………………………168
　　　二、加强四省市教育发展战略协调，统筹发展基础和职业
　　　　　教育，为农村劳动力转移创造条件……………………………168
　　　三、探索建立更加灵活的土地制度，组建股份合作社和专业
　　　　　合作社，促进现代农业发展……………………………………169
　　　四、四省市统筹建设，规划城镇体系，通过城镇体系的传导
　　　　　机制来缩小城乡差距……………………………………………170
　第五节　加强高技术一体化的对策建议…………………………………171
　　　一、推进特色产业发展与高技术产业化形成良性互动……………171
　　　二、把握全要素发展规律，优化要素贡献结构……………………171
　　　三、在四省市已有的比较优势基础上培育竞争优势，推动
　　　　　高技术发展向国际水平、国家水平靠近………………………172
　第六节　加速交通设施一体化的对策建议………………………………172
　　　一、树立科学的交通发展观，大力发展绿色交通…………………172
　　　二、长江上游四省市制定统一的交通运输发展规划………………173
　　　三、围绕"两核四心"共建"一圈五带"物流大通道………………173
　　　四、大力提高小城镇基础设施建设水准和质量……………………173

第八章　长江上游地区经济一体化组织保障及协调机制创新⋯⋯174

第一节　建立经济一体化的区域协调机构和相应协调机制⋯⋯⋯⋯174
一、当前长江上游地区经济合作协调机制建设中的问题及原⋯174
二、以三大原则形成共识，达成默契，共同推进长江上游地区
经济一体化⋯⋯⋯⋯⋯⋯⋯⋯⋯⋯⋯⋯⋯⋯⋯⋯⋯⋯⋯⋯177
三、基于和谐共赢，搭建长江上游地区经济一体化协调组织
构架⋯⋯⋯⋯⋯⋯⋯⋯⋯⋯⋯⋯⋯⋯⋯⋯⋯⋯⋯⋯⋯⋯⋯179
四、创建长江上游地区经济一体化战略统筹机制⋯⋯⋯⋯⋯⋯181

第二节　建设服务开放合作型政府⋯⋯⋯⋯⋯⋯⋯⋯⋯⋯⋯⋯⋯182
一、转变政府职能的提出⋯⋯⋯⋯⋯⋯⋯⋯⋯⋯⋯⋯⋯⋯⋯⋯183
二、服务开放合作型政府的内涵⋯⋯⋯⋯⋯⋯⋯⋯⋯⋯⋯⋯⋯184
三、以引导和促进长江上游地区经济一体化为目标，促进政府
职能转变⋯⋯⋯⋯⋯⋯⋯⋯⋯⋯⋯⋯⋯⋯⋯⋯⋯⋯⋯⋯⋯184
四、创新定位，理顺关系，建立良好的府际合作关系，将长江
上游地区各级地方政府建成服务开放合作型政府⋯⋯⋯⋯⋯185

第三节　培育跨区非政府合作组织⋯⋯⋯⋯⋯⋯⋯⋯⋯⋯⋯⋯⋯187
一、非政府合作组织是市场经济发展的必然选择⋯⋯⋯⋯⋯⋯187
二、改革开放后发展起来的中国非政府合作组织⋯⋯⋯⋯⋯⋯189
三、实施长江上游地区经济一体化，必须动员民间力量，以
"长江上游地区经济一体化战略统筹论坛"来培育跨区域
非政府合作组织⋯⋯⋯⋯⋯⋯⋯⋯⋯⋯⋯⋯⋯⋯⋯⋯⋯⋯190

参考文献⋯⋯⋯⋯⋯⋯⋯⋯⋯⋯⋯⋯⋯⋯⋯⋯⋯⋯⋯⋯⋯⋯⋯⋯192

后记⋯⋯⋯⋯⋯⋯⋯⋯⋯⋯⋯⋯⋯⋯⋯⋯⋯⋯⋯⋯⋯⋯⋯⋯⋯⋯199

彩图

第一章 绪 论

理论的研究源于实践的需要,深入研究长江上游地区经济一体化是当前国内外特别是长江上游地区经济发展提出的重大课题。

第一节 研究背景

选择长江上游地区经济一体化作为研究对象,主要是基于以下国内外及区域背景。

一、经济全球化与区域经济一体化发展的时代要求

20世纪末期,随着新技术革命蓬勃兴起,社会生产力得到巨大提高,国际分工进一步加强,各国经济日益融合成一个整体。一个国家或地区经济的某种变动,都难免会波及他国,甚至影响全世界。经济全球化是经济活动的国际化和自由化发展到高级阶段的必然产物,是市场经济内在逻辑演变的必然结果。与此同时,国内外的区域经济一体化也在蓬勃展开,经济全球化的发展客观上推动了区域经济一体化的产生,并刺激它不断向更高的形式发展。区域经济一体化的加速发展是世界各国为了更好地应对经济全球化大潮带来的冲击和压力、更多分享经济全球化的利益、化解经济全球化风险而采取的一种应对措施。

经济全球化与区域经济一体化既有冲突的一面,也有相互促进的一面。经济全球化与区域经济一体化都为企业创造了统一的市场环境,为世界各地的商务活动提供了便利条件。在经济全球化不断向前发展的情况下,两者的相互作用必然会影响全球经济持续稳定发展,对世界政治格局也会产生深远的影响。

二、沿海及中西部区域经济一体化浪潮的推进

进入21世纪,放眼全球,经济一体化趋势势不可挡,国际乃至洲际经济加速融合,成就卓著。环视国内,顺应经济全球化与区域经济一体化的发展,国内区域经济一体化正如火如荼地展开。首先突出表现在我国沿海三大经济圈:珠三角、长三角和京津冀。之后在西部大开发、中部崛起等一系列国家战略的实施下,中西部地区的区域经济一体化也出现了发展高潮。

珠三角经济圈崛起于改革开放初期,广东依靠自身区位条件,利用国家优惠政策和廉价劳动力,大量承接中国香港、澳门等地区转移的劳动密集型产业,形成了珠三角经济圈。近年来,粤港澳经贸合作日益深入。2004年6月,签署《泛珠三角区域合作框架协议》,原来的珠三角范围正逐步扩大,将港澳包括进来,成为所谓泛珠三角或大珠三角(南方网,2004)。

长三角经济圈以上海为核心,是长江流域经济发展的龙头,具有带动中西部地区的独特区位优势。2008年,国务院正式确定将长三角扩大到两省一市,即江苏省、浙江省和上海市,将苏北和浙西南纳入长三角,这在土地、资源、人才等层次上明显提升了长三角的实力和发展潜力,长三角占中国经济总量也由不足1/5提升到接近1/4,尤其是苏北和浙西南将成为最具增长潜力的地区,对拉动整个地区经济增长、促进长三角核心地区产业配置有极其重要的作用(国务院办公厅,2008)。长三角经济圈工业基础雄厚,商品经济发达,水陆交通方便,是全国最大的外贸出口基地和金融中心,将成为我国未来最具带动力的地区。

京津冀经济圈目前处于快速发展阶段,包括北京、天津和河北,主要辐射到山西、辽宁、山东及内蒙古中东部。该经济圈依托北京、天津,邻近日、韩,是东北、华北、西北和华东部分地区的主要出海口,发展前景广阔,未来将成为继珠三角、长三角之后,中国最具发展后劲的经济圈。

目前,我国中西部地区的经济一体化尚处在探索阶段,发展水平远不及沿海地区,并且集中表现在几个正在酝酿中的都市圈(城市圈)。例如,以重庆和成都为核心,主要包括重庆、四川、贵州、云南的长江上游经济带;以郑州为核心,包括河南等地区的中原城市群;以西安等为核心,包括陕西等地区的关中经济区;以湖北武汉城市圈、湖南长(长沙)株(株洲)潭(湘潭)城市群、江西鄱阳湖生态经济区为主的长江中游经济区;以沈阳、大连、长春、哈尔滨等为中心,包括黑龙江、吉林和辽宁三省的东北经济区。

三、长江上游地区科学发展的需要

从发展任务来看，经过30多年的改革开放和现代化建设，长江上游地区的经济实力明显增强，但要在21世纪中叶基本实现现代化[①]，仍需几十年的努力，发展任务是相当繁重的。这就迫切需要树立科学的发展观。科学发展的基本方法之一就是统筹发展、协调发展，其实质就是一体化发展。

从当前经济发展面临的问题来看，虽然长江上游地区经济和社会发展取得了很大成就，但在发展的协调性和可持续性上仍然存在严重问题，主要表现为：一是城乡发展的差距在不断扩大，城市化水平比较低；二是地区差距因资源条件的制约、地理环境和社会条件的区内差异而扩大；三是居民收入分配的城乡差距和地区差距在不断扩大；四是部分地区资源环境的压力大，环境污染和生态破坏日益严重；五是绝大部分地区对外开放的质量和水平不高。显然，长江上游地区要解决好这些问题，必须在科学发展观指导下，统筹发展、协调发展、一体化发展。

统筹兼顾区域内部的两极分化地区经济发展，做到区域内部经济协调发展，这是长江上游地区经济发展的根本方法，是科学发展观指导下统筹发展的具体要求。长江上游地区内部各区域资源禀赋不同、自然条件迥异、发展基础悬殊，如果在发展过程中不统筹兼顾，必然导致区域内部城乡差距和地区差距不断扩大，这是与科学发展观相违背的，因此必须加强对长江上游地区经济一体化的研究。这对长江上游地区经济一体化的实践，尤其是推进长江上游整体成为继长三角、珠三角、京津冀之后的中国经济第四增长极的伟大实践，有十分重要的实践指导意义。

四、长江上游地区各省市自身发展的迫切要求

早在1983年，四川、云南、贵州就向前来视察的中央领导提出联合开发西南的初步设想。1984年春天，中共中央总书记胡耀邦视察四川、贵州时提出，西南地区资源丰富，必须团结起来，共同勾画西南开发的初步蓝图。4月，胡耀邦在贵阳主持召开了川、滇、黔、桂党政负责人座谈会，统一认识，建立了

---

① 这是我国中长期发展战略目标。

中国第一个跨省市的经济协调组织——四省区五方经济协调会[①]。后来又陆续更名为五省区六方经济协调会[②]、五省区七方经济协调会[③]、六省区市七方经济协调会[④]（黄毅莹，2007）。尽管成员在增加，名称在变化，但该经济协调会的核心成员是长江上游地区的主要省市，该经济协调会的目的是促进长江上游地区各省（自治区、直辖市）共同发展、协调发展和一体化发展。遗憾的是，时至今日该经济协调会虽有形式上的变化，也取得了巨大成绩，解决了不少问题，但在重大问题上缺乏实质性突破。正因为如此，长江上游地区各省（自治区、直辖市）共同发展、协调发展和一体化发展的呼声才一浪高于一浪。

五、推进欠发达地区经济一体化理论创新的迫切需要

人类社会进入工业化时代后，掌握了先进科学技术的国家和地区率先发展起来，逐步拉大了与后进国家、地区的发展差距。先进科技引领下的高水平劳动生产率在增进人类社会福祉的过程中，通过聚集效应使世界财富日益集中到发达国家和地区，而落后地区因为不能跟上发达经济体发展的步伐，被迫沦为商品销售市场和原料产地，造成财富的大量外流，致使世界范围内发达国家、地区与欠发达国家、地区的发展差距越来越大，推进区域经济一体化，缩小欠发达国家、地区与发达国家、地区经济发展差距的呼声此起彼伏。这极大地引起了相关学者的研究兴趣，进而出现了比较优势论、要素禀赋论、关税同盟理论、大市场理论、雁行理论、竞争优势论等一系列理论和著述。然而，上述理论对一体化的研究存在着一定的不足，主要表现为：①对国家内部不同地区之间的产业分工和经济一体化缺乏充分的研究，将区域一体化等同于国际一体化；②对欠发达国家内部一体化、欠发达国家之间一体化缺乏系统的理论阐释，尤其缺乏对欠发达国家一体化初始条件的研究；③对发展中大国参与经济一体化的复杂性、多样性缺乏深刻的研究；④对欠发达国家和地区一体化的发生、发展的过程缺乏清晰的描述；⑤对经济一体化过程中的财富集中、利益补偿问题未引起足够的重视。因此，本研究将在以上不足之处重点着墨，以期为大国内

---

① 1984年4月，川、滇、黔、桂、渝四省区五方经济协调会第一次会议在贵阳召开。会议提出，四省区五方共同加速发展西南地区经济。
② 1986年，西藏自治区加入四省区五方经济协调会，经济协调会更名为五省区六方经济协调会。
③ 1990年，成都市加入五省区六方经济协调会，经济协调会更名为五省区七方经济协调会。
④ 1997年重庆成为直辖市后，经济协调会更名为六省区市七方经济协调会。

部欠发达地区经济一体化的生动实践提供理论支撑和案例借鉴。

六、本书研究的长江上游地区范围界定

关于长江上游范围的界定很多，不同学者的界定有所不同。但总体来看，他们的界定大致可以归纳为三个派系——宽派、中派和窄派。宽派最初认为，由干流流经的青海、西藏、四川、云南、湖北5省（自治区）及支流流经的甘肃、陕西、贵州3省构成，后来加上重庆，则由9省（自治区、直辖市）构成；中派认为，由四川、重庆和云南、贵州有关地区构成长江上游地区；窄派认为，仅由四川和重庆构成。

由于本书重点研究经济意义上的长江上游地区经济一体化问题，而不是在纯地理意义上考察长江上游地区的资源、人口等问题，因此依据区域划分标准及分析可行性，本书选择比上述中派略宽的划分范围，将长江上游地区定位于四川省、重庆市、云南省、贵州省境内全部地区（黄志亮等，2011）。

第二节 研究内容和方法

一、研究内容

本书研究对象定位于长江上游地区经济一体化。通过对长江上游地区经济一体化现状和特征的分析，在借鉴区域经济一体化理论的基础上，总结了长江上游地区促进区域经济一体化发展面临的机遇和挑战，提出长江上游地区经济一体化的战略框架与推进措施，并提出推进长江上游地区经济一体化的若干具体制度、体制、机制创新。主要研究内容如下。

第一章，绪论。从国内和国外两个方面介绍了本书的研究背景，界定了本书的研究对象——长江上游地区的范围，包括宽派、中派、窄派的界定，并指出本书的研究方法和创新之处。

第二章，区域经济一体化一般理论及中国欠发达地区经济一体化的特殊性。评述了区域经济一体化的核心理论，分析了区域经济一体化的概念、内容和形式，为本书提供理论基础。着重分析了中国欠发达地区经济一体化的现实条件、推

进方略及模式选择。

第三章，长江上游地区经济一体化的进程、特点及障碍。首先介绍长江上游地区的经济简史及其经济一体化进程，属于历史的考察，以便为本书提供研究基点。其次转向现状考察，分析长江上游地区经济一体化的成就和特点，以及进一步推进长江上游地区经济一体化时存在的障碍——市场一体化障碍、生态环境一体化障碍、产业一体化障碍、城乡一体化障碍、高技术一体化障碍、交通设施一体化障碍和制度、体制、机制障碍等。在此基础上，分析了长江上游地区经济一体化障碍的深层次原因——较低发展阶段、内部发展不平衡、行政主导下的利益差异和一体化硬件重大缺失等。

第四章，长江上游地区经济一体化程度定量评价。首先，在市场一体化、生态环境一体化、产业一体化、城乡一体化、高技术一体化、交通设施一体化等方面构造区域经济一体化评价指标体系，并介绍了权数估值法、功效系数法等运用于区域经济一体化综合评价的方法；其次，运用已经构建的区域经济一体化指标体系和区域经济一体化综合评价方法，对长江上游地区经济一体化指标进行因素赋值和综合评价，得到了长江上游地区经济一体化综合评价指标体系，包括6个一级指标和34个二级指标。从综合评价指标体系中发现，在长江上游地区四省市中，重庆经济一体化程度最高，其次是四川，第三是云南，第四是贵州。在分析了长江上游地区经济一体化程度的基础上，进一步将长江上游地区与东部地区、中部地区、西部地区、长三角地区的区域经济一体化进行了横向对比。分析发现，它们的区域经济一体化程度依长三角地区、东部地区、中部地区、西部地区、长江上游地区递减。

第五章，国内外区域经济一体化案例及启示。首先，分析介绍了国外几个典型案例，包括美国的田纳西河流域地区一体化、波士华地区一体化和日本东京湾地区一体化；其次，分析介绍了国内区域经济一体化的典型案例，具体包括长三角地区经济一体化、珠三角地区经济一体化和京津冀地区经济一体化；最后，总结了国内外区域经济一体化对长江上游地区经济一体化的启示。

第六章，长江上游地区经济一体化战略架构与推进措施。从战略和全局的角度提出了长江上游地区经济一体化的核心思想、原则、战略目标及基本架构，并分析了长江上游地区经济一体化战略重点、步骤，及推进长江上游地区经济一体化的重大措施。

第七章，推进长江上游地区重点领域经济一体化的战略举措。选择长江上游地区经济一体化中的若干重点领域,来探讨这些领域推进一体化的具体举措,具体包括加快市场一体化的主要思路及对策、推动生态环境一体化的主要举措、提高产业一体化水平的对策建议、推进城乡一体化的构想、促进高技术一体化的思路、加速交通设施一体化的部署等。

第八章,长江上游地区经济一体化组织保障及协调机制创新。具体分析了长江上游地区经济一体化的实施机制,如建立一体化的区域协调机构和相应协调机制,制定长远务实的一体化规划目标及配套的改革体系,转变政府职能,建立跨区服务型政府,鼓励企业制度创新,建立跨区合资企业集团,动员民间力量,培育跨区域的非政府合作组织,等等。

二、研究方法

本书以马克思主义政治经济学基本原理为指导,综合运用区域经济学、宏观经济学、微观经济学、国际经济学、经济地理学、统计学等研究方法和理论,对长江上游地区经济一体化进行综合、系统的分析。

第一,理论分析和实证分析相结合。理论分析主要运用严密的逻辑推理对现实经济中有关问题进行理论描述;实证分析是根据实际情况,运用统计数据或其他资料得出结论。长江上游地区经济一体化既是一个理论问题,也是一个实践问题,因此在研究方法上,既要有理论上的逻辑推理,也要有实践上的事实印证。因此,在写作过程中,本书严格遵循了"理论分析—实证分析—对策建议"的逻辑顺序,将理论分析与实证分析结合起来。

第二,定性分析和定量分析相结合。定性分析是运用逻辑推导的方法对事物的"质"进行界定,定量分析是运用计量的方法对事物的"量"进行界定。本书不仅通过大量的统计数据来定量分析长江上游地区经济一体化的现状与问题,而且定性分析产生这些问题的深层次原因。

第三,历史描述与现状评估相结合。历史描述是现有研究的起点,现状评估是预测未来的根基。客观公正的历史描述能避免人们在现实中走弯路,合情合理的现状评估能为未来发展设定正确的方向和途径。长江上游地区经济一体化既要吸取历史经验和教训,又要正视现实中的发展基础和问题。因此,在研究方法上,本书既有历史描述,也有现状评估,还将历史描述与现状评估有机结合起来,展开研究。

第四,比较分析方法。本书比较了国内外典型地区的区域经济一体化在发展环境、动力机制、战略选择、政策措施、组织构架等方面的差异，通过比较去发现推进长江上游地区经济一体化的途径和措施。

第二章
区域经济一体化一般理论及中国欠发达地区经济一体化的特殊性

在过去的数十年中,世界经济的一个主要特征就是各国经济的一体化。国际商品和劳务贸易增长速度超过了国内生产总值增长速度,各国金融市场之间的联系加强了,跨国流动的人数越来越多,对外直接投资迅速扩大,跨国公司的活动日益频繁。各国政府政策上的变化,特别是放开以前对外国公司禁入的产业,更广泛、更强烈的区域贸易集团化运动,资金流动限制的日益宽松,以及降低关税壁垒的长期影响,认同并强化了一体化的潮流。

经济一体化的确具有许多经济方面的优点。例如,根据比较优势原则加强专业化分工,提高生产效率;扩大市场规模,形成规模经济,提高生产水平;产生技术溢出,提高经济效益,提高生产数量和质量;生产要素跨区域、跨国境流动,有利于在更大范围内优化要素配置,提高要素的产出率;加强国际、区际合作,有利于改善双方或多方的贸易条件。

第一节 区域经济一体化的定义

长期以来,政界和学界都很重视区域经济一体化研究,但现实中对于区域经济一体化的内涵争论较多,并且概念上运用不一致,如国际经济一体化、经济一体化、世界经济一体化、空间一体化、经济集团化、区域集团化、区域一体化、经济全球化等。因此,正确认识区域经济一体化,既具有理论上的重要意义,也是我国区域经济发展和改革开放的需要。在经济学理论上,一体化最初是指厂商通过协定、卡特尔、康采恩、托拉斯及兼并等方式联合而成的工业组织,又分为水平一体化和垂直一体化。前者指竞争者之间的合并,后者指供需双方的结合。区域经济一体化能消除不同地区之间的经济交流障碍，实现最佳的区际生产分工与合作。区域经济一体化最终能实现整个区域在经济和社会等各个方面的融合。区域经济一体化的实质是降低不同地区之间的交易成本，促进产品、生产要素、信息、人口等在不同地区之间的自由流动，实现资源的优化配置。

目前，虽然区域经济一体化已成为国际经济关系中最引人注目的趋势之一，但国内外对经济一体化的内涵尚无统一定义。1942年以前没有"经济一体化"的提法。到1950年，经济学家开始将其定义为单独的经济整合为较大的经济的一种状态或过程。也有人将经济一体化描述为一种多国经济区域的形成过程，在这个多国经济区域内，贸易壁垒被削弱或消除，生产要素趋于自由流动。"区域经济一体化"中的"区域"是指一个能够进行多边经济合作的地理范围，这一范围可能大于一个主权国家的地理范围，也可能存在于主权国家之中。根据经济地理的观点，世界可以分为许多经济地带，并由各个具有不同经济特色的地区组成。但这些经济地区同国家和地区并非总是重合。为了调和两种地区之间的经济关系，主张具有一定特殊条件的异质性区域采用相同的经济运行机制、政策措施或组织形式，消除区际异质性差异造成的经济交往中的障碍，从而出现了区域经济一体化的设想。不同经济体之间的分工与协作是一体化组织的基础，一体化组织则是在契约和组织上把不同经济体之间的分工与协作成就固定下来。

一、国外区域经济一体化内涵研究

国外对区域经济一体化内涵研究比较深入。丁伯根认为，经济一体化就是实行经济一体化的各有关国家之间贸易的完全自由化（钱俊瑞，1982）。美国经济学家巴拉萨(Balassa)认为，经济一体化既是一个过程，又是一种状态。就过程而言，它包括旨在消除各国经济单位之间差别待遇的种种举措；就状态而言，则表现为各国间各种形式差别待遇的消失。经济一体化是"整体内部各个部分的联盟，是利益相近国家之间的联合"(Balassa, 1961)。经济学家弗里茨·马克卢普(Fritz Marchlup)曾批评巴拉萨定义欠准确和完整，认为：事实上，区域经济一体化可以有一国之内各个地区的，也可以有各国之间的。后者可分为"区域性"和"全球性"(Marchlup, 1961)。保罗·斯特里坦（Paul Streeten）指出："一体化不应该按手段（自由贸易、统一市场、可兑换性、自由化等）来定义，而应该定义为目的——平等、自由、繁荣。"(Streeten, 1961)然而被广泛引用

第二章 区域经济一体化一般理论及中国欠发达地区经济一体化的特殊性

并得到首肯的是巴拉萨在1961年提出的一体化概念。还有一些经济学家不同意经济一体化作为过程和状态的解释。彼得·罗布森（Peter Robson）认为，国际经济一体化是"各个独立的国民经济在体制上组合成为更大规模的经济集团或共同体"，"经济一体化的本意在于以区域为基础，提高资源利用的效率"（罗布森，2001）。丁伯根（1954）从政府当局促进经济一体化的措施方面把经济一体化区分为消极一体化和积极一体化。前者指"取消各种规章制度"，即消除有关各国物资、资金和人员流动的障碍。后者指建立新的规章制度去纠正自由市场的错误信号，强化自由市场正确信号的效果，从而加强自由市场的一体化力量（钱俊瑞，1982）。然而无论国家内部、国家之间还是全球层次的区域，区域经济一体化的本质既是一种过程又是一种状态。但是这种过程或状态的本质是什么，至今人们还没有完全明白。尽管国际上对欧洲经济共同体（现为欧盟）等一体化组织的研究已经很多，但这些研究更多是关注制度作用。近年来，由于全球化的深化，出现了从跨国公司之间经济联系、生产要素流动的角度研究区域经济一体化的趋势。

二、国内区域经济一体化内涵研究

中国学者对区域经济一体化的研究滞后于国外学者，研究成果并没有突破国外学者的研究水平。于光远主编的《经济大辞典》认为，区域经济一体化是指："两个或两个以上的国家在社会再生产的某个领域内实行不同程度的经济联合和共同的经济调节，朝结成一体的方向发展。一般根据国家间的协定建立，有共同的机构。"（于光远，1992）张幼文认为，区域经济一体化是指，在世界生产力发展的客观推动和各国谋求国民经济持续发展主观努力的综合作用下，特定区域内的国家或地区通过达成经济合作的某种承诺或者组建一定形式的经济合作组织，谋求区域内商品流通和要素流动的自由化及生产分工的最优化，直至形成各国经济政策和区域经济体制某种程度的统一（张幼文，2001）。樊莹认为，国际区域经济一体化是指两个或两个以上的经济体(economies，以邻近者居多)，为了使其利益最大化，达到最佳配置生产要素之目的，以政府的名义通过谈判协商实现成员之间互利互惠及经济整合的制度性安排（樊莹，2005）。

从国内外研究现状不难看出，当前区域经济一体化的概念研究从两个层次展开：一是区域经济一体化理论概念的借鉴与演绎，主要是比较全面地总结国际关于区域经济一体化的具体实践，并且阐述对各国经济发展的影响。二是运用相关的国际经济学、政治经济学的理论分析区域经济一体化实践的影响因素、发展过程、制度演变及社会经济效应等，较全面地分析了影响区域经济一体化实践进程的社会、政治、经济、民族等各方面的因素，对欧洲经济共同体或亚太经济合作组织等一体化组织进行了效应分析。当前学界对于区域经济一体化理论概念的理解，更趋向于巴拉萨的过程与状态的定义，以及五个阶段的划分，认为区域经济一体化是伙伴国家之间市场一体化的过程，从产品市场、要素市场向经济政策的统一逐步推进，是状态与过程、手段与目的统一。

三、本书对区域经济一体化的重新定义

1. 区域经济一体化定义的内涵和外延

综合上述中外学者的多种表达，我们将区域经济一体化理解为，在特定区域内的地区通过达成经济合作的某种承诺或者组建一定形式的经济合作组织，谋求区域内商品流通或要素流动的自由化及生产分工最优化，并且在此基础上形成产品和要素市场、经济和社会政策甚至体制等统一的过程。因此，可以将区域经济一体化简要定义为，不同国家或地区为共同的经济利益而进行的经济合作或联合，并通过相应的组织结构和制度安排实现联合的动态过程。

区域经济一体化完整定义则是：处于不同或同一发展阶段的两个或两个以上的国家或地区，为了增进共同的经济利益，在区域经济发展的某个或多个领域实行不同程度的分工协作与联合，并通过相应的组织结构和制度安排实现联合的动态过程。该定义的主要内涵和外延如下。

内涵：①包含了内容和形式，其内容是不同国家或地区之间在经济发展的某个（某些、全部）领域实行分工协作与联合；其形式是根据协作、联合的不同程度采取的不同的组织结构和制度安排；②包含了手段和目的，即通过成员国家或地区间经济分工协作与联合等手段实现共同利益的增进。

外延：①既包括了处于同一或不同发展阶段的两个或两个以上的国家或独立的经济体之间区域性、次区域性经济分工协作与联合；②也包括了同一国家内部处于同一或不同发展阶段的两个或两个以上的地区之间的区域性、次区域性的经济分工协作与联合。

第二章　区域经济一体化一般理论及中国欠发达地区经济一体化的特殊性

2. 国际区域经济一体化和国内区域经济一体化的联系与区别

国际区域经济一体化和国内区域经济一体化的联系：两类经济一体化在内容上是一致的，都是国民经济发展的某个或某些领域（含再生产某个或者多个环节）的经济分工协作与联合。形式上也有某些相似之处，如经济联合等。目的是一致的，都是为了参与分工协作与联合的成员体的共同繁荣和利益增进。

但两者也存在着本质的区别：受到政治因素影响的程度不同。国与国之间的分工协作与联合：首先受到政治制度的巨大影响，政治制度的差异加大，分工协作与联合的难度也相应加大；其次受到地缘政治的影响，地缘相近的国家更容易实现分工协作与联合。同一国家内不同地区之间的分工协作与联合：政治制度基本是一致的，因此受到政治制度的影响小，但也会受到短期政治权益差异和长远政治眼光不同的影响。

在内容上，分工协作与联合的侧重点不同。不同国家之间的分工协作与联合：由于它们之间在历史、资源禀赋、经济制度等方面存在巨大差异，因此它们之间的分工协作与联合更多是在流通领域，以及一些次要的生产领域或生产环节。同一国家内不同地区之间的区域经济一体化：由于它们在经济制度、货币形式、再生产组织方式等方面没有差异或者差异不大，它们之间的分工协作与联合侧重于生产领域分工协作与联合，以及在此基础上的战略合作，在流通领域协作内容不及国际区域经济一体化丰富。

一体化碰到的障碍不同：国与国之间的经济一体化，碰到一系列的包括货币不同、经济制度不同、经济发展阶段不同、规则不同甚至民族文化因素差异大等多方面的障碍。国内不同区域之间的经济一体化，则在资金流动、劳动力流动、物资流动、制度规则等方面的障碍比国与国之间要小得多，因为一国内部不同区域货币同一、经济制度相同、经济发展阶段相近，民族文化差异小。

形式不同：由于以上内容的侧重点不同，两者在形式上的差异也十分明显。这一问题，将在区域经济一体化的形式中讨论。

我们对区域经济一体化实质的理解是，消除不同国家和地区之间的经济交流障碍，实现最佳的国际和区际生产、流通分工与合作，从而降低交易成本，促进产品、要素等自由流动，实现资源的优化配置，实现共同福利增加。

改革开放以来，尤其是最近十余年来，国内区域经济一体化发展迅速，全方位、多层次区域经济合作全面铺开。目前，国内区域经济一体化已成为关系到共同抵御经济危机、扩大内需、增加就业、保持经济发展速度和质量、转变经济发展方式、实现区域间协调发展和缩小地区间发展差距等重大问题解决的关键。

第二节　区域经济一体化核心理论述评

英国经济学家哈维·阿姆斯特朗、吉姆·泰勒指出："对区域贸易专业化的研究不可避免要从国际贸易理论开始。……大部分国际贸易理论不仅适用于一个区域对外贸易的国际部分,而且也可以适用于区际部分。"(阿姆斯特朗,2007)经济一体化理论亦如此,本书研究对象是长江上游地区经济一体化。长江上游地区经济一体化属于主权国家内部的欠发达地区经济一体化,但由于对"主权国家内部各地区的区域经济一体化现象缺乏理论解释"(赵伟,2006),因此,本书将吸取国际经济一体化理论的合理成分,充分重视主权国家内区域经济一体化的特点,从实际应用出发,展开欠发达区域经济一体化研究。

一、国家或区域经济一体化核心理论的基础综述

1. 斯密的绝对优势理论

绝对优势理论,又称绝对成本说、地域分工说。该理论将一国内部不同职业之间、不同工种之间的分工原则推演到各国之间的分工,从而形成其国际分工理论,由英国古典经济学派主要代表人物亚当·斯密1776年创立。

所谓绝对成本,是指某两个国家之间生产某种产品的劳动成本的绝对差异,即一个国家所耗费的劳动成本绝对低于另一个国家。斯密的绝对成本说主要内容概述如下:①分工可以提高劳动生产率,增加国民财富。交换是出于利己心并为达到利己目的而进行的活动,是人类的一种天然倾向。人类的交换倾向产生分工,社会劳动生产率的巨大进步是分工的结果。②分工的原则是成本的绝对优势或绝对利益。分工既然可以极大地提高劳动生产率,那么每个人专门从事他最有优势的产品的生产,然后彼此交换,对每个人都是有利的。即分工的原则是成本的绝对优势或绝对利益。③国际分工是各种形式分工中的最高阶段,在国际分工基础上开展国际贸易,对各国都会产生良好效果。如果外国的产品比自己国内生产的要便宜,那么最好是输出在本国有利的生产条件下生产的产

第二章 区域经济一体化一般理论及中国欠发达地区经济一体化的特殊性

品,去交换外国的产品,而不要自己去生产。④国际分工的基础是有利的自然禀赋或后天形成的有利条件。有利的生产条件来源于有利的自然禀赋或后天形成的有利条件。自然禀赋和后天形成的有利条件因国家而不同,这就为国际分工提供了基础。因为有利的自然禀赋或后天形成的有利条件可以使一个国家生产某种产品的成本绝对低于别国,从而在该产品的生产和交换上处于绝对有利地位。各国按照各自的有利条件进行分工和交换,将会使各国的资源、劳动和资本得到最有效的利用,将会大大提高劳动生产率和增加物质财富,并使各国从贸易中获益(亚当·斯密,1996)。这便是绝对优势论的基本思想。

2. 李嘉图的比较优势理论

绝对优势理论解决了具有不同优势的国家之间的分工和交换的合理性。但是,这只是国际贸易中的一种特例。如果一个国家在各方面都处于绝对的优势,而另一个国家在各方面都处于劣势,那么,它们应该怎么办?显然绝对优势理论无法回答此问题,然而李嘉图1817年创立的比较优势理论很好地解决了这一问题。

李嘉图的比较优势理论认为,国际贸易产生的基础并不限于生产技术的绝对差别,只要各国之间存在着生产技术上的相对差别,就会出现生产成本和产品价格的相对差别,从而使各国在不同的产品上具有比较优势,使国际分工和国际贸易成为可能,进而获得比较利益。因此,国际贸易的基础是生产技术的相对差别(而非绝对差别),及由此产生的相对成本的差别。每个国家都应根据"两利相权取其重,两弊相权取其轻"的原则,集中生产并出口其具有"比较优势"的产品,进口其具有"比较劣势"的产品。根据比较优势原理,一国在两种商品生产上较之另一国均处于绝对劣势,但只要处于劣势的国家在两种商品生产上劣势的程度不同,处于优势的国家在两种商品生产上优势的程度不同,则处于劣势的国家在劣势较轻的商品生产方面具有比较优势,处于优势的国家则在优势较大的商品生产方面具有比较优势。因此,两个国家分工,进行专业化生产,出口其具有比较优势的商品,进口其处于比较劣势的商品,则两国都能从贸易中得到利益(大卫·李嘉图,1962)。

比较优势理论在更普遍的基础上解释了贸易产生的基础和贸易利益,大大发展了绝对优势理论。它证明各国通过出口相对成本较低的产品,进口相对成本较高的产品就可能实现贸易的互利。比较优势理论揭示了人类分工协作的大道理。自创立至今，100多年来，它一直被国际经济学界奉为经典，并成为国际贸易分工理论发展的主线。即使在当代，它也是研究国际贸易理论的逻辑起点。然而，比较优势理论只提出国际分工的一个依据，并未能揭示出国际分工形成和发展的主要原因和价值规律的国际内容。

3. 赫克歇尔和俄林的要素禀赋理论

瑞典经济学家伊莱·赫克歇尔和他的学生贝蒂尔·俄林提出并丰富了要素禀赋理论。该理论认为：不同地区或国家之间存在着土地、资本、劳动力等要素在丰裕度上的差异，从而存在生产成本的价格差异。不同区域或国家将分别利用相对充裕的要素从事专门商品的生产和交换，他们将能从贸易中共同获益（贝蒂尔·俄林，2001）。

根据赫克歇尔和俄林的要素禀赋理论，同种商品在不同国家的相对价格差异是国际贸易的直接基础，而价格差异则是由于各国生产要素禀赋不同，所以要素禀赋不同是国际贸易产生的根本原因，生产要素在不同国家之间流动，各国加强经济合作将有利于经济发展。其逻辑过程如下：①国家间的商品相对价格差异是国际贸易产生的主要原因。在没有运输费用的假设前提下，从价格较低的国家输出商品到价格较高的国家是有利的。②国家间的生产要素相对价格的差异决定商品相对价格的差异。在各国生产技术相同，进而生产函数相同的假设条件下，各国要素相对价格的差异决定了各国商品相对价格存在差异。③国家间的要素相对供给不同决定要素相对价格的差异。俄林认为，在要素的供求决定要素价格的关系中，要素供给是主要的。在各国要素需求一定的情况下，各国不同的要素禀赋对要素相对价格产生不同的影响；相对供给较充裕的要素的相对价格较低，而相对供给较稀缺的要素的相对价格较高。因此，国家间要素相对价格差异是由要素相对供给或供给比例不同决定的。

要素禀赋理论的最终逻辑结论是，一个国家生产和出口那些大量使用本国供给丰富的生产要素的产品，价格就低，因而有比较优势；相反，生产那些需大量使用本国稀缺的生产要素的产品，价格便贵，出口就不利。各国应尽可能利用供给丰富、价格便宜的生产要素，生产廉价产品，以交换别国价廉物美的商品。

4. 维纳的关税同盟理论

关税同盟理论是区域经济一体化传统的核心理论，该理论起源于19世纪德

第二章 区域经济一体化一般理论及中国欠发达地区经济一体化的特殊性

国历史学派的代表李斯特的关税保护理论。美国经济学家维纳（J.Viner）1950年在其著作《关税同盟问题》中详尽阐述了区域经济一体化的重要理论——关税同盟理论（樊莹，2005）。维纳认为，完全形态的关税同盟具备三个条件：①完全取消参加国之间的关税；②对来自成员国以外的地区设置统一的进口关税；③通过协商方式在成员国之间分配关税收入。

维纳的关税同盟理论研究了在成员国之间生产要素不流动的前提下关税同盟形成后的静态和动态经济效果。关税同盟静态效果有两个：一个是贸易创造效果，贸易创造是指由于关税同盟内实行自由贸易后，产品从成本较高的国内生产转往成本较低的成员国生产，从成员国的进口增加，从而得以"创造"出新的贸易；另一个是贸易转移效果，贸易转移是指一国的进口原本来自一个非同盟的低成本国家，后被另一关税同盟国的高成本国家代替，从而使得贸易对象发生了"转移"。关税同盟以两种相反的方式影响贸易的福利。如果贸易创造增加的福利代表利益，贸易转移所增加的成本便是代价。结成关税同盟的国家是获得净利益还是带来净损失，取决于贸易创造和贸易转移谁大谁小。而判断这种利弊孰大孰小，需针对特定对象进行具体分析。关税同盟的动态效果为：扩大了区域内部市场，促进了成员国内部及成员国之间的市场竞争，推动了成员国投资环境的改善，从而刺激各成员国的经济增长。

5. 赤松要和山泽逸平的雁行形态理论

雁行形态理论由日本经济学家赤松要于1961年、1962年发表的两篇关于雁行形态的论文而得名。赤松要对日本明治初年以后本国羊毛品、棉布等纺织品的贸易状况进行实证研究后得出结论，即日本某一产业的发展依次经过进口、生产、出口等各个时期，由于这几个时期在图形上是倒V形，酷似展飞的大雁，故称雁行形态理论（张乃丽，2007）。日本学者山泽逸平将赤松要的三时期划分为五个阶段：进口阶段、进口替代阶段、出口增长阶段、成熟阶段（这一阶段由于出口中竞争增加、贸易摩擦不断，致使企业一方面进行技术革新增强产品竞争力，另一方面通过对外直接投资和在外生产延长产品生命周期）、逆进口阶段（从被投资的后发国家进口廉价商品，逐渐占领本国市场）(山泽逸平，2001)。

雁行模式分为原型和两个引申型。原型表现的是后发国发展过程中，工业品呈进口、国内生产到出口三个环节继起的形态；引申型之一反映由国内消费品的进口、生产和出口到资本品的进口、生产和出口的过程；引申型之二反映某一产品的进口、生产到出口的变化在国与国之间传导的过程。原型与引申型是不可分的理论体系。雁行模式有三个特点。

（1）主张动态比较优势和静态比较优势结合。动态比较优势原则注重长期利益，强调从生产要素开发的角度进行国际比较，它要求一国产业结构的高级化和生产力的跨越式发展，认为后发国为摆脱自身的不利地位，应暂时放弃静态比较利益，实施非均衡发展。静态比较优势原则注重短期利益，强调通过"出口导向"尽快增加财富。从雁行模式的进口—进口替代—出口的内容看，兼顾了动态和静态的比较优势。

（2）主张在投资国和被投资国之间实施动态的产业转移。这里的动态产业转移，是指投资国将本国按生产成本的排序已处于比较劣势的边际产业依次向被投资国进行转移。通过产业转移，一方面使低梯次后发国（地区）获得经济发展所需资金和技术，另一方面为投资国（地区）的产业结构调整让渡了空间。

（3）主张国际分工主要是垂直分工。该理论主张的产业梯度传递，其前提条件是投资国的生产技术先进于被投资国，在投资国与被投资国之间形成技术程度由高到低递减的产业梯次传递链条。山泽逸平还认为，在国际上，美国应是雁首，产业从美国传递到日本，再传递到亚洲四小龙，再传递到东盟诸国，即美国→日本→亚洲四小龙→东盟诸国（张鸿，2006）。

6. 小岛清的协议分工理论与雁行合作模式

日本学者小岛清认为，第二次世界大战后，日本、德国及大批新兴工业国家重新开始经济赶超，迎来了世界经济由"异质化"转向"同质化"时代。从历史经验看，世界经济"同质化"易诱发贸易战，导致保护主义盛行，世界经济规模缩小，因此，基于雁行形态发展的规律，有必要建立一种新的经济模式，以摆脱国际经济趋同引发的矛盾和困境，这种新型模式就是"协议性国际分工"（小岛清，1987）。

小岛清认为：所谓协议性国际分工，是指一国放弃某种商品的生产，并把国内市场提供给另一国，而另一国则放弃另外一种商品的生产，并把国内市场提供给对方，即两国达成互相提供市场的协议，实行协议分工。协议分工不能自发实现，而是通过国际经济一体化的制度把协议性分工组织化。协议分工的条件为：两国或多国资源禀赋没多大差异，经济发展阶段相当；协议对象商品

第二章 区域经济一体化一般理论及中国欠发达地区经济一体化的特殊性

在对方国可以生产并能获得规模经济;不论在哪个国家,不论对 x 货物进行专业化生产还是对 y 货物进行专业化生产,在产业之间没有优劣之分,所获利益差别不大(小岛清,1987)。

近几年,日本与亚洲四小龙在出口结构上已转向"同质化"竞争阶段,但与中国内地、印度尼西亚、菲律宾、泰国、马来西亚之间仍没有进入"同质化"时期,因此,这些国家之间的贸易仍具有较强互补性。东亚地区的经济合作应以协议性国际分工为基础,以发展垂直的和水平的产业内贸易为主,实行恰当的横向"雁行合作模式",即实现以技术创新、研发为主的"雁首产业合作",包括信息、生物工程、航空、材料等高科技产业的合作;实现制造业领域中机电、运输、精密机械等属于技术密集型产业的"雁身产业合作";实现以提高劳动密集型产业为主的新型"雁尾产业合作"。这种多层次的合作模式以产业内贸易形式为主,以提升产业的效率为目标。这样的雁行队形可能是"群雁飞舞"或"双头雁领飞"(张鸿,2006;张乃丽,2007)。

7. 西托夫斯基的大市场理论

大市场理论的代表人物是西托夫斯基(T. Scitovsky)。大市场理论的核心思想为,扩大市场是获取规模经济的前提条件,市场扩大带来的竞争加剧将促成规模经济利益的实现。"小市场"的经济会出现"恶性循环",建立共同市场之后,"大市场"的经济会出现"良性循环"。当然,前提是生产要素是可以流动的。在各国实行区域经济一体化之前,各国之间推行只顾本国利益的贸易保护政策会使各国只能面对狭隘的国内市场,无法实行规模经济与大批量生产。共同市场的形成可以将各国由于贸易保护主义而被分割的市场统一起来,为成员国的企业提供更大的市场,这有助于规模经济效应的产生。不仅如此,共同市场的形成还有助于整个经济进入规模经济主导的市场扩大、竞争加剧的良性循环,即出现大市场→竞争激烈→大规模生产→生产成本和价格下降→大众的大量消费→市场进一步扩大的良性循环(樊莹,2005;张鸿,2006)。

8. 塞泽尔基的综合发展战略理论

如果说大市场理论主要是以发达国家为主的经济一体化,那么,综合发展理论则主要是以发展中国家为主的经济一体化。普遍认为,对发展中国家经济一体化做出阐述最有影响力的是鲍里斯·塞泽尔基,他提出了"综合发展战略理论",该理论主要有以下几点。

把发展中国家的国际区域经济一体化视为一种发展战略；区域经济一体化不限于市场的统一，生产和基础设施也是其经济一体化的基本领域；通过区域工业化来加强相互依存性；强调有效的政府干预；把经济一体化看作是集体自力更生的手段和按照新秩序逐渐变革世界经济的要素（布雷达·帕弗里奇等，1987）。

9. 克鲁格曼的新贸易理论

20世纪80年代后期，以克鲁格曼、赫尔普曼、格罗斯曼等为代表的经济学家提出了新贸易理论。新贸易理论认为，贸易的原因不仅仅是比较优势，而且还有规模递增收益。克鲁格曼认为要素禀赋差异决定着产业间的贸易，而规模经济决定着产业内部的国际（区际）贸易。在不完全竞争的市场结构中，由于规模经济的存在，即使在各国的嗜好、技术和要素禀赋都一致的情况下，也会产生相异产品之间的"产业内"贸易，并且国家之间的差异越大，产业间的贸易量就越大；而国家间越相似，产业内的贸易量就越大。在贸易格局的决定上，"历史和偶然"也起着重要作用，历史和偶然埋下了区际分工与差异的种子，递增报酬则不断强化着既定的贸易格局（魏后凯，2006）。

新贸易理论在贸易政策方面提出了两个干预贸易的论点：战略贸易论点和外部经济的论点。根据这两个论点，政府对贸易的干预在某些条件下可能更符合国家利益，这就为战略性贸易政策提供了验证依据。如果政策能够选择正确的产业给予适当的支持，则这种"狭窄的、移动的保护带"政策将有利于一国的贸易发展及长期经济增长（魏后凯，2006）。

新贸易理论不是简单否定新古典贸易理论，而是修正了新古典方法关于固定规模收益的基本假定，为分析在一个规模报酬并不总是不变的而且市场并不总是完全竞争的世界中的贸易提供了一个较完整的框架。

10. 波特的竞争优势论

美国经济学家迈克尔·波特于1990年完成了《国家竞争优势》一书。他认为，一国的竞争性不一定在于整个国民经济，而主要在于该国有一些独特的产业或产业群。国家竞争优势是通过创造得来的，它形成的关键在于优势产业的建立和创新。对一个区域亦如此。竞争优势产业主要取决于"钻石体系"：①要素条件。分为基本要素和高级要素，高级要素对竞争优势具有更重要作用。②需求条件。

第二章 区域经济一体化一般理论及中国欠发达地区经济一体化的特殊性

特别是国内市场需求状况。国内有经验的、挑剔的购买者更有助于该国企业赢得国际竞争优势。③相关支撑产业。一个产业获得竞争优势不是孤立的，而是地理上集中的具有群体协同效应的相关支撑产业共同作用的结果，供应链一体的关联产业在地理上的集中，主导及相关支撑产业集群发展更易取得竞争优势。④企业战略、组织和竞争，竞争优势还来自于对不同差异企业的组织、选择和搭配，及这些企业选择的战略及其在国内的充分竞争。同时，机遇和政府对取得竞争优势起辅助作用。这六个因素交互作用，构成"钻石体系"。关键点是前四大核心要素之间的相互作用，这些相互作用使竞争优势得以形成并维持（波特，2002）。

11. 胡佛的区域经济增长阶段论

美国区域经济学家胡佛（Edgar M. Hoover）与费希尔（J. Fisher）于1949年发表了《区域经济增长研究》一文，指出任何区域的经济增长都存在"标准阶段次序"，经历大体相同的过程。具体有以下几个阶段：自给自足阶段、乡村工业崛起阶段、农业生产结构转换阶段、工业化阶段（区域工业兴起并逐渐成为推动区域经济增长的主导力量）、服务业输出阶段（服务业成为推动区域经济增长的重要动力）（韩佳，2008）。

二、区域经济一体化核心理论的简要评论

不同国家和地区之间通过建立不同的产业分工，从而提高各国的整体效率，并通过彼此交换或合作增进共同福利，是一切区域经济一体化的共同特点。上述理论对此有充分体现。

比较优势理论和要素禀赋理论认为，不同国家或地区的生产技术水平不同，劳动生产率不同，土地、资本、劳动力等要素丰裕度不同，因此，这些国家可按相对优势原则进行产业分工：每个国家或地区选择本国或本地具有相对优势的要素进行生产，然后通过彼此交换实现共同福利增加。这两种理论的差异在于，比较优势论更强调不同国家和地区的技术差异，要素禀赋论更强调土地、资本和劳动力的丰裕度差异。

关税同盟理论和大市场理论均是以发达国家为基础建立起来的，认为关税同盟、共同市场等均是区域经济一体化的重要形式，这些经济一体化形式均各有利弊。只有该一体化形式对成员国利大于弊才有存在的价值和发展的生命力。

后发国和先行国存在工业化发展阶段的差异，雁行理论提出了后发国工业化的模式或途径：后发国与先行国之间的产业分工在开始阶段是垂直分工，后发国将经历一个进口、国内生产（进口替代）、出口的过程；后发国与先行国最终由垂直分工发展到水平分工。协议分工理论认为，要素禀赋差异不大、经济发展阶段差距不大的国家之间可以实行协议性国际分工，并通过国际经济一体化制度使之组织化。雁行合作模式认为，要素禀赋差异大、经济发展阶段差距大的国家之间可在雁首产业、雁身产业、雁尾产业之间实现合作，并以产业内贸易为主使经济联为一体。

大市场理论、雁行形态理论、协议分工理论与雁行合作模式认为，资本等要素由先行国向后发国转移，或者在合作的成员国之间自由流动，有利于实现规模经济、有利于大市场的建立。综合发展理论认为，后发国可将区域经济一体化视为一种发展战略，作为集体自力更生和变革世界的积极要素。新贸易理论为解释发达工业国家之间的贸易增长、大规模的产业内贸易理论提供了理论依据，但由于该理论产生于发达国家的背景下，故未能从发展中国家视角来解释贸易现象。

竞争优势论是为解释国家的竞争优势而建立的，但它可同样有力说明，一个区域也可以形成类似的竞争优势产业，产业活动的区域化与全球化是同一过程的两个不同视角，在大国内部，不同地区具有差异的竞争优势产业的形成是这些地区较高级经济一体化的基础。胡佛主要是从产业结构演变过程的角度总结地区经济增长阶段，具有一定的历史基础。

然而，上述区域经济一体化理论存在着一定的不足，主要表现为：①对国家内部不同地区之间的产业分工和经济一体化缺乏充分的研究。尤其是对于大国来说，国内不同地区之间的经济一体化显得更加迫切和重要。许多人将区域经济一体化等同于国际经济一体化。②对欠发达国家内部的区域经济一体化和欠发达国家之间的区域经济一体化缺乏系统的理论阐释。尤其缺乏对欠发达国家经济一体化初始条件的研究。有的人将发达国家之间的经济一体化理论简单套用于欠发达国家之间。③对发展中大国参与经济一体化的复杂性、多样性缺乏深刻的研究。事实上，对于发展中大国，在经济发展过程中，既有该国内部不同地区之间的经济一体化问题，又有该国与其他发展中国家的经济一体化问题，更有该国与发达国家之间的经济一体化问题。如此丰富的现实往往被抽象为简单的国际经济一体化。④对欠发达国家和地区经济一体化的发生、发展的

第二章 区域经济一体化一般理论及中国欠发达地区经济一体化的特殊性

过程缺乏清晰的描述。这使得人们讨论经济一体化时往往混淆了区域经济一体化的不同阶段性特征，以及这些特征在不同阶段的演变。⑤对国内区域经济一体化不同于国际区域经济一体化的特征缺乏深入的研究。因此，国内区域经济一体化理论大大落后于国际经济一体化理论。迄今笔者尚未发现专门的阐述国内区域经济一体化的理论著作，而国内区域经济一体化的实践却如火如荼。理论落后于实践在这一领域表现得十分突出。⑥对区域经济一体化过程中的财富集中、利益补偿问题未引起足够的重视。事实上，区域经济一体化的区域障碍和国际障碍往往是利益转移的国家和地区未得到应有的合理利益补偿。建立国内和谐区域、和谐世界理念条件下的区域经济一体化、国际经济一体化必须解决这一问题。城乡一体化作为区域经济一体化的重要形式亦是要解决这一问题。

三、区域经济一体化核心理论对本书深入研究的启示

从比较优势理论和要素禀赋理论角度来看，无论是不同的国家，还是同一国家内部不同地区，只要它们之间在技术、土地、资本、劳动力等要素的丰裕度上存在差异，这些国家和地区之间就选择相对优势要素进行产业分工和生产，这对各方是利大于弊的。

关税同盟理论的启示在于：在生产要素不流动的国家之间，只有在结盟的国家之间贸易创造的增加福利大于贸易转移付出的代价条件下，这样的结盟才有意义。在生产要素可相对自由流动的国家内部的不同地区之间，关税同盟这种一体化形式意义不大。

从雁行形态理论角度来看，在落后国家与先进国家之间的经济关系上，要经历一个从垂直分工到水平分工的发展过程。同样，在大国内部的落后地区和发达地区之间的经济关系上，也要经历一个从垂直分工到水平分工的过程。但对于欠发达地区来说，最重要的是要有勇气接受发展初期的垂直分工，又不能长期停留于垂直分工阶段。要通过垂直分工尽快提高本地区的生产力，争取早日进入水平分工阶段，并分享水平分工的平等利益。即使在垂直分工期间也要通过地方政府的积极行动，争取中央政府和发达地区的一部分利益补偿（转移支付）减少垂直分工的利益损失。

从雁行合作模式来看，已有一定工业基础的欠发达国家与发达国家不能拘泥于垂直分工或纯粹的水平分工，而要从实际出发，在有条件的产业领域与发达国家之间实现雁首产业合作，在其他领域分别实现雁身产业合作和雁尾产业

合作。对于大国内部的不同地区之间尤其应该如此，欠发达地区不是所有产业均落后，发达地区也不是一切均发达。欠发达地区政府与企业要积极争取与发达地区之间在雁首、雁身、雁尾产业实现全方位的合作，中央政府应引导支持这样的多层次合作。

协议分工理论启示我们，对于经济发展基础好、要素条件、发展阶段趋于同质化的不同国家，可争取实现协议性国际分工。对同一国家内部同质化地区之间，实现协议分工的障碍要比国家之间小得多。社会主义国家内的欠发达地区与发达地区之间在战略上争取实现协议分工，不仅惠及协议地区，而且实现的可能性更大。

大市场理论启示我们，不同国家建立共同市场利于为成员国企业提供更大的市场，从而实现规模经济效应的扩大。这一理论对于小国意义重大。而在国际市场需求不足的条件下，大市场理论对大国内部不同地区之间相互开放市场就显得特别重要。对于大国，即使在国内市场需求平稳的条件下，善于开发、拓展国内大市场，以此为基础开发国际市场也是稳健的战略。

综合发展战略理论启示我们，经济一体化并不是只有与发达国家合作这一条路，尽管这一条路是极其重要的。当发展中国家因为经济、政治、意识形态等原因而受到发达国家遏制时，发展中国家仍然可通过相互之间的经济一体化实现集体的自力更生。对于大国内部的后进地区，在宏观环境允许的条件下，应把积极争取与发达地区的经济一体化列为主要战略。在中央政府把发展重心放在发达地区的情况下，欠发达地区之间的经济一体化战略就显得必要和意义重大。

新贸易理论启示我们，不同国家和地区之间不仅可以交换品质不同的产品，而且可以交换品质相同的产品。对于一国内部的不同地区之间，为满足消费者的多样化需求，为实现规模经济，还应从产业内分工和产业间贸易角度重视区域经济的一体化。不要简单地否定区域之间的产业趋同，而要具体问题具体分析。如果不同区域之间生产了品质相同的产品，但在款式、色彩等方面存在差异，而且能满足不同地区消费者的多样化需求，这样的产业分工及产业内贸易也是有生命力的。

竞争优势理论启示我们，竞争优势理论不仅适用于国家之间，而且适用于地区之间。大国内部的不同地区，不仅要重视培育比较优势产业，而且要从战略上注重培育竞争优势产业。从现实出发，在比较优势产业基础上，发展竞争优势产业是最佳选择。即一个地区重点发展既有比较优势又有竞争优势的同一产业，那么这样的地区之间的经济一体化将具有顽强的生命力。这样的竞争优势是内生的，外生的或无中生有的竞争优势产业培育则需要强有力的外部条件。

区域经济增长阶段论则启示我们，在经济增长的不同阶段，区域经济一体化的重心是不同的。

第三节　区域经济一体化的内容和形式

根据丰富的国际经济一体化的实践，尤其是在这些实践基础上产生的国际经济一体化的理论，我们试图概述国际经济一体化的基本内容及其基本形式，并结合国内区域经济一体化的实践，对国内区域经济一体化的内容和形式进行初步探讨，重点揭示这两种经济一体化的差异。

一、国际经济一体化的基本性质、内容、形式与类型

1. 国际经济一体化的基本性质

国际经济一体化是不同国家为了追求共同利益而开展的经济联合。具体形态有由不同国家组成的区域性集团组织和相应制度框架，但无论是何种区域性集团组织和相应制度框架，本质上都是为谋求共同经济利益扩大而进行的层级不同的国际分工协作与联合。

2. 国际经济一体化的基本内容和基本形式

国际经济一体化的内容有：不同国家之间的商品、资本、技术和劳动力等要素流动，产业分工与协作，关税、货币、经济政策、经济制度等的合作或者联合行动。经济一体化的具体形式不同，包含的内容亦有差异。下面结合具体形式予以说明。根据美国经济学家巴拉萨等的理论，国际经济一体化的基本形式有5种。

（1）自由贸易区。自由贸易区是指各成员国之间相互取消关税及进口数量限制，使商品在区域内完全自由流动，但各成员国仍保持各自的关税结构，按照各自的标准对非成员国征收关税。其基本特点是用关税措施突出了成员国与

非成员国之间的差别待遇。

（2）关税同盟。关税同盟是指各成员国之间不仅取消关税和其他壁垒，实现内部的自由贸易，还取消了对外贸易政策的差别，建立起对非成员国的共同关税壁垒。

（3）共同市场。共同市场是指除了在成员国内完全废除关税与数量限制并建立对非成员国的共同关税壁垒外，还取消了对生产要素流动的各自限制，允许劳动、资本等在成员国之间自由流动，甚至企业主可以享有投资开厂办企业的自由。与关税同盟相比，各成员国不仅向"共同体"让渡商品和服务贸易管理的权利，而且还部分或全部让渡了干预资本和人员流动的权利。

（4）经济同盟。经济同盟是指成员国之间不但商品与生产要素可以完全自由流动，建立对外统一关税，而且要求成员国制定并执行某些共同的经济政策。这种共同的经济政策主要包括财政政策、货币政策和汇率政策。

（5）完全经济一体化。完全经济一体化是国际经济一体化的最高级形式。它不仅包括经济同盟的全部特点，而且各成员国还统一所有重大的经济政策（如财政政策、货币政策、福利政策、农业政策），以及有关贸易及生产要素流动的政策，并由其相应的机构（如统一的中央银行）来执行共同的对外经济政策。这样，该集团接近于具备了完全的经济国家地位（Balassa，1961）。

国际经济一体化的各种形式，本质上是国家间在经济上的分工协作与联合。联合的内容由流通到生产，再到产业的深化，随之，联合的形式由简单到复杂，由初级到高级。无论哪一种形式都是为追求共同的国家利益而结成的联合体。然而，这些国家间的经济联合不同于企业间的经济协作和联合。企业间的经济协作和联合也有从初级到高级的形式：短期价格协定、卡特尔、辛迪加、托拉斯、康采恩等。企业间的国际协作和联合相应有：国际卡特尔、国际辛迪加、国际托拉斯、国际康采恩等。这些国家间的区域联合体也不同于行业联合体（行业协会、产业联盟），后者是特定行业的主体为保障行业共同利益而结成的行业联合组织形式。

3. 国际经济一体化的具体类型的复杂多样性

区域本身就是一个由产业、企业、各种经济组织的复合体，十分复杂，不同国家和地区是极不相同的复合体。总体来说，有发达国家和地区、欠发达国家和地区（简称南北国家和地区），社会主义国家和地区、资本主义国家和地区（简

第二章　区域经济一体化一般理论及中国欠发达地区经济一体化的特殊性

称东西方国家和地区）。就以南北国家和地区来分析，它们处于不同的经济发展阶段。发达国家和地区：有的处于罗斯托阶段论中的高额消费阶段，有的处于追求生活质量阶段或胡佛阶段论中的服务业输出阶段。发展中国家和地区则要复杂得多：有的处于胡佛的乡村工业崛起阶段和农业发展结构转换阶段，有的处于工业化阶段。这些处于不同发展阶段的国家和地区进行经济联合，必然呈现出复杂多样的联合类型。大致说来，主要有三大类型。

（1）北北经济一体化类型，简称北北型。北北型主要是由发达国家和地区之间组成的经济一体化形式。最典型的有欧盟。协议分工理论、大市场理论、新贸易理论主要是基于这种类型的国家和地区之间的经济一体化实践提出，并为它们的进一步发展提供理论和政策依据。

（2）南南经济一体化类型，简称南南型。南南型主要是由经济处于较低发展阶段的发展中国家和地区之间结成的经济一体化形式。最典型的有东盟、上海合作组织、中非经济共同体等。早期的比较优势论、要素禀赋论、塞泽尔基的综合发展战略理论等主要是基于早期工业化国家和后来的发展中国家和地区的分工、协作实践提出的，这些理论今天仍对发展中国家和地区之间的经济一体化实践具有指导意义。

（3）南北经济一体化类型，简称南北型。南北型主要是由发达国家和地区、发展中国家和地区之间结成的经济一体化形式。最典型的有亚太经合组织、北美自由贸易组织等。雁行形态理论、雁行合作模式等主要反映了这些国家和地区之间的分工与协作实践。

此外，还可从东西方国家和地区关系角度，把国际经济一体化的具体类型划分为：东东经济一体化类型，简称东东型，如20世纪50～80年代的经互会；西西经济一体化类型，简称西西型，如欧盟；东西经济一体化类型，简称东西型，如亚太经合组织。其中，东东型、西西型对于不同性质的国家具有排他性。

当然，本章第二节的理论并不是完全对应于某一类型的国家和地区，也不是只对某一国家和地区有参考价值，有的理论事实上对不同类型国家和地区均有指导意义，如比较优势论、要素禀赋论、新贸易理论、竞争优势论等。复杂的现实产生了纷繁的经济一体化形态，催生了多样化的理论，这些理论又反过来对丰富的经济一体化形态的完善和发展以有力的指导。

二、国内区域经济一体化的基本性质、内容与形式

1. 国内区域经济一体化的基本性质

国内区域经济一体化的性质是国内不同地区为了减少资源浪费、增加区域内人民的共同利益而开展的区际分工和合作。具体形态表现为具有多样性的不同地区组成的跨区域协作组织和相应的制度框架。

2. 国内区域经济一体化的基本内容

（1）市场一体化。主要是流通领域的一体化,包括消费品、资本品、资金、技术、劳动力、信息等的跨区域无障碍的自由流动,含政府的采购、企业的购买和销售、人才流动、土地转让等。

（2）生态环境一体化。生态环境一体化是指,从可持续发展的要求出发,促使区域内部不同地区之间形成趋于一致的人与自然和谐发展的生态环境,如生态保护、生态建设、河流治理、绿化、污染整治。

（3）产业一体化。主要指生产和再生产领域的一体化,包括农业、制造业、服务业的跨区域分工、协作和联合。就直接生产过程而言,包括在人力资源开发、产品设计、产业流程分工、产品加工等方面的跨区域协作或联合。

（4）城乡一体化。它是指不同区域城乡之间,尤其是大中城市与小城镇及农村之间在产业分工、基础设施建设、公共产品供给和公共服务等方面的分工与协作。

（5）高技术一体化。高技术一体化是指区域在科技研发、高技术产业发展等领域的协作或联合。随着社会的发展、技术的进步,高技术一体化在区域经济一体化中的地位和作用就越来越大。

（6）交通设施一体化。为了实现生产、流通的一体化而进行的跨区域的基础物质条件的协作或联合,包括公路、铁路、机场、河道、港口、光纤通信骨干网、物流设施、市场设施等的统一规划、布局、筹资建设等。

3. 国内区域经济一体化的基本形式

与丰富的国际经济一体化形式比较,国内的区域经济一体化形式显得单调和初级,这是因为同一国家内部不同区域之间一般没有政治制度的根本差异,货币统一,贸易规则一致,文化习俗相近。但只要是区域经济一体化,就必须

第二章 区域经济一体化一般理论及中国欠发达地区经济一体化的特殊性

有一定的组织载体和制度框架,有一定的合作内容或领域。根据各国内部区域之间经济一体化实践尤其是中国区域经济一体化实践观察,可把国内区域经济一体化的基本形式归纳为如下几种。

(1) 经济联席会。由参加合作的区域组成的不定期的经济合作形式。合作的议题和内容不固定,一般由上一次会议确定下一次会的主题。合作内容主要是经济领域,合作的目标有一定随意性。经济联席会的特点:参与合作的区域是完全有自主权的,他们仅仅是就某个领域或某些产业发展有一定共识。需要通过定期或不定期的联席或联谊沟通信息,或彼此采取非约束性的共同行动。典型的是1984年成立的上海经济区省市长联席会,开始是上海、江苏、浙江、安徽四省市,此后,江西、福建先后加入。

(2) 经济协调会。由相邻区域为了共同的经济目标(在经济领域的某个或某些方面)组成的合作机构,有相应规则和合作机制。经济协调会的特点是:有共同的协调机构,参加合作的区域已将自己的部分权利让渡给这样的协调机构。参加合作的地区已形成一定程度的共同体,如资源开发、生态保护等。典型的是1997年成立的长江三角洲城市经济协调会。该协调会成立之初有15个城市为成员单位,2003年扩展到16个。成立后,每两年开一次协调会,2004年改为每年一次。

(3) 跨行政区专属协调管理局。由中央政府授权成立,协调不同区域之间的经济开发、建设的跨区域组织。跨行政区专属协调管理局的特点:中央政府通过行政协调,将相关区域的某些开发、建设、管理、计划、实施、最终考核、评估等权利赋予一个跨地区新成立的行政机构,相关区域则让渡这些权利。最典型的有美国1933年成立的田纳西流域管理局。该机构为联邦一级机构,行政上不受沿流域各州政府管理,对田纳西河流域的水力发电、水利工程、航运、渔业等方面有统一开发与管理权。还有我国的长江三峡水利建设委员会,也是中央政府级机构,对三峡工程和三峡工程后有关的建设、防洪、通航、移民、产业发展等进行统一协调与管理。巴西的亚马孙地区开发管理局等也属跨行政区专属协调管理局。

(4) 跨行政区综合协调管理局。由中央政府授权,统筹协调管理不同地区的经济分工与协作等。有关地区具有相对独立性,但其重大经济分工与协作活动的决策权已集中于综合协调管理局。

三、国内区域经济一体化的实现过程

国内区域经济一体化的实现一般要经过如下四个阶段。

第一阶段，贸易一体化，即各地区之间取消对商品流动的限制。从消除贸易壁垒，市场开放做起，形成一个经济区共同发展的共识。市场一体化是这个阶段的重要特征。

第二阶段，要素一体化，即实行生产要素的自由流动。包括人员自由往来、基础设施共建共享和产业相互转移等。产业发展走向融合步伐加快，中心城市产业转移方向逐渐明朗，都是这个阶段的突出特点。

第三阶段，产业政策一体化，即区域内产业政策的协调一致。政策范围包括共同制定区域规划，明确区域功能定位；淡化行政区划的关系，加强产业分工与合作，强化经济关系，根据发展需要超越行政区划限制，对区域空间产业布局、城乡布局提出战略性的规划方案；建立区域重大产业合作项目，实施保障机制和制定相应制度，明确实施主体、实施办法和实施条件。

第四阶段，完全一体化，即贸易一体化和要素一体化的全面实现，产业政策和其他经济政策的全面统一阶段。需要经历前面三个一体化的阶段之后，才能向完全一体化阶段演进。

国内区域经济一体化有一个由浅入深的过程，其切入点是区域合作。区域合作是实现区域经济一体化的基础，区域合作的深化所追求的目标是较高级的区域经济一体化。

四、区域经济一体化的效应

最初，以关税同盟为代表的国际经济一体化主要有两种效应：静态效应和动态效应（梁双陆，2007）。

1. 静态效应

国际区域经济一体化的静态效应主要包括：贸易创造效应、贸易转移效应。

（1）贸易创造效应。是指一体化区域建立后，区内进口成本高的产品被区内进口成本低的产品所替代，这样不仅实现了资源的优化配置，还增加了贸易量，提高了成员地区的整体福利。

（2）贸易转移效应。是指自由贸易区建立后，区内成员原先从区外非成员

第二章 区域经济一体化一般理论及中国欠发达地区经济一体化的特殊性

地区获得的低成本进口产品,现在被区内成员地区的高成本进口产品所取代。显然这没有实现资源的优化配置,而且降低了区内成员地区的整体福利水平。

2．动态效应

(1) 刺激竞争、优化资源配置效应。在不完全竞争的市场结构下,贸易自由化也能根据比较优势实现资源的优化配置,而且还能带来各种竞争效应,使得贸易自由化的福利效果得到增强。

(2) 规模经济效应。经济一体化区域的建立将原来分散的小市场组成统一的大市场,从而产生巨大的市场潜力。资源要素的自由流动,有利于促进区内经济的一体化和专门化,使得各成员地区可以根据各自的比较优势形成新的产业分工,使得某种产品的生产可以集中到一个地区,从而出现较大规模的产业集聚,实现产业的规模经济。

(3) 刺激投资效应。经济一体化区域的建立,不仅可以使各成员地区获得积极的贸易效应,而且可以大量吸引区外资金,并促使区内国家之间相互投资扩大。

然而,由于国际经济一体化的程度不同,形式不同,区域经济一体化的效应亦不同。国内区域经济一体化的效应则类似于国际经济一体化的效应,只是国内区域经济一体化效应的作用范围是国内成员地区。

但从总体来说,无论是国际经济一体化,还是国内区域经济一体化,一般均有以下总效应:成员国或者成员地区的共同福利增加。它们的具体效应为:市场扩大,市场深化,规模经济,经济总量增加,经济结构优化,分工优化,社会化程度提高,社会调节功能增强,成员国、成员地区的国际地位或国内地位提高。不过,由于参与一体化的伙伴国或者地区,在一体化组织中的经济实力不同,分工不同,起的作用不同,等等,它们总体福利的增加程度不同。一般说来,经济实力强大、在一体化组织中处于产业分工高端的国家或地区,总体福利的增加较厚;经济实力弱小、在一体化组织中处于产业分工低端的国家或地区,总体福利的增加较薄。

第四节　中国欠发达地区实现区域经济一体化的特殊性

本书研究的长江上游地区属于中国欠发达地区，而探讨该区域的经济一体化主要是21世纪后的区域经济一体化，因此，这样的区域经济一体化肯定不同于发达国家之间的经济一体化，也不同于发达国家内部的区域经济一体化，而且，必然带有深深的21世纪的痕迹和中国的特质。本节重点探讨中国欠发达地区实现区域经济一体化的特殊性，包括中国欠发达地区实现区域经济一体化的特殊条件、特殊方略和特殊模式。

一、中国欠发达地区实现区域经济一体化的特殊条件

1. 现阶段中国欠发达地区经济一体化的有利条件和约束因素同时并存

中国现阶段具有以下特点：中国今天已经是世界上最大的社会主义市场经济国家，2010年已是经济总量居世界第二的大洲性大国，国内不同地区之间发展不平衡且有体制差异，存在沿海发达地区、中西部欠发达地区、港澳台地区等；内部不同地区、不同产业部门之间发展不平衡；欠发达地区的二元经济结构特征明显，且总体不发达；存在巨大的城乡差距；欠发达地区实施经济一体化的外部世界具有复杂性和多样性，存在发达的市场经济国家、欠发达的市场经济国家、社会主义市场经济国家、社会主义计划经济国家等。

然而，中国已具有欠发达地区经济一体化的初始条件。城市的基础设施有巨大改善，高速公路、铁路等四通八达，但农村尚处于较低发展水平；产业结构改进明显，城市的制造业、服务业现代化程度较高，但总体层次低，工业化、现代化尚未完成；不同省市的产业发展不平衡，存在沿海以现代产业为主和内地多数是一般产业（传统产业和近代产业）占主导的现象；城乡发展差异大，城市化水平较低；大国内部的区域发展不平衡，东部地区、中西部大城市繁荣与中小城镇欠发达、农村落后并存；对内开放空前活跃，但仍存在一定的行政障碍、体制限制；在国际分工中处于不利地位，一般是生产中、低端产品，提供中、初级服务；民众观念、企业行为、政府行为等均具有不同程度的封闭性，这是区域经济一体化最大的障碍。中国是发展中大国，这决定了其欠发达地区内部的经济一体化必然处于初中级发展水平。

第二章 区域经济一体化一般理论及中国欠发达地区经济一体化的特殊性

2. 中国欠发达地区经济一体化成员数量少，体制差异小，发展水平相近，易于组织和协调

欠发达地区经济一体化是跨越行政区划的经济一体化，它涉及各省级行政区之间利益关系的协调。从长江上游地区来看，省市数量少，体制差异小，发展水平相近。从博弈论的角度讲，在共同决策时便于达成一致协议。从目前我国经济发展水平看，欠发达地区经济一体化的成员数目不宜太多。我国现在最有影响力、经济最发达的三大经济圈中，长江三角洲只涉及两省一市。狭义的珠江三角洲主要就是广东省和港澳地区。环渤海经济带包含的行政区划较多，包括北京、天津、河北、辽宁、山东五个省市，但反过来看，也是三大经济圈中一体化程度最低的。其原因之一就是北京、天津两个直辖市各自的独立倾向较强，体制优势明显。此外，成员过多，发展水平差距过大，出于各自经济利益的考虑，对许多提高区域经济一体化程度的举措反而态度不一致，也会影响相互间的协作与分工。世界上经济一体化程度最高的欧盟的前身是欧洲煤钢共同体，也是由较少数量(6个)、发展水平相当的成员国组成，正是由于它的成员很少，便于在很多重大决策上达成一致意见，从而获得了较好的发展。通过它的示范效应，越来越多的国家加入其中，最后形成了目前世界上最为紧密的国际经济一体化组织——欧盟。但当欧盟扩大到今天的规模（28个成员国），反而碰到了意见难统一、决策效率低、利益关系难协调等问题。因此，从少数发展程度相近的欠发达地区发起欠发达地区经济一体化，较易达到预期目标。

3. 30多年的改革开放使中国欠发达地区具备了经济一体化的坚实基础

1978年改革开放以来，欠发达地区经历了探索区际开放为主、扩大区际开放、国际开放和区际开放并重三个阶段。第一阶段，1978～1991年。开放重点在于对区际开放的初步探索，具有自发性，如这时期长江上游各省市的区域经济一体化基本上仅局限于本区域内部的经济发展。第二阶段，1992～1999年。地方政府开始重视区际开放，国际开放缓慢起步。第三阶段，2000年至今。加入WTO后，国际开放和区际开放均得到重视。到现在，经过30多年的市场经济取向的改革，已有充分的迹象表明，欠发达地区经济一体化进一步深化的坚实基础已经奠定。其中，五个基础最为重要：一是在中国内陆欠发达地区已经形成一个庞大的非国有经济部门，这个完全按照市场规律运作的部门，开始进

入大规模空间拓展的阶段；二是中国欠发达地区内部市场经济体系已经初步形成，市场力量在区域内部乃至区域之间配置资源方面已经发挥着基础性的作用；三是大多数国有企业经过体制改革重焕青春，已具备适应内外市场环境变化的强大竞争力；四是最近十余年来，欠发达地区的基础设施和科技教育有了空前的发展，政府和市场前所未有地适应了加入WTO后国际和国内市场条件的变化；五是欠发达地区已积累了一定的区际开放和国际开放的实力和经验。

二、中国欠发达地区实现区域经济一体化的特殊方略

要在区域经济一体化过程中实现经济的共同繁荣，是有条件的。很多人认为只要实行市场经济，形成统一的市场，就会实现经济的共同繁荣。其实不然，经济全球化和一体化是大势所趋，但是，并不是说这给所有的地区和人民都会带来好处。从经济全球化和一体化的实际运行结果来看，仅仅依靠市场机制，只会导致两极分化。从全球看，富国与穷国、最富的人与最穷的人所拥有的财产之间的差距越来越大，而极少数国家从经济全球化和一体化中所获得的利益，恰恰是以大多数国家利益的牺牲为代价的。现在在国内或国外，人们更多强调的是强强联合、强弱联合，据称这样可以达到一种"双赢"局面。事实上，经济一体化在给各国和地区带来好处的同时，也有可能造成两极分化。

基于以上理论分析，中国欠发达地区要在经济一体化过程中早日摆脱被边缘化命运，实现经济的共同繁荣，必须根据欠发达地区经济一体化的特殊条件，从实际出发，实施不同于一般发达国家或地区经济一体化的特殊方略。根据我们的研究，这样的特殊方略主要有七点。

（1）以国内欠发达地区之间的区域经济一体化为基础，逐步拓展到与国内其他地区的经济一体化，进而拓展到国际经济一体化。

这是由中国是大洲性大国的特点决定的。国内各地区之间发展不平衡，国内一个省的规模相当于欧洲一个中等国家。国内地区之间经济一体化十分必要；但是，对于国内欠发达地区而言，国内经济一体化是以欠发达地区之间的经济一体化为基础的，欠发达地区之间的经济一体化更易达成协议，更能体现公平，更易照顾彼此的基本利益。同时，中国今后可争取到较长的国际和平环境，因此，国内欠发达地区之间的经济一体化有必要进一步拓展到与周边国家乃至与其他国家的经济一体化。

第二章 区域经济一体化一般理论及中国欠发达地区经济一体化的特殊性

（2）以国内欠发达地区之间水平分工为基础，以国内欠发达地区与国内外发达地区的垂直分工为过渡，进一步拓展到与国内外发达地区之间的水平分工。

无论区内、区外，还是国内、国外，均可实现国内不同区域之间、国内区域与国外区域之间垂直分工与水平分工的结合。这是由中国内部不同地区、不同产业部门之间发展不平衡的特点决定的。并且，以提升实力为目的的国内欠发达地区之间的水平分工是更高层次的垂直分工和水平分工的基础和条件。

欠发达地区之间以"弱-弱"水平分工型协作为基础，以欠发达地区与国内发达地区的"次强-强"水平分工为拓展，以欠发达地区与发达国家之间有选择的"弱-强"垂直分工为过渡，在尽快加强自己的实力过程中，选择有条件的较先进领域与发达国家建立单个领域的"强-强"水平分工型经济合作关系，以此为突破口带动多领域的"强-强"水平分工型合作。对于欠发达地区而言，与发达国家的垂直分工是被迫的、过渡性的，而与它们的水平分工则应是主动的、通过市场竞争实现的。

（3）以初级形式的合作为基础，根据不同的一体化对象，初级形式的合作和高级形式的合作可以并行发展。

这是由中国这个大国的复杂性和世界的多样性决定的。中国是大国，在大国的不同地区之间，由于制度差异不显著，没有货币不统一的障碍，因此，不同地区之间可以实现高级经济一体化，如再生产领域的产业规划、基础设施建设、战略资源开发、城乡统筹等高级经济一体化。同时，世界上的国家可以分为发达的市场经济国家、欠发达的市场经济国家、社会主义市场经济国家、社会主义计划经济国家。中国内陆欠发达地区与这些国家或地区之间可以实现从一般商品市场一体化到要素市场一体化、产业发展一体化、个别产品资源的战略一体化等不同等级形式的合作或一体化。

（4）以南南型合作为集体自力更生的手段，南北型合作与南南型合作同时并行发展。

这是由中国欠发达地区的自身条件和它所处的国内外环境决定的。国内某一欠发达地区可以实现与国内其他欠发达地区、欠发达国家和地区之间的南南型区域经济合作，亦可实现与沿海发达地区、港澳台地区、发达国家和地区之间的南北型区域经济合作。国内欠发达地区不是完全没有优势，不是所有领域均落后，因此欠发达地区不能等，首先要善于因势利导，积极推进资源互补型、产业互补型的南南区域合作，如在比较优势产业、基础设施建设领域的分工与合作，在原料、燃料、水资源、市场的开发与利用方面的合作，以这样的南南型合作为集体自力更生的手段，在增强自身综合实力基础上争取自身在南北型合作中的较大权益。由于国内欠发达地区总体上依然落后，因此，它们与国内发达地区、国外发达地区之间的南北型经济一体化就很重要。它们之间的技术差异、产业差异、经济差异越大，合作给它们带来的利就会越明显。但要注意，这样的合作有利也有弊，若处理不当，还可能弊大与利。所以，这样的合作要对国内欠发达地区总体有利，就要善于扬长避短，并且以欠发达地区的实力为前提，以它们之间的分工与合作为基础。进一步，在不受到封锁的条件下，敢于并善于直接与国内发达地区、发达国家在经济技术等方面进行合作，寻求长远上、总体上利于自己的国内、国际区域经济一体化。这是中国欠发达地区加快发展的重大路径。

（5）以提高区域生产力为主攻方向，通过区域经济一体化推动中国欠发达地区工业化、现代化。

这是由中国欠发达地区现阶段的二元经济结构特征和总体不发达的现实决定的。一切的区域经济一体化，在现阶段均要有利于、服务于欠发达地区的工业化、现代化，有利于解决工业化、现代化所需的资金、技术、人才难题，及欠发达地区工业化、现代化对内、对外的市场规模需求、发展环境需求等。核心是有利于提高欠发达地区的生产力总体水平。区域经济一体化是欠发达地区推动工业化、现代化的一个大战略。

（6）以提升农村生产力和农民生产、生活水平为重要抓手，将区域经济一体化作为推动中国欠发达地区城市化、城乡发展一体化的一个大战略。

这是由现阶段中国欠发达地区城乡差距很大的现实决定的。也就是说，今天中国欠发达地区的区域经济一体化发生在 21 世纪上半叶，这时期的区域经济一体化不仅要有利于城市的发展，而且要有利于广大农村地区的发展，有利于缩小城乡之间的差距和实现共同富裕。21 世纪上半叶欠发达地区的经济一体化不能再以城乡差距的进一步扩大为代价，因此，这时期的区域经济一体化，要有更多的农村合作项目、农业开发项目、农村劳动力合理流动项目，总体上有利于农村的繁荣与稳定，有利于促进欠发达地区的城市化、城乡发展一体化。

（7）政府主导、有效支持是国内欠发达地区通过区域经济一体化带动自身后来居上的重大推力。

这是由中国的社会主义市场经济特点决定的，中国的市场经济不是私有化、

第二章 区域经济一体化一般理论及中国欠发达地区经济一体化的特殊性

自由化的市场经济，而是政府可调控的社会主义市场经济。国内区域经济一体化的本质就是政府主导的经济调节。因此，中国欠发达地区与国内发达地区之间的经济一体化不仅意味着政府要发动、推进、支持、领导这种一体化，而且意味着国有的公共资源要更多投向欠发达地区，通过政府投资引导更多的国内外资源投向欠发达地区。中国是社会主义市场经济大国，国内不同地区之间的经济关系是平等的、互助的。在这种关系中，发达地区对欠发达地区在经济上有让与、补偿、扶持的责任，而在它们之间的经济一体化过程中，这种让与、补偿、扶持不是自发实现的，需要中央政府主导，参与经济一体化的地方政府主动推进，积极实施。政府有效推动是中国欠发达地区实现国内经济一体化的先决条件。从国内看，不考虑经济实力差异而简单地强调经济一体化会加剧地区间差异。经济差距非常大的地区之间在实行经济一体化的过程中，如果没有特殊的措施帮助欠发达地区，很难实现经济上的双赢。但政府主导下的欠发达地区与发达地区之间的"弱-强"联合的经济一体化能促进共同发展。同样，在国际经济关系中，仍是由西方垄断资本集团主导的"弱肉强食"的森林秩序，中国的地区性企业在与国外巨型跨国公司竞争与合作中处于不利地位，因此，国内欠发达地区参与国际经济一体化过程，必须得到本国中央政府和地方政府的保护、扶持和激励。否则，就会处在经济上长期被剥夺的地位。

三、中国欠发达地区实现区域经济一体化的特殊模式

从经济一体化的分工模式看，地区间的垂直分工模式会扩大贫富差距，水平分工模式更易取得"双赢"（高凯山，2004）。从目前的发展状态看：发达地区之间的"强—强"水平分工模式（在国际上的典型代表是欧盟，在国内的典型代表是长江三角洲、珠江三角洲地区）已经取得较为满意的成效；发达地区与欠发达地区之间的"强-弱"垂直分工模式会扩大贫富差距；欠发达地区之间的"弱-弱"水平分工模式虽有一定成效，但并未取得理想效果。这就给我们一个启示：单纯的市场经济条件下的垂直分工型的经济合作往往难以缩小区域经济差距，反而会拉大经济差距；水平分工型的经济合作往往更有利于缩小经济差距，我国改革开放以来的实践也表明了这一点。这也就是我们强调欠发达地区实行"弱-弱"联合的一个原因。同时，国内外"强-强"联合模式也有成功的经验可供我们借鉴。

经济实力水平相近是实行水平型分工的经济一体化的前提。德国历史学派

的先驱李斯特认为，一个国家总是首先把目标放在提高国内的生产力上，其次才是国际分工（李斯特，1961）。欠发达地区的经济一体化从一定意义和一定角度上讲，和李斯特的观点不谋而合。在经济全球化和一体化的趋势下，首先应当提高欠发达地区内部的生产力和竞争力，其次才是参与更高级的区域分工和国际分工问题。之所以将我国欠发达地区单独列出来进行经济一体化研究，就是因为我国欠发达地区经济相对落后，并且欠发达地区内部各省区之间的经济差距较小。李斯特还指出，两个具有同样高度文化的国家，要实行自由贸易而对双方有利，只有在二者具有大体相等的工业发展水平时才能实现。"如果任何一个国家在工业、商业上远远落后于别国，那么它即使具有发展这些事业的精神与物质手段，也必须首先加强它自己的力量，然后才能使它具备条件与比较先进的各国进行自由竞争。"（李斯特，1961）这对于一国内部同样是正确的，尤其是像我们这样幅员辽阔、地区发展差距严重不平衡的国家，更是如此。

基于此，我们提出，我国欠发达地区经济一体化的特殊模式是：以欠发达省区之间紧密合作为基础的、以增进共同实力和共同利益为目的的、政府主导的、协议水平分工的、多种类型交集的、多种形式并存的区域经济一体化。也就是说，这种模式的特殊性在于以下几点。

（1）它是以欠发达地区之间的紧密合作为基础的一体化。

当今中国的欠发达地区已经不是过去的全面落后地区，而是经过60多年发展，尤其是最近30多年快速发展的有一定经济实力的相对欠发达地区。其中，西部的欠发达地区经过十余年的西部大开发后，已有坚实的基础设施。省会作为中心城市，其科技教育水平已接近发达地区。因此，欠发达地区之间已具备紧密合作的坚实基础。同时，中国广阔的中西部地区，除少数省会城市经济较发达外，绝大部分中小城镇和广大农村地区依然经济欠发达，要想使这些广阔的欠发达地区经济有长足发展，加强欠发达地区内部各具相对优势的产业部门之间的水平分工与合作不失为一种集体自力更生的有效途径。

（2）它是以增进欠发达地区共同实力和共同利益为目的的一体化。

由于欠发达地区之间经济地位、政治地位相近，彼此地位平等，因此，在合作中更易做到兼容各方的利益和诉求，更易达成平等互利的合作协议。而且，由于这些欠发达地区经济实力不强，现代产业初创，新兴产业处于摸索中，此时，经济调整和结构转换难度小，较易达成避免重复建设、减少浪费、发挥各自专长、彼此扶助对方的合作协议。

第二章 区域经济一体化一般理论及中国欠发达地区经济一体化的特殊性

（3）它是政府主导的协议水平分工的经济一体化。

由于中国各地区之间本质上是以社会主义公有制为主体经济关系的平等互助关系，欠发达地区之间、欠发达地区和发达地区之间总体上是平等的分工协作关系，因此，在中央政府的统筹下，不同地区之间易于达成协议分工协作关系。而且，由于欠发达地区与发达地区的合作，一般要求发达地区对欠发达地区更多履行让与、补偿扶持的责任，从而，更需要中央政府的统筹和地区政府的积极推动。当然，这种政府主导和引导还需要市场主体的自觉或自动跟进、参与，需要社会各界的积极促进和协助。

由于合作的目的是提高欠发达地区的生产力，增进共同利益，因此必须建立在水平分工基础上。首先是欠发达地区之间的水平分工。欠发达地区之间几乎在大多数领域均可实现协议水平分工，这种分工协作，肯定有利于提高各自的生产力水平和福利。其次是欠发达地区与发达地区的水平分工。欠发达地区不是所有部门和所有区域均落后，经过几十年的发展，欠发达地区的中心城市和部分产业部门已经强大起来，应力图将核心城市的具有优势的产业部门和发达地区之间开展协议性的水平分工，进一步增强自身实力，带动更多的产业部门由弱变强，从而争取更广阔的协议性水平分工。由于中国是以社会主义为本质特征的国家，地方政府之间有必要普遍建立这种兄弟般的水平分工协作关系。

（4）它是多种类型交集、多种形式并存的区域经济一体化。

中国是大国，内部有东、中、西部之分；世界是复杂的，有东西南北国家之分，这些国家的地理区位、发展历史、发展阶段、发展现状极为错综复杂。因此，中国欠发达地区的对内、对外经济一体化必然是复杂多样、犬牙交错的，呈现多种类型交集、多种形式并存的总体特点。就长江上游四省市而言，它们的经济一体化至少可以按以下类型交织在一起：四省市之间内部的经济一体化、四省市与西部其他地区之间的经济一体化，四省市与东中部地区之间的经济一体化，中国四省市与南方国家之间的经济一体化，中国四省市与北方国家之间的经济一体化，中国四省市与东方国家之间的经济一体化，中国四省市与西方国家之间的经济一体化。这些可以同时并行的复合型经济一体化是多种形式并存的：四省市之间的战略分工与合作，这是一种高层次的包含战略产业、能源安全、生态环境建设等的协议性水平分工与合作；四省市与国内其他地区的分工和合作，亦是较高层次的在产业发展、能源、生态、高科技领域的协议性水平分工和合作；中国四省市与南方国家之间的经济一体化，是一种主要在流通领域的市场一体化和有选择的资源共同开发的一体化，这种一体化受制度差异、货币不同等影响大，因而是一种较低层次的一体化；中国四省市与北方国家的经济一体化，是一种主要在流通领域的市场一体化，这是一种更低层次的一体化，为了较好保障中国欠发达地区的利益，欠发达地区应安排有实力的产业部门或领域参与发达的北方国家的经济一体化，依托国家的支持争取实现竞争性的水平分工。

第三章
长江上游地区经济一体化的进程、特点及障碍

长江上游地区因其地缘相近，文化相通，经济联系广泛，其一体化萌芽的历史较早，但受到内外因素的影响，一体化发展进程步履维艰，直到新中国成立后，特别是重庆成为直辖市之后，才得以加速推进。可谓好事多磨，困难与障碍不少，机遇与挑战并存。

第一节　长江上游地区经济一体化的进程及主要特点

一、长江上游地区经济发展简史

从人类发展史的角度看，长江上游地区是中国历史上发展最早的地区之一，无论是云南的元谋人还是重庆的巫山人，都是中国发现最早的人类。长江上游地区的发展历史一度中断，之后自有文字记载以来，与中原地区相比，明显地落后了，以西南"夷"载入史册。从经济开发的角度看，长江上游地区曾一度繁荣。巴蜀是长江上游地区中开发最早的地区，巴蜀在我国古代经济活动中，曾一度处于举足轻重的地位。在西汉时，成都人口即达35万，东汉时达40万。从汉代起，成都一直是国家的大都会之一，以"天府"之名享誉天下。到唐代，成都人口更达60万。封建社会的两千余年间，地处中原的古代大都会洛阳、长安、开封、邯郸等，都曾兴起和衰落，唯独成都久盛不衰。长江上游的重庆、昆明、贵阳等其他城市也相继发展起来，并达到相当规模（谢本书，2000）。地处长江上游嘉陵江和长江交汇处的重庆"因水运而商盛，商盛而市兴"，成为连接上游四川、云南、贵州等地，尤其是上游四川"天府之国"、中游湘鄂"鱼米之乡"、

下游江浙"金三角"的经济枢纽，是四川及西南地区主要的物资集散中心。元朝时期，随着政治地位的上升和辖区的扩大，重庆开始成为仅次于成都的重要城市。明清时期，农业的进一步发展，人口比重的上升，手工业的繁荣，促进了重庆商业的发展，重庆成为嘉陵江流域的物资集散地、长江上游水路交通中心和商业繁盛的区域性中心城市，其时农业已占四川1/3，嘉陵江一带已成为丝织业经济带，四川的食盐和其他物资则大都由重庆等沿江口岸运入黔北，或顺江东下湖北、江浙，通过洞庭湖进入湖南，经过涪陵江（今乌江）的龚滩，经龙潭转湖南常德、郴州入广东（林凌等，2004）。然而，辉煌的历史没有带来近代的繁荣。直到鸦片战争前夕，总体上，长江上游地区还是以自给自足的封建农业经济为主体，远未形成具有近代意义的工业体系，总体发展水平明显落后于广大的中原地区。

1840年鸦片战争爆发以后，随着西方列强的入侵，中国逐渐沦为半殖民地半封建社会，不过，在鸦片战争爆发初期，战争对地处西南后方的长江上游地区影响并不明显。直到19世纪70年代以后，随着西方列强侵略的深入，中国的西南边疆出现了危机。与英国殖民地缅甸、法国殖民地越南接壤的云南受到了直接的威胁。在西方列强侵略逼迫下，云南的蒙自、思茅、昆明分别于1889年、1897年、1905年开关，辟为商埠，清政府被迫同意在云南修筑滇越铁路。1891年，西南重镇重庆也被迫开放为商埠（谢本书，2000）。直到19世纪末20世纪初，长江上游地区的近代工业才开始缓慢起步，到辛亥革命和第一次世界大战前后出现实质性的增长。这一时期，川渝地区近代工业部门，由火柴、矿业扩大到电灯、自来水、玻璃、航运、建筑、制糖、制药、制茶、化学、造纸、机械、纺织、面粉等行业。1891～1911年的21年间，厂矿数量达119家。其中，商办企业占大多数，民办铁路公司也在四川开了先河，手工工场亦有相当发展。1891年，重庆成为我国最大的内陆通商口岸城市。1912年厂矿数量达1309家。随后，金融、交通事业也得到了发展，银行、轮船公司相继出现。在云南，1884年昆明开办了云南机器局，这是云南近代工业的发端。到辛亥革命前夕，云南较大的近代工业有10个，1912～1923年的12年间兴办了45家企业，涉及12个行业。1909年后银行在昆明出现了，1912年云南成立地方银行——富滇银行，成为云南经济发展中的重要因素。即使在内陆更为封闭的贵州，近代工业也迈出了艰难而微弱的一步，到20世纪初，除了几个近代工厂外，贵州还有119家手工业工场。然而，辛亥革命以后不久，西南地区战乱频繁，近代工

第三章 长江上游地区经济一体化的进程、特点及障碍

业发展受到严重影响,发展势头日渐低迷(林凌等,2004)。

1937年抗日战争爆发,沿海工业被迫向长江上游转移,这使长江上游地区出现了战时繁荣。抗日战争前,我国工业企业大多数集中在东部和沿海地区,长江上游地区的发展十分落后。据统计,当时云南、贵州、四川三省近代工业厂数只占全国4%,产值不到4%。1937年"七七"事变以后,东部和沿海沿江地区大部分国土沦陷,不得不将重要工厂内迁。仅1938~1940年内迁工厂达448家,内迁后复工的有308家。这一时期,迁入四川的工厂达245家,物资达9万余吨,云南、贵州也有不少工厂迁来。此外,国民政府资源委员会又与内地地方政府合作,兴办一些近代工厂,仅在云南即开办了中央机器厂等9个。到1940年年底建成了8个工业区,即重庆、川中、川东、广元、昆明、贵阳、桂林、宁雅,共有工业企业846个。其中,重庆429个,川中187个,昆明80个。沿长江东起长寿,西至江津,北起合川,南达綦江,是重庆工业区。抗日战争时期长江上游地区工业的发展,到1942年达到了顶点。1942年国统区各地共有工厂3758个。其中,四川一省即拥有1654个,占44%;资本11.3亿元,占国统区总资本的58%。云南、贵州的工厂企业也有相应的发展。这一时期的交通事业也有了很大发展,到1943年,四川、西康(从四川分出建省)、云南、贵州、广西五省公路通车达17 438km。尤其是1938年8月建成的滇缅公路,长969.4km,成为中国抗战大后方的"命脉"、"抗战输血管"。长江上游地区是战时大后方唯一的门类齐全的综合性重要工业中心,是我国战时工业经济命脉(谢本书,2000)。总之,作为抗战大后方的长江上游地区获得了经济开发、工业发展机遇,加快了其近代化的步伐。但这是在特定的年代中形成的,而且大约只维持了5年时间。1943年以后,国统区工业出现了停滞和回落。在抗战胜利后,大批工厂内迁,接着爆发了大规模的内战,抗战时期的经济、工业的发展,仅成为"昙花一现"的景象,此后近代化的步伐停滞,经济的发展再度中断。

经历了解放战争时期的战乱和新中国成立初期的缓慢调整,长江上游地区的经济发展再次迎来了一个良好契机——"一五"时期和"三线建设"。出于调整生产力布局和战备要求,国家在内地特别是西部地区布局了一大批国防工业、科研院所、高等院校,长江上游地区迎来了第二次大规模现代工业建设的高潮,以军工、重工、中央企业、大中型国有企业为主的工业结构、企业组织结构和所有制结构雏形初现。1964~1978年,在四川、贵州、云南、陕西、甘肃、宁夏、青海、山西、河南、湖南、湖北、广东、广西13个省区进行了一场以战备

为指导思想,以大规模国防、科技、工业和交通基础设施建设为主要内容的"三线建设"。它历经三个五年计划,投入资金2052亿元,投入人力高峰时达400多万人,安排了1100个建设项目(沈谦,2009)。长江上游地区正在"三线建设"的计划范围之内。"三线建设"虽然是以战备为中心,但客观上初步改变了国家工业东西部布局不合理的状况,建成了一批以能源交通为基础、国防科技为重点、原材料工业与加工工业相配套、科研与生产相结合的战略后方基地,建成了一批重要的铁路、公路干线和支线,促进了内地的经济和科技文化发展。因此,"三线建设"无疑大规模改善了长江上游地区的工业、交通和科技基础状况,为以后的经济发展提供了必要的前提。

二、长江上游地区经济一体化主要阶段

党的十一届三中全会以来,长江上游地区以邓小平建设有中国特色的社会主义理论为指导,按照建立社会主义市场经济、区域经济一体化和各地区协调发展的要求,自力更生,开拓创新,多方联合,共谋振兴,不断加强区域经济协作,为促进长江上游经济发展做了重大贡献。在我国经济体制由计划经济向社会主义市场经济转轨的重要历程中,长江上游地区的经济一体化为我国区域经济发展提供了丰富的内容和经验。认真地回顾总结长江上游地区经济一体化的发展历程,对于巩固联合协作成果,进一步缩小东西部地区发展的差距,实现国民经济持续、快速、健康发展,具有重要的意义。

(一)长江上游地区经济一体化的初创阶段(1984~1991年)

1984年4月,川、滇、黔、桂、渝四省区五方经济协调会第一次会议在贵阳召开。会议提出,四省区五方共同加速发展西南地区经济。

长江上游地区致力于跨地区、跨部门、跨行业的联合与协作,经济协调会各成员方在基础设施建设、矿产资源开发和能源建设、拓展旅游业、构建区域性大市场、科技兴农和扶贫开发及对口支援等方面进行了广泛合作,影响日益加大。1986年,接纳西藏为正式成员,更名为五省区六方经济协调会,约定:在自愿的基础上,按照"扬长避短,形式多样,互利互惠,共同发展"的原则,积极促进各种形式、各个层次的联合和协作,有关各方应加强宏观指导,充分尊重企业的自主权,在政策上鼓励联合,在法规上保障联合,对联合组织和协作项目要大力扶持,积极帮助解决遇到的困难和问题,共同研究和协调有关政

策（广西壮族自治区人民政府办公厅，2007）。1990年，成都市加入五省区六方经济协调会，经济协调会更名为五省区七方经济协调会。1997年重庆成为直辖市后，经济协调会更名为六省区市七方经济协调会。这标志着经济协调会在我国改革开放的历史潮流中，以崭新的组织形式和协作方式来开展工作。

20世纪80年代，我国处于改革开放的初期。对内，实施以东部沿海为重点的非均衡经济发展战略，形成以沿海经济特区为主的对外开放格局。因此，这一时期，长江上游各省市的区域经济一体化进程基本上仅局限于本区域内部的发展。本着"扬长避短，形式多样，互利互惠，共同发展"的原则，有效地举办了各种区域性或专业性的商品交易会、展销会、订货会和物资协作会；在经济协调会各方中心城市，以企业为主体的横向联合向周围城镇和农村延伸，协作领域扩大到工业、农业、商业、科技、金融、旅游、信息、物价、城建等部门。

（二）长江上游地区经济一体化的兴起阶段（1992～1999年）

邓小平南方重要讲话发表和党的十四大召开以后，长江上游地区抓住国家开发建设重点向中西部地区转移的历史机遇，按照建立社会主义市场经济体制的要求，努力加快实施国务院颁布的《西南和华南部分省区区域规划纲要》，经济协作开创了以联合促开放、以开放促开发、联合开拓的新局面（李鹏、李银雁，2008）。

在区域内部，长江上游地区各省市共同加速重大基础设施建设，培育区域市场体系。编拟和实施了省际重要断头公路的建设规划和扩大铁路、水运、航空的运输计划；加快区域市场体系培育和建设，逐步形成和不断发展跨省区的生产及生活资料市场、资金及证券市场、科技及信息市场、人才及技术交流市场和出口商品交易市场等。据四川、云南、贵州、广西、西藏、重庆、成都五省区七方的不完全统计，到1994年共签订协作项目1.1万多项，已实施6000多项，商贸物资协作300多亿元。联合协作项目新增产值50多亿元，新增税利14亿余元（韦茂光，1994）。

在区域外部，长江上游地区开始逐渐发展与周边国家和地区的经济合作。1992年1月28日，在第四次东盟首脑会议上，与会六国首脑签署了《新加坡宣言》和《东盟加强经济合作框架协议》，六国经济部长签署了《有效普惠关税协定》，明确提出东盟从1993年1月1日起，在15年内建立自由贸易区；亚洲开发银行在1992年10月、1993年12月和1994年4月三次召开了澜沧江—

湄公河流域区域合作国际研讨会,中国西南均派代表参加。中国西南各省区在西南地区第九次经济技术协作会议上,明确提出"联合起来,面向东南亚"的对外开放战略,这对于中国西南与东南亚开展经济合作具有重要意义(赵颖,2004)。1994年之后连续举办的中国昆明出口商品交易会及各种行业性、地区性的商品展销会取得重要成果,中国西南五省区七方开始与港澳地区、新加坡、泰国、马来西亚、缅甸、越南、老挝等东南亚国家,北美广泛开展进出口贸易。这表明长江上游地区经济实力日益增强,经贸合作伙伴逐渐增多。

(三)长江上游地区经济一体化的蓬勃发展时期(2000年至今)

第一,长江上游地区经济一体化进程大大加快。

2000年9月5~6日,长江上游西南六省区市七方经济协调会达成"联手大开发,共建大西南"的共识,形成了六省区市七方联合参与西部大开发的行动纲要。

2001年以来,川渝合作加强。2001年年底,双方签订《重庆—成都经济合作会谈纪要》,提出携手打造"成渝经济走廊",并议定在交通、商贸、汽摩及零配件、旅游等方面进行全面的交流与合作(韩利,谢佳君,2011);2004年2月,川渝双方签订包括交通、能源、农业、文化、公安、广播电视等在内的《关于加强川渝经济社会领域合作共谋长江上游经济区发展的框架协议》,这就标志着川渝合作迈出了实质性一步(徐百柯,2004)。

2006年第21次西南六省区市经济协调会议取得实质性成果:川、滇、黔、桂、藏、渝正式签署《关于六方构建统一开放市场的协议》;达成了《西南六省区市关于共同加快交通能源建设的意见》、《西南六省区市关于进一步联合加强旅游资源保护与开发、利用的意见》;通过了向中央、国务院的报告,建议国家支持六省区市进一步加快交通建设、旅游业发展、能源矿产资源开发利用,加大对税收、土地政策的扶持力度;渝黔、川渝、渝藏在交通建设、资源开发、旅游发展等方面的合作更加深入(云南省人民政府办公厅,2006)。

第二,长江上游地区与国内其他地区之间经济一体化进程有所发展。

东南沿海地区与长江上游地区之间加强合作,走向东盟。2003年在广西桂林举行的中国-东盟自由贸易区高层论坛上,浙江、江苏、上海、福建、广东这5个我国经济最发达的东南沿海省市和广西、云南等西南省区联合,取长补短,全方位地扩大中国与东盟的贸易往来及经济合作。2004年广东、湖南、云南、四川、江西、贵州、海南、广西及福建共同签署了《泛珠三角区域合作框架协议》，这个新型区域合作组织的诞生对加强长江上游与东部沿海及港澳的合作具有重要意义（南方网，2004）。广东湛江市充分发挥沿海开放城市的优势，加强与西南诸城市的协作，积极引导民营企业参与西部大开发。

东南沿海地区与长江上游地区交通联系加强。2005年12月26日，从重庆至湛江，全长1314km的西南第一条快速出海大通道——渝湛高速公路全线通车（杨锦竺，张伦，2005）。2006年1月，西部大开发重点工程渝怀铁路建成通车（新华社，2006）。2006年7月1日，青藏铁路正式通车运营（新华网，2006）。

第三，长江上游地区的国际经济一体化进程开始兴起。

2001年11月中国与东盟达成设立自由贸易区协议。2001年12月西南公路出海通道全线贯通。2004年在广西举办了首届中国-东盟博览会，长江上游西南各省级行政区参加，累计贸易成交10.3亿美元，签订涉外投资项目129个、国内合作项目102个。2005年第三届东盟华商投资西南项目推介会在昆明开幕，吸引了新加坡、菲律宾、印度尼西亚、泰国、马来西亚、缅甸和中国香港、澳门等13个国家和地区的130多位海外华商、侨领参会。2006年中法合作西南四省清洁发展机制项目启动。2006第四届中国西南盐业区域合作与发展研讨会召开。

2007年6月6日，广西构建铁路网，连接西南、华南、华中及东盟。全球知名的通信服务提供商北电在成都召开"北电西南合作伙伴业务暨技术交流会"，来自全国的北电合作伙伴、代理商、经销商共同探讨企业通信市场的转型及发展趋势，以期进一步的合作共赢，服务西部企业，迎接超链接时代的到来（TOM科技，2007）。

近年来，长江上游地区的协作，已从领导层的互访和交流、签订合作协议和举行会议的横向合作，逐渐迈向经济体制环境的变迁，表现在其区域经济布局的优化、区域资源的共享和合理利用、区域市场体系的建立和完善，及对外开放水平的不断提高等方面。

三、长江上游地区经济一体化进程中取得的成就

（一）在区域经济一体化过程中，长江上游地区经济总产值虽然在地区之间存在一定差异，但在总体上有明显的上升趋势

从表3-1不难看出，长江上游各省市2007年的GDP与1978年相比增长了

几十倍之多，且保持了高速增长的势头；人均GDP也呈现高速增长的趋势，说明长江上游地区人民生活水平自改革开放以来处在不断改善的状态，与改革开放之初已不可同日而语。观察各省市的三次产业比例，我们可以看出，第一产业比例总体不断下降，第二产业比例稳中有降，而第三产业比例呈现总体上升趋势，说明长江上游地区产业比例日趋合理。另外，各地政府财政预算收入显著增长，城镇人口比例呈现上升趋势，城市化程度不断提高。以上数据表明，长江上游地区自启动区域经济一体化进程以来，经济发展的各个方面均取得了显著进步。

表3-1 长江上游地区GDP、人均GDP、三次产业构成、地区财政收入、城镇人口比例

年份	地区	GDP/亿元	人均GDP/元	第一产业	第二产业	第三产业	地区财政一般预算收入/亿元	城镇人口比例/%
1978	重庆	67.32	269	36.9	45.8	17.3	12.27	21.6
	四川	184.61	261	44.5	35.5	20	37.31	7.88
	贵州	46.62	175	41.7	40.4	17.9	6.26	12.1
	云南	69.05	226	42.7	39.9	17.3	11.76	12.15
	长江上游	367.6	232.75	41.45	40.42	18.13	67.6	13.43
1984	重庆	131.27	502	38.6	40.3	21.1	15.86	25.5
	四川	358.06	487	43.6	34	22.4	46.37	9.64
	贵州	108.27	371	42.2	40.4	17.4	11.81	22.8
	云南	139.58	416	41.1	39	19.9	19.73	26.1
	长江上游	737.18	444	41.38	38.43	20.19	93.77	21.01
1991	重庆	341.55	1 221	32.1	38.3	29.6	38.52	37.44
	四川	1 016.31	1 283	33.4	37	29.6	90.05	12.19
	贵州	295.9	896	39.9	35.2	24.9	42.8	23.30
	云南	517.41	1 377	32.7	34.7	32.6	99.78	23.08
	长江上游	2 171.17	1 194.23	34.53	36.29	29.18	271.15	24
1999	重庆	1 491.99	5 207	19.2	38.5	42.3	89.89	34.3
	四川	3 649.12	4 540	25.4	37	37.6	211.48	17.28
	贵州	937.5	2 545	29.4	38.2	32.4	74.26	23.31
	云南	1 899.82	4 558	22.2	44.5	33.3	172.67	23.08
	长江上游	7 978.43	4 212.5	32.7	34.7	32.6	548.3	24.49
2007	重庆	4 122.51	14 660	11.7	45.9	42.4	442.7	48.3
	四川	10 505.3	12 893	19.3	44.2	36.5	850.86	35.6
	贵州	2 741.9	6 915	16.3	41.9	41.8	285.14	28.2
	云南	4 741.31	10 540	18.4	43.2	38.4	486.71	31.6
	长江上游	22 111.02	11 252	16.425	43.8	39.775	2 065.4	35.93

续表

年份	地区	GDP/亿元	人均GDP/元	三次产业结构构成（GDP=100） 第一产业	第二产业	第三产业	地区财政一般预算收入/亿元	城镇人口比例/%
2009	重庆	6 530.01	22 920	9.3	52.8	37.9	681.82	51.6
	四川	14 151.28	17 339	15.8	47.4	36.8	1 174.59	38.7
	贵州	3 912.68	10 309	14.1	37.7	48.2	416.48	29.9
	云南	6 169.75	13 539	17.3	41.9	40.8	698.25	34
	长江上游	30 763.72	16 026.75	14.125	44.95	40.925	2 971.14	38.55
2010	重庆	7 925.58	27 596	8.7	55.2	36.1	1 018.36	53
	四川	17 185.48	21 182	14.7	50.7	34.6	1 561	40.18
	贵州	4 602.16	13 119	13.7	39.2	47.1	533.89	33.81
	云南	7 224.18	15 752	15.3	44.7	40	871.19	35.2
	长江上游	36 937.4	19 412.25	13.1	47.45	39.45	3 984.44	40.55

资料来源：根据国家统计局(1979，1985，1992，2008，2010a，2010b)、重庆市统计局(2008，2010，2011)、四川省统计局(1979，1985，1992，2008，2010，2011)、贵州省统计局(1979，1985，1992，2008，2010，2011)、云南省统计局(1979，1985，1992，2008，2010，2011)相关数据整理。其中，2010年重庆、四川、贵州、云南数据全部来自2010年各自统计公报和第六次全国人口普查数据

注：①重庆市、四川省、贵州省、云南省等的GDP总值、人均GDP、三次产业结构构成、地区财政一般预算收入等数据来自《新中国六十年统计资料汇编1949-2008》；②云南省1978年城镇人口比例依据《云南统计年鉴1992》中历年人口状况构成的城乡人口比例自行计算；③重庆市1978年城镇人口比例依据《重庆统计年鉴1992》；④四川省1978年财政一般预算收入来自《四川统计年鉴1992》；⑤四川省1984年财政一般预算收入来自《四川统计年鉴1987》

（二）在区域经济一体化过程中，长江上游地区的对外贸易额、出口额和实际利用外资额均有较大幅度的上升

表3-2告诉我们，与改革开放之初相比，长江上游各省市对外贸易额、出口额和实际利用外资额显著提升。说明了长江上游地区自经济一体化建设以来，其对外经济的发展水平已取得了长足的进步，提高了该区域的对外开放程度；客货运周转量及商品购销量也呈现明显的上升势头，取得了显著进步，说明长江上游地区的对内经济合作能力显著提高。总之，以上数据表明，长江上游地区自开始一体化建设以来，其对内、对外经济关系得到明显改善、开放度逐步提高，一体化合作富有成效。

表3-2　长江上游地区内贸、外贸、外资利用相关数据比较

年份	地区	外贸总额/万美元	出口/万美元	实际利用外资/万美元	货运周转量/（亿t/km）	客运周转量/（亿人/km）	社会消费品零售总额/亿元
1978	重庆				118.98	29.37	25.02
	四川	4 067	1 905		247.39	93.64	61.58
	贵州	1 645	285		78.84	25.36	21.23
	云南	6 947	6 947		62.34	24.25	28.38
1984	重庆				136.7	58.34	53.89
	四川	30 706	21 674		336.34	218.42	162.33
	贵州	6 997	4 548	61	136.65	62.21	43.64
	云南	15 094	11 138	22	84.21	57.22	65.58
1991	重庆	61 950	39 249	16 143	270.26	117.68	156.91
	四川	171 440	132 039		704.16	401.33	399.9
	贵州	24 614	18 958	2 845	238.68	119.4	92.92
	云南	55 051	40 097	4 922	233.12	95.86	163.75
1999	重庆	121 044	49 039	32 699	274.2	243.4	667.01
	四川	247 069	114 073	106 949	574	560	1516.7
	贵州	54 763	35 780	19 532	358.31	224.2	324.67
	云南	165 967	103 443	23 765	443.09	237.99	538.95
2007	重庆	743 794	450 772	122 011	1 051.55	353	1 403.58
	四川	1437 812	860 826	201 169	1 059.15	797.22	4 015.6
	贵州	227 030	146 513	15 333	721.26	369.20	821.75
	云南	879 359	473 612	55 233	801.47	337.49	1 394.54
2009	重庆	770 859	428 008	404 383	1 644.3	481.44	2 479.011
	四川	2422 728	1415 167	412 933	1 526	1 272	5 758.7
	贵州	230 732	135 856	18 027	926.04	430.56	1 247.3
	云南	801 912	451 402	91 010	904.27	448.45	2 051.1
2010	重庆	1242 707	748 900	636 956	2 015.59	461.68	2 938.6
	四川	3269 386	1885 000	701 000	1 807.88	1 066.14	6 634.7
	贵州	314 680	191 900	29 500	1 005.92	474.97	1 482.68
	云南	1 343 012	760 600	132 900	947.33	439.94	2 500.14

资料来源：根据国家统计局(1979，1985，1992，2008，2010a，2010b)、重庆市统计局(2008，2010，2011)、四川省统计局(1979，1985，1992，2008，2010，2011)、贵州省统计局(1979，1985，1992，2008，2010，2011)、云南省统计局（1979，1985，1992，2008，2010，2011）相关数据整理。其中，2010年重庆、四川、贵州、云南数据全部来自2010年各自统计公报

注：表中个别栏目空白系有关统计年鉴和统计公报没有相关数据

四、长江上游地区经济一体化的主要特点

（一）松散的、半紧密的初级形式的合作占主要地位

目前，长江上游地区经济一体化合作尚未达到成熟阶段，合作形式也多以松散的、半松散的初级形式为主，如定期或不定期的政府间信息交流、经贸洽谈会、区域政府间定期的区域协调会等，大体上仍处于从产品与市场的角度进行一体化建设的阶段，缺乏统一的跨区域管理局或流域管理局、统一的产业分工，重大战略资源开发、重大战略项目等难以达成实质性框架协议，无法建立合理的利益调节机制、健全有效的激励约束制度，难以最大限度地减少内部耗损，使整个区域实现经济利益最大化。从以上方面来说，长江上游地区经济一体化仍处于较为初级的阶段。

（二）行政区经济仍是本区域的主体

由于区域经济一体化发展与行政区划之间存在着种种的矛盾和冲突，长江上游地区经济一体化过程中也存在着严重的"行政区经济"问题，即区域内每一个行政区划都以一个政治经济实体和地方利益主体存在而构成了内部的贸易壁垒和行政壁垒，影响了生产要素的自由流动，阻碍了区域统一市场和一体化经济的形成和发展。具体表现为：首先，地方保护主义盛行，妨碍统一、竞争、有序市场的建立；其次，地方政府的短期行为造成重复建设、产业结构趋同化现象严重；最后，受地方利益局限，地方政府的"反宏观调控"行为阻碍区域经济统一、协调发展。因此，行政区经济的惯性无疑成为阻碍本区域经济一体化进程的桎梏。

（三）内部一体化的重要形式——多边合作日益深入

以长江上游川、滇、黔、桂、渝为核心的多边合作范围逐渐扩大，内容深入。自1984年川、滇、黔、桂、渝建立第一个跨省区的多边经济协调组织——四省区五方经济协调会开始，其后的合作范围不断扩大，从四省区五方到五省区六方、五省区七方，直到今天的六省区市七方经济协调会。其合作内容随范围的扩大不断深入（黄毅莹，2007）。

川、滇、黔相邻市地州合作内容逐渐展开。2004年，川、滇、黔三省和国家多个部委的领导、院士、学者，就三省接壤的17个市地州的发展问题，召开

了川滇黔资源"金三角"农业发展战略研讨会；2010年7月，川滇黔十市地州合作与发展峰会在四川攀枝花召开，三省十市地州签署《加强区域交流与合作的框架协议》，提出：建立健全多层次交流与合作机制，深化发改委、经委、交通、农业、旅游、商务等部门对接，建立协调机构，实现区域信息资源共享；积极拓展区域交流与合作领域，构建区域性综合交通体系，培育优势工业产业集群，建设现代特色农业基地，打造区域无障碍旅游区，创建区域一体化市场。通过川滇黔十市地州发挥各自在区位、资源、产业、文化等方面的优势和特色，不断提升区域经济、社会、文化的发展水平，以区域合作为纽带，开展全方位、宽领域、多层次的合作，共同构建错位发展、相互协调、优势互补、互利共赢的区域经济合作机制（王云，张春，2010）。

（四）内部一体化初级形式——长江上游各省市的双边合作渐趋活跃

（1）川渝双边合作深入发展。始于2001年，其后不断深入。2001年年底，成都市与重庆市签订《重庆-成都经济合作会谈纪要》，提出携手打造"成渝经济走廊"，并议定在交通、商贸、汽摩及零配件、旅游等方面进行全面交流与合作。2004年2月3日，时任四川省省长张中伟、重庆市市长王鸿举在成都郑重签订《关于加强川渝经济社会领域合作　共谋长江上游经济区发展的框架协议》，川渝合作正式纳入两地省级决策层的议事日程。同日，川渝签署"1+6"合作协议，在交通、旅游、农业、公安、文化、广播电视6个方面加强合作[①]。川渝两地高层同时表示，为这次合作建立专门机构，进一步加强两地高层交往，共同努力把成渝经济区打造成中国西部最具活力、最富吸引力和最有竞争力的增长极。2005年2月，川渝两地高层就如何进一步落实好"1+6"合作协议再聚首，共谋合作大计。其后签署了"1+6"合作协议，从而把"1+6"合作协议向纵深推进了一大步。2006年11月，川渝举办了"第二届川渝经济合作与发展论坛"，川渝两地政企界向全国发出"川渝经济带合作倡议书"，呼吁并推动川渝达成合

[①] 经过数年的民间交流和学术界的研讨，2004年，川渝两省市旨在共谋长江上游经济区发展的合作终于进入实质性阶段。2004年2月，两地高层在蓉签署了《关于加强川渝经济社会领域合作　共谋长江上游经济区发展的框架协议》、《关于共同推进川渝两省市重大交通能源基础设施项目建设的合作协议》、《关于加强川渝两省市文化合作共谋文化发展的协议》、《关于农业和农村经济合作的协议》、《关于进一步加强川渝两省市公安机关警务联勤工作的协议》、《关于共同推进川渝两省市广播电视事业产业发展的合作协议》、《关于加强川渝两省市旅游合作的协议》6个协议。"1+6"合作协议被视作提升川渝两地交流合作层面、拓宽合作领域、丰富合作内容、促进两省市共同发展的重要推进器。（摘自四川在线-四川日报记者孙琳2005年2月27日重庆报道："川渝'1+6合作协议'签署一年回眸"。http://www.scol.com.cn.2005-02-28）

第三章 长江上游地区经济一体化的进程、特点及障碍

作共识,推进两地企业尤其是民建会员企业的交流合作;同月举办川渝经济合作论坛。2007年1月,国务院批复的《西部大开发"十一五"规划》,正式提出依托重庆和成都两个特大城市,重点建设成渝经济区,从此川渝合作进入国家战略层面。2007年2月,重庆、四川两省市高层领导就加强川渝合作进行商谈,同时重庆党政代表团赴川考察,提出携手打造中国经济第四增长极,并签订了《川渝合作共建成渝经济区协议》。2008年10月,川渝签署了《关于深化川渝经济合作框架协议》。2009年11月,川渝举办了"第二届川渝经济合作与发展论坛",提出加强协作、资源整合、互动共进、互补发展。论坛上签署了十五个具体合作项目。2010年5月,重庆市委书记、市长及主要政府部门领导亲赴成都,与四川省领导班子共商深入落实川渝合作大计。2011年3月,成渝经济区发展规划正式经国务院批准实施(马丽娅,2011)。

(2)川滇双边合作深入开展。2001年,昆明市、楚雄州、丽江市、攀枝花市、凉山州建立了川滇五市州合作区。2006年4月,川滇签署《旅游交流与合作协议书》,携手打造强势旅游品牌。协议书提出,制订川滇旅游发展合作规划,增开一批航线和专列,实现资源共享、客源互送,共塑香格里拉等品牌(蒋炜,秦远,2006)。2007年11月,川滇召开"金沙江下游经济圈理论研讨会",提出开发建设金沙江下游4大水电站,以"一掌四击"联动之势,贯通云南昆明、昭通和四川凉山、攀枝花两省四地,共同构建"金沙江下游经济圈",使其成为金沙江腹地经济增长带。自此,川滇共建"金沙江下游经济圈"着手展开。同年,毕节、楚雄、昆明、六盘水、凉山、攀枝花、宜宾、昭通等市地州签订了《金沙江流域(下游)旅游发展合作框架协议》(李昌莉,2007)。总之,目前川滇都认识到,两地在旅游、机械制造、生物制药、能源开发、高新技术产业5个方面可以进行互补。在特色中药材上,川滇可打造西南地区"唯一性"的品牌;在制造业方面,川滇可通过龙头企业带动或资本合作等方式,形成新的发展契机;在能源方面,川滇可促进能源相互开发,而不是简单地帮对方消化。在促进川滇产业合作中,政府应先做出产业布局规划,在重点城市之间形成重点经济网络对接。另外,双方应在利益分配上达成协议。

(3)渝黔合作、川黔合作、渝滇合作、滇黔合作等双边正在逐步开展。2007年7月,重庆南川、武隆、万盛和贵州道真、正安五区县签署了新型农村合作医疗合作协议,共同建立渝南黔北地区新型农村合作医疗协作区,开启了渝黔合作新篇章(刘敏,陈轶,2007)。但是,当前的渝黔经济合作还停留在学

界讨论阶段，两地经济合作的实质行动较少，民众对渝黔合作的呼声很大。比如，2008年7月，重庆市酉阳县旅游局提出，加强渝黔跨区域合作打造乌江山峡百里画廊（邱洪斌，2008）。目前，渝黔高层和民众都认识到，加强渝黔产业合作，不仅有利于形成新的战略支点，优化全国区域战略布局，而且有利于共同打造新的产业高地，深入推进西部大开发，还有利于立足产业基础形成合理分工，加快两地经济发展。目前，渝黔两地产业合作已经具备了一定基础，地域环境唇齿相依，经济结构高度互补，经济合作基础牢固，交通联系日渐便捷。未来，渝黔两地应以资源型加工业、农副产品加工等领域作为两地产业合作重点，同时加强旅游业、物流业、商贸业、特色农业的合作，做大做强优势特色产业，培育若干具有较强竞争力的产业集群。为进一步加快渝黔两地产业合作，学界建议，加强渝黔政府对接，建立区域政府定期协商机制；加强渝黔基础设施建设合作，优化产业合作硬环境；加强渝黔人才科技合作，保障产业合作要素；加强信息合作，优化产业合作软环境。川黔合作正处于初创阶段。例如，在旅游方面，在川黔交界的赤水和泸州，应整体营销包装，以"整体板块"之势，打造世界品牌。2008年5月，四川省政府网刊登权威性短文《五大产业，川黔合作有为》（宋明，2008），认为连通川黔高速路，贵州可以借道四川对接甘肃、陕西、内蒙古等西北地区，同时促进川滇间的物流发展。此外，渝滇合作、滇黔合作等也正在积极推进之中。

（五）与国内其他地区（主要是中西部）省际合作力度明显加强

近年长江上游各省市积极参与本地区以外的省际合作，比较有影响的是泛珠三角洲区域合作、渝桂合作、渝鄂合作、渝粤合作及川渝陕合作，尤其是重庆市近年来对本地区外的省际合作力度明显加强。

（1）渝桂合作。2007年6月，两区市在重庆签署了《中国—东盟博览会合作备忘录》（柳春，2007）。2008年4月，在南宁签署《关于深化桂渝合作的会谈纪要》（广西壮族自治区人民政府，2008）。2009年4月，进一步签署了《关于进一步深化桂渝合作框架协议》（何丰伦，2009）。提出共同促进广西北部湾经济区和重庆统筹城乡综合配套改革试验区开放开发，大力开展以制造业和高新技术产业为重点的工业合作。广西在工程机械、汽车及零部件、氧化铝产品加工等方面有一定的优势，重庆是我国老工业基地，工业门类齐全，装备制造业发达。双方可在装备制造、有色冶金及新材料、新能源等产业方面加强合作，加快出

第三章 长江上游地区经济一体化的进程、特点及障碍

海出边国际大通道建设。在公路、铁路、沿海港口、内河航运、航空建设等方面开展全方位合作,特别是共同争取国家支持,加快重庆—南宁—北部湾出海大通道建设,深化拓展以面向东盟为重点的经贸和物流合作。充分利用广西北部湾经济区保税物流体系和重庆两路寸滩保税港区,联手开拓以东盟为重点的国外市场,加快建立跨区域跨行业的物流配送中心、专业批发市场及面向东盟、连接长江流域腹地的重要物流基地。深化拓展旅游合作。广西的海与重庆的山都是特色鲜明的旅游资源,互补性强。广西与重庆"山海联手",整合形成一批精品旅游线路,提高旅游市场竞争力加强金融、会展等方面的合作,促进两地现代服务业快速发。

(2) 渝鄂合作。2009 年 5 月,重庆与湖北签署了《加强两地战略合作》、《推进长江三峡区域旅游合作》两个框架协议(牟丰京,刘长发,2009)。协议提出,渝鄂两省市将重点在推进综合配套改革试验、三峡库区建设、交通能源和水利、旅游资源开发、产业优化、区域市场体系建设、物流网络建设、长江水环境治理、教育、城乡就业和社会保障制度改革、毗邻地区发展这 11 个方面进一步深化合作。在长江三峡区域旅游合作方面,双方也在建立协作协调机制、推进合作开发、开展联合营销推广、统筹旅游交通设施建设、开展联合执法这 5 个方面达成共识,并将建立长江三峡旅游合作联席会,协调解决长江三峡区域旅游资源整合、产品开发等重大问题。2010 年 4 月,渝鄂长江三峡区域旅游合作 2010 年轮值主席会议在重庆召开(新华网旅游频道,2010)。

(3) 渝粤合作。2009 年 12 月,召开了"广东·重庆经济社会发展情况座谈会",并签订《渝粤战略合作协议》(南方日报网络版,2009)。一是加强市场合作。广东愿意为重庆的企业开拓国际市场提供便利,也希望借助重庆对内的强大辐射能力积极开拓内需市场。二是加强产业合作。希望进一步加大两地产业对接和转移力度,愿意积极推动广东的优势企业到重庆投资兴业,也愿意为重庆的企业到广东投资办厂创造良好的条件和环境。三是加强旅游合作。加快推动两地优质旅游企业跨区域发展,积极推进旅游资源联合开发、精品线路对接。四是加强改革创新合作。加强两地的信息沟通和交流合作,深入推进粤渝的改革开放和体制创新。五是共同做好对口支援三峡库区移民工作。围绕"迁得出,稳得住,逐步能致富"的移民安置目标,把三峡库区移民后续管理和帮扶工作抓好、抓实(赵焕明,2009)。

(4) 川渝陕合作。2009 年 7 月,四川、重庆、陕西三省市工商联主席在重

55

庆共同签署"西三角"经济圈工商联战略合作框架协议（刘军涛，2009）。根据框架协议，四川、重庆、陕西工商联将每年定期举行会议，探讨民企、中小企业等融资渠道，促进三地信用担保公司、小额贷款公司、私募银行、村银行等小类金融机构交流。积极配合和支持三方的招商引资，促成三方企业在一些重大项目上的合作。同时，发挥三方信息载体和各自商会网站作用，互相提供商务信息。

（六）参与国际合作力度有限，但与东盟合作开始活跃

从合作的范围和广度上来说，由于受到地理环境、产业结构及思想观念等障碍的束缚，长江上游地区经济一体化合作主要还是局限在本区域内部及周边毗邻地区。在国际合作方面，除与地缘相近的东盟国家合作日趋频繁之外，缺乏与其他国家和地区的深度国际合作。这表明长江上游地区在一体化过程中受到一定的地理区位、行政、政策阻碍，自身思想观念陈旧，导致本区域对内和对外开放程度明显不足。

近年来，长江上游地区不断加强与东盟的经济合作，尤其是加强了与毗邻国家的经济贸易往来，带动了本区域的经济一体化建设进程。首先是积极参与大湄公河次区域经济合作，以云南省为枢纽，加强了与缅甸、柬埔寨、越南、老挝等国家的经济联系，本着平等、互信、互利的原则，与上述国家进行广泛合作；其次是参与泛北部湾经济合作区，以海洋为载体，加强与越南、马来西亚、新加坡、印度尼西亚、文莱和菲律宾等国的区域合作。另外，中国南宁—新加坡经济走廊的构建，无疑将成为长江上游地区与东盟国家更加紧密联系的新通道。次区域合作的日趋活跃，将提升长江上游地区国际经济一体化的速度。

总体来讲，长江上游地区经济一体化正处于工业化中期向后期发展，但在国内，与东部发达地区比较还处于较低水平。同时，长江上游地区经济一体化经历了 30 多年的发展，在个别领域取得显著成绩，但在一些重大的战略布局领域取得的成绩还不够大，还没有形成稳定的制度框架和组织构架。

第二节　长江上游地区经济一体化的障碍及原因

经过多年的发展，长江上游地区经济一体化已经取得了一定的实效，但与

全国总体和东部发达地区相比，仍然存在较大的差距。就目前而言，推进本地区经济一体化深入发展，面临许多障碍。

一、市场一体化障碍

当前我国区域经济一体化发展的一大矛盾就是区域经济合作的要求与区域利益冲突的存在之间的矛盾。由于各个地方利益主体之间博弈行为的存在，长江上游地区各行政区划之间地方保护行为严重，片面维护当地经济发展，形成地区间的恶性竞争，运用行政的、法律的手段在各地区之间人为地设置各种壁垒，阻碍了地区间的产品和要素的自由流动，导致了严重的市场分割，而这一切必然会大大降低市场效率，进而阻碍包括本地区在内的相关地区的经济发展，成为区域市场一体化的一大障碍。

无论是国内贸易还是对外经济，无论是产品市场还是资本市场、技术市场，长江上游地区均处于封闭分割、流通不畅的局面，该地区与地区外、地区内各省市之间均存在着严重的"行政区经济"问题，阻碍了商品与要素的自由流通，从而阻碍了一体化进程。如表3-3所示。

表3-3 长江上游地区市场一体化分析指标数据表

	年份	人均社会消费品零售额/(元/人)	市场密度/(万元/km²)	经济外向度/(万美元/亿元)	进出口总额/亿美元	实际利用外资/亿美元	人均技术市场交易额/(元/人)
重庆	2007	5 899.15	201.85	180.42	74.38	12.20	140.50
	2010	10 187.05	357.06	156.80	124.27	63.70	275.39
四川	2007	4 941.06	83.42	136.87	143.78	20.12	37.39
	2010	8 465.06	141.46	190.24	326.94	70.1	68.04
贵州	2007	2 184.48	46.69	82.80	22.70	1.53	1.74
	2010	4 261.87	84.24	68.38	31.47	2.95	22.19
云南	2007	3 089.50	36.38	185.47	87.94	5.52	21.60
	2010	5 525.03	66.33	185.91	134.30	13.29	23.65
长江上游	2007	4 028.55	92.08	148.70	82.20	9.84	41.81
	2010	7 109.75	162.27	167.03	154.24	37.51	80.37
全国	2007	7 262.81	481.32	788.65	701.20	42.28	163.15
	2010	11 594.62	795.97	680.48	959.35	61.36	272.10

资料来源：国家统计局，2008，2011
注：区域经济总量指标使用平均量来代替，为四省市相应指标的平均数

首先，2007年长江上游地区人均社会消费品零售额仅有4028.55元/人，远

远低于全国平均水平，尤其是经济发展落后的贵州省仅有 2184.48 元/人，还不到全国平均水平的 1/3。即使到 2010 年，长江上游地区人均社会消费品零售额也只有 7109.75 元，与全国水平相差 4484.87 元，只接近 2007 年全国 7262.81 元/人的水平。

其次，在进出口和利用外资等对外经济开放方面，长江上游地区也处于较低水平，总量占全国比重过低，而且各省市之间发展也极不平衡。2007 年，长江上游地区中对外经济发展较好的四川省进出口总额也只有 143.78 亿美元，为全国水平的 20.5%；而较差的贵州省只有 22.7 亿美元，为全国水平的 3.2%。到 2010 年，四川进出口总额达到 326.94 亿美元，为全国水平的 34%；而贵州省只有 31.47 亿美元，仍然较差，为全国水平的 3.3%。

最后，在人均技术市场交易方面，2007 年，长江上游地区除重庆 140.5 元/人接近全国平均水平外，其他省均远远落后于全国水平，以贵州省最为严重；到 2010 年，重庆的人均技术市场交易达到 275.39 元/人，超过全国水平 3.29 元/人，其他省仍然落后于全国水平，以贵州省最为严重。

进一步说，长江上游地区"行政区经济"占主导地位导致地方政府为了追求本地区经济利益的最大化而设立各种行政壁垒，阻碍了地区间产品和要素的自由流动，并造成了地区间恶性竞争的盛行，严重降低了市场的效率，阻碍了地区间的合作，而地方利益主体各自博弈，也使得一体化建设缺乏龙头引领；区域内的一体化组织也不得不屈服于地方政府的博弈行为，而缺乏权威性，从而难以为一体化建设进行合理规划布局，制定的政策和方案也难以付诸实施；另外，长江上游地区的一体化建设缺乏相应的制度保障和非政府组织的推动。

二、生态环境一体化障碍

长江上游地区地势险峻，人口稠密，重工业发达，土地石漠化严重，导致了长江上游地区环境污染和生态破坏问题相当严重，如河流污染、工业污染、生态污染、生态破坏、水土流失、土地资源减少（石漠化）、地质灾害等问题，造成环境、生态状况与经济、社会发展的矛盾日益突出，严重阻碍了长江上游地区经济发展水平和区域经济一体化建设。

如表 3-4 所示，长江上游地区人口密度普遍较大。2007 年，除云南省外（云南省内有大面积不适宜人居住的热带雨林），长江上游地区人口密度均高于全国平均水平，重庆市是全国水平的 2.53 倍，到 2010 年，重庆的人口密度是全国的

2.52 倍。

长江上游地区植被丰富，自然环境良好。2007 年，森林覆盖率达到 29.28%，略高于 26.18% 的全国平均水平；到 2010 年，长江上游地区的森林覆盖率达到 37.07%，超过全国水平 7.04 个百分点。

从居民生活环境来看，长江上游地区不容乐观。2007 年，长江上游地区人均绿地面积仅为 6.59m^2/人，低于全国水平 7.68 个百分点；到 2010 年，低于全国平均水平 7.71 个百分点。

另外，2007 年，长江上游地区的自来水普及率平均为 88.99%，低于全国水平；到 2010 年，仍低于全国水平。

表3-4 长江上游生态环境一体化分析指标数据表

	年份	人口密度/(人/km^2)	森林覆盖率/%	人均绿地面积/(m^2/人)	每平方千米二氧化硫含量/t	自来水普及率/%
重庆	2007	342.16	22.25	8.59	10.04	91.49
重庆	2010	350.50	34.85	13.07	8.74	94.05
四川	2007	168.82	30.27	6.88	2.45	86.55
四川	2010	167.12	34.31	8.98	2.35	90.80
贵州	2007	213.75	23.83	7.23	7.81	82.52
贵州	2010	197.67	31.61	8.24	6.53	94.10
云南	2007	117.77	40.77	3.66	1.39	95.41
云南	2010	120.05	47.50	6.11	1.31	96.50
长江上游	2007	171.14	29.28	6.59	5.42	88.99
长江上游	2010	169.28	37.07	9.10	4.73	93.86
全国	2007	135.23	26.18	14.27	7.88	93.03
全国	2010	138.84	30.03	16.81	6.51	96.13

资料来源：国家统计局，2008，2011
注：区域经济总量指标使用平均量来代替，为四省市相应指标的平均数

1. 自然植被受到严重破坏

本区域所在的"长江上游地区历史上曾森林茂密，古木参天。据资料记载，四川在元代时期森林覆盖率大于 50%，即使到 20 世纪 30 年代，长江上游地区的森林覆盖率为 30%～40%，而在岷江上游地区，60 年代以前的森林覆盖率还保持在 50% 以上。……但由于长期以来上游各经济中心的原木供应和不少地方的财政仍主要依靠上游各支流高山林区的采伐，使上游各支流源头的恢复工作进展缓慢，森林采伐量超过其生长量，生态环境恶化的趋势并未得到根本的扭转。

……在川西北，草地退化面积就已达40%～60%，单位面积产草量比60年代初期平均下降25%～50%，草地沙化现象从北向南不断加速发展，前景令人担忧。草原鼠害、虫害及森林病虫害等对自然植被的破坏也十分严重，目前每年发生面积已达到150万～170万 hm^2，每年危害面积100万～120万 hm^2，暴发周期从原来的8～19年缩短到3～5年。据估计，近40年来，仅长江上游高山、亚高山地区的森林和草地生态系统中就约有5%以上的动植物种类已经消失。由于森林、草甸和湿地面积的缩小，物种生存条件受到破坏，大熊猫、小熊猫、牛羚、岷江柏木、紫果云杉、长苞冷杉等珍稀和经济动植物种类及数量明显减少"（刘庆等,1999）。而且，三峡库区是长江上游最突出的生态脆弱区和全国水土流失最严重的地区之一，森林覆盖率仅34%左右，与国家"十二五"规划要求"用20年左右时间，森林覆盖率达到45%以上"的目标还差约11个百分点，其生态屏障核心区范围内森林覆盖率仅为22.2%，低于全市平均水平15个百分点，且生态群落趋于单一，生态系统整体功能不强（重庆市环保局，2011）。

2. 气候灾害频繁发生

在长江上游地区，危害最大的气候灾害是干旱，特别是在四川东部和重庆地区，干旱出现频繁，其中又以春、夏、伏旱出现频率最高。例如，1988年和1990年旱灾，受灾面积分别达到349万 hm^2 和417万 hm^2；2006年夏天，重庆、四川等地爆发严重的旱灾，出现了50年未遇的连续高温和干旱，重庆更是达到了53年来的最高气温——44.5℃。"暴雨也是一种多发性的灾害天气，并常常导致洪涝灾害的出现。其中，1981年和1989年两次洪灾最为严重，直接经济损失超过60亿元。1998年在长江中下游发生特大洪灾的同时，上游的安宁河、涪江、嘉陵江也发生了大洪水，直接经济损失更达到80亿元，为1981年的2倍多"（刘庆等,1999）。

3. 水土流失严重

水土流失是长江上游地区最重要的生态环境问题之一。根据刘庆、吴宁等的研究，"长江上游地区的水土流失面积在近40年中扩展迅速，截至20世纪末已达39.3万 km^2，占长江上游流域总面积的1/3以上。其中，金沙江流域的水土流失面积达到13.5万 km^2，占该流域总面积的36.4%；嘉陵江流域的水土流失面积达到9.2万 km^2，占57.8%。另外，根据四川省环境保护局1996年的公报，80 年代初四川省通过遥感测量出的水土流失面积达 24.9 万 km²，占全省（包括重庆市）国土总面积的 44%。"（刘庆等，1999）邓仁菊、张健、杨万勤等在 2007 年的研究则表明："长江流域水土流失面积达 73.94 万 km²，其中上游占 2/3，年土壤侵蚀量达 15.68 亿 t，长江中下游泥沙的 90% 来源于上游的水土流失。水土流失不仅造成上游地区的土壤侵蚀加剧、水肥流失严重和土壤贫瘠化加剧，而且导致江河湖泊淤积变迁、长江干流和中下游湖泊的含沙量显著增加，及航运、洪涝、水体富营养化等相关的经济和环境问题，直接威胁着三峡库区乃至整个长江流域的水环境安全"（邓仁菊等，2007）。

4．水资源和水环境形势严峻

长江上游是我国水资源最丰富的地区，是中国水资源保护的核心地区，但随着自然条件的变化及人类社会的飞速发展，长江流域水资源已有逐年减少的趋势。"一方面由于全新世以来青藏高原的持续隆升，及全球变暖、印度洋暖湿气流减少等气候变化的原因，青藏高原北麓长江源头地区降水和河川径流量减少，如岷江上游在近 50 年期间就减少径流量 14%。另外，过度砍伐森林造成的森林涵养水源的减少，也致使长江及其上游支流的流量，尤其是枯水季节的流量明显减少"（刘庆等，1999）。

近年来，由于西南地区经济社会的快速发展，工业"三废"、城市生活垃圾、污水，及农业污染物质更加严重地威胁着长江上游的水资源和水环境安全。"例如，岷江 10 条重点小流域水环境功能区 89.5% 的国控监测断面水质达不到要求的Ⅲ类标准。其中，劣Ⅴ类水质的国控监测断面占 47.4%。沱江 12 条重点小流域水环境功能区 81.5% 的国控监测断面水质达不到要求的Ⅲ类标准。其中，劣Ⅴ类水质的国控监测断面占 48%。嘉陵江 12 条重点小流域水环境功能区 53.3% 的国控监测断面水质达不到要求的Ⅲ类标准。其中，劣Ⅴ类水质的国控监测断面占 10%"（邓仁菊等，2007）。

仅云南省九大高原湖泊就有 5 个湖泊水质达不到水环境功能要求，许多入湖河流水质不达标。水环境功能不能达标的断面占 31.1%，劣Ⅴ类水质的断面占 19.2%，部分水体受到重金属等有害污染物的威胁（见《云南省"十二五"生态建设和环境保护规划》）。

因此，水资源和水环境安全已经成为长江上游地区经济一体化发展的重大问题。

5. 地质灾害频繁发生

长江上游地区地质构造复杂，地形变化明显，地表起伏悬殊，属地震、泥石流、滑坡、崩塌等地质灾害多发区，而随着生态环境的恶化，地质灾害有不断扩大和频繁增加的趋势。"据不完全统计，长江上游较大的滑坡主要发生在高中山沟谷地段，其中大型崩塌150多处，主要分布于岷江、大渡河、雅砻江的中上游、金沙江、长江奉节—宜昌河段等；较大规模的泥石流沟壑就达3400多处，其中，岷江、大渡河有泥石流沟壑近1000条，雅砻江900条，金沙江两岸直接汇入长江的泥石流沟壑890余条，某些侵蚀严重的泥石流沟壑侵蚀规模竟高达50万 t/km^2，危害程度十分严重"（刘庆等，1999）。

6. 环境污染加剧

改革开放以来，长江上游地区环境的污染包括水污染、大气污染和固体废弃物排放污染等。水污染方面，长江上游地区不少江段受到严重的污染，以长江干流江段为例，重庆库区"每年排放的废水量高达12.6亿t。其中，工业废水约9.4亿t，生活污水3.2亿t。工业废水2/3以上未得到处理，生活废水集中处理率仅为7%，大量的污水直接排入江河……目前，在重庆主城区、涪陵、万州等城市江段已经形成岸边污染带"。此外，四川地区的岷江等支流、贵州地区的乌江等支流，由于受到川、黔等地大量的工业污染和生活废水污染，水污染情况也越来越严峻。"根据长江水保局调查监测表明，1999年长江劣于Ⅲ类水质标准的河长占总调查的20.8%。"长江水利委员会发布的数据显示，这个数据在2003年和2005年已分别达到22.5%和27.4%，主要超标项目为氨氮、高锰酸盐指数、化学需氧量、五日生化需氧量、总磷和粪大肠菌群等（张启东，石辉，2006）。

在大气污染和固体废弃物污染方面，新中国成立后，为了发展地方经济和开展三线建设，国家在长江上游地区建设了较多的大型重工业和矿业企业，如钢铁、冶金等，在为地方经济造福的同时，他们也必然带来固体废弃物和废气排放等严重的环境污染问题。而本区域多为高山、盆地地形，大气流动本就不畅，进一步加剧了大气污染的严重程度。以重庆为例。以煤为主的能源结构、以重化工业为主的产业结构等导致能源消耗和污染物排放仍然较大，单位GDP能耗和主要污染物排放强度均高于全国或发达地区平均水平，初步统计重庆市单位GDP能耗分别是全国平均水平、北京、天津、上海的1.1、1.9、1.4、1.6倍，单位工业增加值废水、化学需氧量、氨氮、二氧化硫排放量分别是同期全国平均

第三章 长江上游地区经济一体化的进程、特点及障碍

水平的 1.72 倍、1.14 倍、1.64 倍和 1.93 倍。根据预测,到 2015 年,全市二氧化硫、氮氧化物、化学需氧量和氨氮新增排放量分别约为 18.0 万 t、12.6 万 t、12.4 万 t 和 1.3 万 t,主要污染物总量减排任务十分艰巨(见《重庆市"十二五"生态建设和环境保护规划》)。

长江上游地区近年部分城市环境质量迅速变差,酸雨等危害严重。上游环境污染的危害和影响,实际上已远远超出该地区的范围,污染物通过扩散、迁移、传输,对周边地区和长江中下游地区产生了较大影响,特别是上游水质污染直接波及并加剧了长江中下游水污染情况。

三、产业一体化障碍

长江上游地区经济发展水平普遍较低,而且发展严重不均衡,省市间差距拉大,出现了地区间产业各自为政,产业功能相似,存在比较严重的恶性竞争。

从表 3-5 可以看出,就全国水平而言,2007 年长江上游地区人均 GDP 水平仅为 11 252 元 / 人,与全国平均水平 21 973.42 元 / 人差距明显。其中,最高的重庆市也只有 14 660 元 / 人,而经济发展最为落后的贵州省只有 6915 元 / 人,不到全国水平的 1/3。到了 2010 年,长江上游地区人均 GDP 水平仅为 19 412.25 元 / 人,与全国平均水平 33 427.18 元 / 人差距更大,而经济发展最为落后的贵州省只有 13 119 元 / 人,略高于全国水平的 1/3,差距依然较大。

2007 年,长江上游地区经济密度为 249.66 万元 /km^2,比全国平均水平 1447.51 万元 / km^2 低 82.8%;到了 2010 年,长江上游地区经济密度为 442.49 万元 / km^2,比全国平均水平 2209.3 万元 / km^2 低 80.0%。

从长江上游四省市来看,2007 年,重庆市的经济密度为 500.91 万元 / km^2,远高于其他三省和该地区平均水平,而云南省则不到该地区平均水平的一半;到了 2010 年,重庆市的经济密度上升到 963.01 万元 / km^2,是长江上游平均水平 442.49 万元 / km^2 的两倍多,是云南省经济密度的 5.1 倍。

第三产业增加值占 GDP 比重一定程度上反映了地区产业发展的合理性。2007 年和 2010 年,长江上游地区第三产业增加值占 GDP 比重分别约为 39.95% 和 39.70%,与 39.82% 和 40.43% 的全国水平大体相当,而且各省市出入不大。

在财政收入方面,长江上游地区发展极不均衡,省市间差别较大。2007 年该地区财政收入密度平均只有 25.09 万元 / km^2,远远低于 189.93 万元 / km^2 的全国平均水平,云南省最为严重,只有 12.70 万元 / km^2;到了 2010 年,该地区

财政收入密度平均只有 50.29 万元/km²，与 293.26 万元/km² 的全国平均水平差距更大，云南省仍然是最为严重的省份，只有 22.73 万元/km²。

投资密度方面，2007 年，除重庆市高达 380.04 万元/km² 外，其余省市均处于较低水平，发展状况明显失衡，即使到 2010 年，这一状况也没有大的改观。

表3-5 长江上游产业一体化分析指标数据表

	年份	人均GDP/（元/人）	经济密度/（万元/km²）	第三产业增加值占GDP比重/%	财政收入密度/（万元/km²）	投资密度/（万元/km²）	GDP总量/亿元	地区财政收入/亿元
重庆	2007	14 660.00	500.91	42.40	53.79	380.04	4 122.51	442.70
	2010	27 596.00	963.01	36.40	115.68	812.75	7 925.58	1 018.36
四川	2007	12 893.00	218.22	36.50	17.67	117.15	10 505.30	850.86
	2010	21 182.00	356.99	35.10	32.44	272.47	17 185.48	1 561.00
贵州	2007	6 915.00	155.79	41.80	16.20	84.59	2 741.90	285.14
	2010	13 119.00	261.49	47.30	30.33	176.42	4 602.16	533.89
云南	2007	10 540.00	123.70	39.10	12.70	71.98	4 741.31	486.71
	2010	15 752.00	188.47	40.00	22.73	144.24	7 224.18	871.19
长江上游	2007	11 252.00	249.66	39.95	25.09	163.44	5 527.76	516.35
	2010	19 412.25	442.49	39.70	50.29	351.47	9 234.35	996.11
全国	2007	21 973.42	1 447.51	39.82	189.93	616.65	8 891.12	760.41
	2010	33 427.18	2 209.30	40.43	293.26	1 045.19	14 098.13	1 310.10

资料来源：国家统计局，2008，2011
注：区域经济总量指标使用平均量来代替，为四省市相应指标的平均数

一方面，长江上游各地区经济发展仍处于相对落后水平，处于工业化相近阶段，加上各地方利益主体间的竞争行为普遍存在，使得各地区都不愿放弃高利润率的产业，导致地区间产业结构、功能相似；另一方面，地方政府追求发展政绩，引起投资冲动和扩张欲望，也会导致重复建设和产业同构。总之，长江上游各个地区间产业恶性竞争盛行，缺乏统一规划，严重影响了资源配置的效率，最终使区域内产业的合理分工难以形成，成为经济一体化建设的产业障碍。

四、城乡一体化障碍

长江上游地区城市化水平普遍不高，而且城乡差距较大，区域内少数民族聚集地很多，这些地区往往贫困程度较深，扶贫难度大，成为地区经济、社会发展的障碍；区域内产业结构不合理，尤其是上游农业与轻工业的融合度低，关联度小，所提供的就业岗位无法满足农村剩余劳动力的就业需求，另外区域

第三章 长江上游地区经济一体化的进程、特点及障碍

内农业多以自给自足的初级农业为主,从而导致了城市对农村引力不足,"城乡二元结构"无法消除,进一步加大了城乡差距,使得城乡分离发展;此外,长江上游地区仅有成都和重庆两个超大型城市,其余均为中、小型城市,中间缺少大城市和特大城市的传导作用,没有形成一个合理的城市结构布局,导致区域内辐射能力不足,中小城镇发展程度较低。

从表3-6可以看出,从人均收入来看,2007年,长江上游地区城镇居民可支配收入平均为11 465.89元,低于13 111.39元的全国平均水平,而各省市间水平相差不大。农民纯收入平均为3016.02元,低于4443.53元的全国水平,但各省市差距明显。最高为四川省,3546.69元;最低为贵州省,只有2373.99元。到2010年,情况也没有多大的好转。

从城乡收入和支出差距来看,2007年,长江上游地区城乡收入差率和支出差率分别为2.89和2.53,均高于全国平均水平,且各省市差距也明显存在。到2010年,长江上游地区城乡收入差率和支出差率分别为2.63和2.39,均高于全国平均水平。

以上数据表明,长江上游地区城乡居民收入和支出水平的不足和差距体现了城乡发展的严重不平衡,形成了该地区经济一体化建设中的城乡一体化障碍。

表3-6 长江上游城乡一体化分析指标数据表

年份		城镇居民人均可支配收入(元/人)	农村居民人均纯收入(元/人)	城镇人口比例/%	城乡收入差率	城乡支出差率
重庆	2007	12 590.78	3 509.29	48.30	2.59	2.91
	2010	17 532.43	5 276.66	53.00	2.32	2.68
四川	2007	11 098.28	3 546.69	35.60	2.13	2.16
	2010	15 461.16	5 086.89	40.18	2.04	2.11
贵州	2007	10 678.40	2 373.99	28.24	3.50	3.05
	2010	14 142.74	3 471.93	29.90	3.07	2.53
云南	2007	11 496.11	2 634.09	31.60	3.36	2.00
	2010	16 064.54	3 952.03	35.20	3.06	2.26
长江上游	2007	11 465.89	3 016.02	35.93	2.89	2.53
	2010	15 800.22	4 446.88	40.55	2.63	2.39
全国	2007	13 111.39	4 443.53	47.35	2.15	1.98
	2010	18 067.69	6 326.77	49.11	2.02	1.90

资料来源:国家统计局,2008,2011
注:区域经济总量指标使用平均量来代替,为四省市相应指标的平均数

五、高技术一体化障碍

一是高技术发展各自为政，闭门造车。长江上游地区四省市是三线建设的老工业基地，这里科研院所多、科研积淀多，但新中国成立以来，我国科研属于中央集中控制，条条管理为主，各个领域的技术研发各自为政，闭门造车，难以形成合力，高技术一体化程度低，加上科研人员的积极性调动不够，难出大成果和高水平成果。

二是高技术产业化难。高技术研发是耗钱耗力的事业，具有投入大、风险大、回报不确定等特点，需要有雄厚的人力物力财力支撑。地方政府投入有限，控制力弱，短期内对于国民经济发展的质量指标，利税率，增加值率，劳动生产率的影响不明显，对地方经济社会发展的辐射带动作用不大，高技术成果产业化难。

长江上游高技术一体化分析指标见表3-7。

表3-7　长江上游地区高技术一体化分析指标数据表

	年份	高技术增加值密度/亿元	高技术增加值占工业增加值比重/%	高技术产业投资交付使用率/%	高技术产业投资额/亿元	高技术增加值/亿元
重庆	2007	28.04	14.68	69.45	67.09	230.79
	2010	45.21	7.93	23.75	195.21	372.05
四川	2007	12.25	15.07	24.45	171.43	589.72
	2010	27.75	14.07	113.23	334.43	1335.67
贵州	2007	3.51	6.13	70.98	17.97	61.82
	2010	11.36	10.93	30.22	19.69	199.95
云南	2007	0.36	0.81	67.52	4.03	13.86
	2010	2.74	3.51	31.52	31.09	105.03
长江上游	2007	11.04	9.17	58.10	65.13	224.05
	2010	21.76	9.11	49.68	145.11	503.17
全国	2007	124.42	12.25	63.66	109.30	664.76
	2010	380.89	14.34	58.95	224.02	1495.55

资料来源：国家统计局，2008，2011
注：区域经济总量指标使用平均量来代替，为四省市相应指标的平均数

六、交通设施一体化障碍

长江上游地区经济一体化的交通基础设施与物流障碍主要表现为，交通基础设施建设总体短缺，县乡级设施严重滞后，村级设施严重短缺，各个区域之

第三章 长江上游地区经济一体化的进程、特点及障碍

间的合作程度和层次低；布局不合理，许多经济大县不通高速公路等。具体指标见表3-8。

表3-8 长江上游地区交通设施一体化分析指标数据表

年份		货运周转量/（亿t/km）	客运周转量/（亿人/km）	物流密度/（万t/km.km²）	人均邮电业务量/（元/人）	人均道路面积/（m²/人）	每百户机动车拥有量/（辆/100户）
重庆	2007	1051.55	353.00	127.77	1301.93	9.16	2.88
	2010	2015.59	461.68	244.91	2015.16	9.37	6.60
四川	2007	1059.15	797.22	22.00	963.32	10.33	4.01
	2010	1807.88	1066.14	37.55	1803.24	11.84	8.60
贵州	2007	721.26	369.20	40.98	778.04	6.21	2.01
	2010	1005.92	474.97	57.15	1473.07	6.65	5.96
云南	2007	801.47	337.49	20.91	1041.14	9.28	8.85
	2010	947.33	439.94	24.72	1679.93	10.90	18.26
长江上游	2007	908.36	464.23	52.92	1021.11	8.75	4.44
	2010	1444.18	610.68	91.08	1742.85	9.69	9.86
全国	2007	2916.75	606.48	1389.46	1603.20	11.39	5.19
	2010	4210.03	769.52	1473.45	2485.05	12.94	11.67

资料来源：国家统计局，2008，2011
注：区域经济总量指标使用平均量来代替，为四省市相应指标的平均数

从表3-8中可以看出：2007年，在长江上游四省市中，四川在货运周转量、客运周转量、人均道路面积三项指标中位居长江上游地区第一；到2010年，四川在客运周转量、人均道路面积两项指标中仍位居第一，但货运周转量被重庆赶超，退居第二。

重庆的物流密度、人均邮电业务量在2007年和2010年都位居第一，货运周转量指标2010年跑到了四川前面，位居第一。

2007年和2010年，云南的每百户机动车拥有量指标保持第一，人均道路面积指标保持第二。

2007年和2010年，贵州在以上各项指标中均无明显优势。

在2007年和2010年两个时间点上，与全国平均水平相比，长江上游四省市中，只有四川的客运周转量和云南的每百户机动车拥有量高于全国平均水平，其他各项指标均低于全国平均水平。

从以上数据的比较分析可以看出，即使有国家政策的倾斜扶持，但长江上游地区无论是在公路、铁路、航道的人均拥有量方面，还是在货运周转量、物流密度方面，均落在全国水平之后，说明该地区交通基础设施利用率不够，相

关规划也不尽合理，因此交通设施建设的合理规划、质量保证及充分利用才是长江上游地区亟待解决的问题。此外，长江上游地区基本上依赖公路、铁路等初级运输工具，而对航空等更高效率的运输方式发展明显不足，从而导致了运输效率无法实质性提高。

综合来看，长江上游地区地质地形条件复杂，导致公路、铁路、能源通道等基础设施的建设难度大、造价高、等级低。目前，区域内相关基础设施的建设总体水平远未达到其经济发展的需求，铁路建设明显不足，公路受区域内地形限制而等级低、成本高，水路运输又受到地形和航道的限制而难以发挥应有作用；并且城乡基础设施建设差异明显，乡村层面的交通运输基础设施严重滞后，从而难以充分地参与区域整体的一体化进程；各地区间的基础设施建设各自为政，缺乏合理布局，差异严重存在，导致地区间交通衔接不顺畅，影响了产品和要素的流通，从而影响了整个区域的一体化进程。

七、一体化障碍原因分析

（一）总体处于较低发展阶段

长江上游地区经济一体化进程，无论从合作的内容、形式还是效果上看，均处于较低的发展阶段。具体来说：首先，在内容上，本地区经济一体化内容以市场一体化为主，即主要致力于商品和生产要素的区域内自由流动，而其他的合作内容，如生态环境一体化、产业一体化、城乡一体化、高技术一体化、交通设施一体化的发展尚处于低级阶段，从而引发一系列问题：产业等级低，结构相似，功能同化，基础设施建设滞后，布局不合理，城乡差距大，城乡分离发展。其次，在形式上，长江上游地区的经济一体化合作形式主要以政府间定期和不定期的信息交流会、经贸洽谈会及区域政府内定期的经济协调会等为主，而统一的跨区域管理机构发展尚不成熟，更不用说形成区域政府间就产业分工、重大战略资源开发、重大战略项目等达成实质性框架协议，并建立相应的机构推进协议的实施，因此缺乏一体化的权威性组织和相关制度保障等，从而导致一体化宏观合理规划布局的缺失。再次，从经济一体化产生的效应讲，由于合作的内容和形式处于低级阶段，一体化对长江上游地区产生的经济效应也相对有限，如市场扩大和深化程度有限，难以形成规模经济效应，产业分工不合理和经济结构不优等，成了各种一体化障碍存在的原因。最后，长江上游地区的经济一体化本来就属于欠发达地区间的一体化合作，各地区对一体化未达成共识，在区域合作过程中会自然暴露出来，成为一体化建设的障碍。

（二）内部发展不平衡

长江上游地区地处我国西部，区域内部发展不平衡。首先是各地区之间发展不平衡，四川、重庆地处我国中部、西部的结合处，无论在经济发展水平、产业结构上，还是在基础设施建设上均优于贵州和云南两省，因而川渝合作在长江上游地区经济一体化合作中占主导；其次是城市结构不平衡，本区域内，除成都和重庆两个特大城市之外，其余多为中小型城市，大城市的传导作用较弱，不能形成合理的城市梯度结构，辐射带动能力不强，阻碍一体化的发展；最后是城乡发展的不均衡，本区域内城市化水平不高，广大农村地区经济、社会发展水平与城镇相比差距很大，极为贫困的少数民族聚集地很多，成为一体化合作的瓶颈。总之，区域内部发展的不平衡加剧了地区间的封闭和市场的分割，阻碍了产业结构的布局和优化，导致城乡差距加剧，并使得交通和基础设施建设难以合理布局，从而形成了经济一体化合作的重重障碍。

（三）行政区经济主导下的利益差别明显

行政区经济主导下，各地方政府首先强调本地区的经济发展，与区域经济一体化的要求存在矛盾的一面。长江上游地区大部分为欠发达地区，区域内各地方政府为了摆脱落后局面，更倾向于各自为政，导致行政区经济的固化，造成诸多不良后果。首先，造成严重的地方保护之风，人为的行政壁垒阻碍了商品和生产要素的地区间自由流动，难以形成统一、有序的一体化市场，造成了一体化的市场障碍。其次，地方政府片面追求短期经济利益，忽略了区域内的环境承载能力，易于造成严重的环境污染和生态破坏，从而加重了一体化的环境和生态障碍。例如，"行政区经济"使得各地方行政单位在生态环境问题上缺乏合作，经济发展指标对环境、资源、生态的忽略，经济发展手段对环境、资源、生态的破坏（如大量公路、铁路、桥梁的建设对生态环境也会造成相当的破坏），等等。再次，在行政区经济利益的驱使下，各地区趋之若鹜发展高利润产业，同时地方政府为了盲目追求政绩而进行重复建设，并使得产业同构，最后形成结构相似、等级低下、重复建设的产业。最后，行政区经济的存在也导致了地区间恶性竞争的盛行，缺乏区域经济一体化合理规划布局，形成机制和体制的障碍。总之，行政主导下的利益差异的存在使得长江上游各地区间难以形成合理的市场、产业布局，并使地区间经济、社会发展差距进一步拉大，阻碍区域一体化的发展。

（四）一体化硬件重大缺失

由于经济发展的基础薄弱，长江上游地区地方政府财政拮据，城市规划、建设和管理落后，因此以基础设施建设为主的硬件基础明显不足，且布局严重不合理，无疑为其一体化建设造成了"硬伤"。首先，航道、铁路、公路及机场等交通设施发展滞后，阻碍了区域内各地区之间及本区域与发达区域之间的产品和要素的顺畅流通，使地区间经济合作的成本大大提高；其次，旅游景点及旅游基础设施建设明显不足，使得长江上游地区丰富的旅游资源的作用难以充分发挥；最后，电网、通信、广播电视等信息基础设施建设的速度和规模明显落后，在信息化带动工业化成为主导的今天，这些硬件设施的不足大大影响了区域内及本区域与外区域相关信息的交流，从而阻碍了地区间经济活动的交流，造成了一体化合作的信息障碍。因此，长江上游地区一体化硬件设施的重大缺失是造成该区域一体化障碍的一个重要原因。

第四章
长江上游地区经济一体化程度定量评价

根据区域经济一体化包括的内容和综合评价目的，在前面定性分析基础上，我们可以将区域经济一体化程度定量评价的内容分解为六个方面：市场一体化、生态环境一体化、产业一体化、城乡一体化、高技术一体化、交通设施一体化。

第一节 长江上游地区经济一体化综合评价方法

一、区域经济一体化评价指标体系构建

关于区域经济一体化评价指标体系的构建，许多学者根据自己研究的需要，从不同的角度，提出了不同的评价指标体系。国家统计局国民经济核算司（1997）、何其祥（1999）、刘茵和邱丕群（2002）、刘起运和许宪春（2004）、郁广健（2005）、许宪春（2005）、张亚雄和赵坤（2006）、刘起运和陈璋（2006）等从区域间投入产出的角度构建了区域经济一体化评价指标体系；厉以宁（1999）、陈宏等（2001）、陆军（2002）、陈正伟（2003）、冯云延（2004）、陆铭等（2004）、王韩伟（2005）、陶一桃（2005）、李巧和朱忠旗（2005）、陈慧义和张敏（2006）等分别从区域主导产业、新经济增长点群、发展战略与区域经济的分割、城市群、聚集经济效应与城市化、城市外部空间运动与区域经济等多个角度构建了区域经济一体化评价指标体系；修春亮等（2004）、白永秀和岳利萍（2005）、张竟竟（2004）、刘正（2007）、朱颖（2008）、黄应绘（2008）、邓玲和琳彬（2008）、苏春江（2009）、申丽娟和吴江（2009）等从城乡统筹角度构建了区域经济一体化评价指标体系。这些评价指标体系：有的过于简单，只有4个；有的过于复杂，多达上百个。本书从长江上游地区经济一体化内涵和研究目的出发，使用综合

评价方法对区域经济一体化程度进行定量分析。结合综合评价的技术要求和可操作性，把定性分析与定量分析结合起来，构造如下区域经济一体化评价指标体系。

（一）市场一体化评价指标

市场一体化是描述市场的一种状态或水平，即市场处在这种状态下，某区域内不同地方的市场主体（或其行为）受到相同的供求关系的调节。构建市场一体化评价指标体系，要求我们在选择衡量市场一体化程度高低的变量时，一定要体现市场行为。人均社会消费品零售总额、市场密度、进出口总额、实际利用外资、人均技术市场交易额、经济外向度等市场变量较好地从不同方面体现了市场行为，因此，这些变量是构建市场一体化评价指标体系的重要因素。

（二）生态环境一体化评价指标

生态环境一体化是指，从可持续发展的要求出发，促使区域内部不同地区之间形成趋于一致的人与自然和谐发展的生态环境。当今世界，发达国家在物质消耗持平的同时，基本保持经济的持续发展。但从我国多数地区的生态资源系统运行状况来看，目前仍未摆脱资源消耗型发展阶段，从而造成较严重的水环境污染、大气环境污染、自然环境灾害等。由此可见，在分析我国区域经济一体化时，设定生态环境一体化一级指标，十分必要。衡量生态环境一体化的核心变量一般是人口密度、森林覆盖率、人均绿地面积、每平方千米二氧化硫含量、自来水普及率等与生态环境紧密相关的变量，因此选择上述变量构造生态环境一体化评价指标。

（三）产业一体化评价指标

产业一体化是指根据区域内不同地区之间的比较优势，形成合理的产业分工协作，实现区域内产业结构合理化，以提升产业的整体竞争力的过程。从产业布局看，产业一体化主要解决各地之间生产力重复布局、产业结构同构问题。区域内部地区之间一旦缺乏合理的垂直分工和水平分工，就会抑制区域整体联动效应发挥。根据区域产业集聚理论，由于区域的主导产业，在生产上或者在产品分配上有着密切联系，或者在布局上有相同的指向性，这些产业按一定比例布局在区域的某个优越的地区内，就可以形成一个高效率的生产系统，改善企业生产的外部环境，从而使区域整个生产系统的总体功能大于各个企业功能之和。从系统理论看，这是一种1＋1＞2的集聚经济效应。从产业整合的方向看，产业一体化就是要根据区域内部各地区的工业化水平，形成垂直与水平分工协作。当前包括长三角地区、珠三角地区、京津冀地区和长江上游地区在内的绝大多数区域的内部各个地区的工业化进程具有显著梯次结构差异。对于处在不同梯次的地区，可以首先通过垂直分工来加强产业联系，继而通过水平分工来加强产业联系；而对于处在同一梯次的地区，则可通过地区之间互补型的水平分工来加强产业联系。当然，这种分工必须遵循市场规律。

坚持市场主导，在追求效益最大化的规律作用下，区域内部各个地区将会趋向于按照比较优势原则，确定本地区的产业定位，从而最终实现资源优化配置的目标，这才是产业一体化的题中应有之意。GDP 总量、人均 GDP、经济密度、第三产业增加值占 GDP 比重、地区财政收入、财政密度、投资密度等是衡量地区发展水平高低的核心变量，而这些变量同样也是衡量区域产业一体化程度的核心变量。

（四）城乡一体化评价指标

城乡一体化就是要把工业与农业、城市与乡村、城镇居民与农村居民作为一个整体，统筹谋划、综合研究，通过体制改革和政策调整，促进城乡在规划建设、产业发展、市场信息、政策措施、生态环境保护等方面协调发展，及居民福利均等化等社会事业的协调发展，改变城乡二元经济结构，实现城乡在政策上的平等、产业发展上的互补、国民待遇上的一致，让农民享受到与城镇居民同样的文明和实惠，使整个城乡经济社会全面、协调、可持续发展。由此可见，城镇居民人均可支配收入、农村居民人均纯收入、城镇人口比例、城乡收入差率、城乡支出差率等变量是衡量城乡一体化程度的重要因素，因此这些变量是构建城乡一体化评价指标的核心变量。

（五）高技术一体化评价指标

高技术一体化是区域经济一体化的高级阶段。随着社会的发展、技术的进步，高技术一体化在区域经济一体化中的地位和作用越来越大。消除高技术区际扩散壁垒，促进高技术信息资源区域内部互通共享，大幅降低社会交易成本，是区域经济一体化的重要内容之一。衡量高技术一体化程度高低的变量主要有高技术增加值密度、高技术增加值占工业增加值比重、高技术产业投资交付使用率、高技术产业投资额、高技术增加值。这些变量就是构建高技术一体化评价指标的核心变量。

(六)交通设施一体化评价指标

交通设施一体化是指，以区域内高速铁路、高等级公路和重大公共设施等建设为契机，加快区际通道的配套与衔接，公共设施配套与服务，共同完善交通、物流网络和公共设施体系。加快区域内部各个地区之间的交通等基础设施连接，形成发达的区域交通等级网络体系，能对国民经济产生巨大的带动作用，是经济一体化发展的重要内容。长江上游地区的交通设施一体化，关键是完善区域内高速铁路、高速公路、高等级公路、轨道交通、内河航运、机场、港口为主的交通网布局的综合规划；完善交通基础设施建设，尤其是推进城市之间的快速干道建设。基于上面的分析不难发现，衡量区域交通一体化程度的核心变量是货物周转量、客运周转量、物流密度、人均邮电业务量、人均道路面积、每百户机动车拥有量。

总之，上面分析的市场一体化、生态环境一体化、产业一体化、城乡一体化、高技术一体化和交通设施一体化是衡量区域经济一体化程度的重要内容。因此我们将其设定为区域经济一体化一级指标，见表4-1第一列。其下包括的很多影响因素（或核心变量）则是从不同侧面具体衡量区域经济一体化一级指标的重要因素，因此我们将其设定为区域经济一体化二级指标，见表4-1第二列。

上述一级指标和其下的二级指标选择原则是，一级指标选取重点突出中国内部不同地区之间的经济一体化，二级指标选取重点突出中国当前区域经济一体化所处的阶段。表4-1综合了上述区域经济一体化评价指标体系。

表4-1 区域经济一体化综合评价指标体系结构表

一级指标	二级指标
市场一体化	人均社会消费品零售额
	市场密度
	经济外向度
	进出口总额
	实际利用外资
	人均技术市场交易额

续表

一级指标	二级指标
生态环境一体化	人口密度
	森林覆盖率
	人均绿地面积
	每平方千米二氧化硫含量
	自来水普及率
产业一体化	人均GDP
	经济密度
	第三产业增加值占GDP比重
	财政收入密度
	投资密度
	GDP
	财政收入
城乡一体化	城镇居民人均可支配收入
	农村居民人均纯收入
	城镇人口比例
	城乡收入差率
	城乡支出差率
高技术一体化	高技术增加值密度
	高技术增加值占工业增加值比重
	高技术产业投资交付使用率
	高技术产业投资额
	高技术增加值
交通设施一体化	货运周转量
	客运周转量
	物流密度
	人均邮电业务量
	人均道路面积
	每百户机动车拥有量

二、区域经济一体化综合评价方法及权数处理

根据区域经济一体化分析的实际意义和目标，经过实际的试算分析表明，在区域经济一体化程度的评价分析中，使用的综合评价的量纲一处理方法为功效系数方法。权数使用主观标定方法。综合指标的汇总方法使用加权算术平均

方法。

（一）功效系数法

功效系数评价法是指使用功效系数的计算公式进行消除量纲后再进行综合评价的方法。功率系数评价法是根据多目标规划原理提出来的，其基本思想是，通过功效函数将要度量的各个指标实际值转化成量纲的功效系数，然后采用线性或几何综合法将这些同度量的功效系数综合起来，得到综合评价值，以此作为综合评价的依据。

功效函数。功率函数实质上就是量纲化公式，它把各指标实际值转化成可比的功效系数 d_i。功效系数的一般公式为

$$d_i = \frac{x_i - x_i^{(s)}}{x_i^{(h)} - x_i^{(s)}} \times \alpha + \beta$$

$$\alpha + \beta = 1$$

或

$$\alpha + \beta = 100$$

其常用的转换公式为

$$d_i = \frac{x_i - x_i^{(s)}}{x_i^{(h)} - x_i^{(s)}} \times 40 + 60 \qquad (4-1)$$

其中，x_i 为第 i 个指标的实际值；$x_i^{(h)}$ 是第 i 个指标的满意值，它表明经过努力，第 i 个指标应获得非常满意的结果；$x_i^{(s)}$ 是第 i 个指标的不允许值，它表明指标 x_i 的变动不应差于此值。一般应有 $x_i^{(h)} > x_i^{(s)}$（对正向指标而言）。

式（4-1）表明，功效系数 d_i 与指标实际值 x_i 之间是线性关系，因此，功效函数属于直线型量纲化公式范畴。式（4-1）还规定了功效系数的取值范围：①指标实际值超过 $x_i^{(h)}$ 时，功效系数高于100；②达到 $x_i^{(h)}$ 时，为100；③低于允许值 $x_i^{(s)}$ 时，d_i 小于60；④达到 $x_i^{(s)}$ 时，为60；⑤ $x_i^{(s)} \sim x_i^{(h)}$ 时，d_i 为 60～100。

式（4-1）是为正向指标设计的"顺加"公式（即在60分基础上再加若干分）。对逆向指标则应采用"倒扣"公式（即在100的基础上减去若干分），即

$$d_i = 100 - \frac{x_i^{(h)} - x_i}{x_i^{(h)} - x_i^{(s)}} \times 40 \qquad (4-2)$$

当然式（4-2）也可以设置为

$$d_i = \frac{x_i^{(h)} - x_i}{x_i^{(h)} - x_i^{(s)}} \times 60 + 40$$

人们在实际中,经常使用最大值(正指标)来代替满意值,用最小值(正指标)来代替不允许值。对于逆向指标可以作相反处理。

(二)权数确定

理论上,功效系数的权数 w_i 可以取为任意正实数。但实践证明,只要取 1、2、3 这三个正整数,就足以区分各评价指标的相对重要性程度。

确定权数的基本原则。比较重要的指标赋权 3,与其他评价指标相关的指标赋权 1,一般重要的赋权 2。

二级指标权数分布。为了把二级指标综合成一级指标,我们采用主观标定法,根据上述确定权数的基本原则,对市场一体化指标、生态环境一体化指标、产业一体化指标、城乡一体化指标、高技术一体化指标和交通设施一体化指标下面的二级指标给出功效系数权数,见表 4-2。

表4-2 区域经济一体化综合评价权数和指标性质

一级指标	二级指标	权数	指标性质
市场一体化	人均社会消费品零售额	3	+
	市场密度	2	+
	经济外向度	2	+
	进出口总额	1	+
	实际利用外资	2	+
生态环境一体化	人口密度	2	+
	森林覆盖率	2	+
	人均绿地面积	2	+
	每平方千米二氧化硫含量	3	+
	自来水普及率	1	+
产业一体化	人均GDP	1	+
	经济密度	3	+
	第三产业增加值占GDP比重	2	+
	财政收入密度	2	+
	投资密度	2	+
	GDP总量	3	+
	地区财政收入	2	+

续表

一级指标	二级指标	权数	指标性质
城乡一体化	城镇居民人均可支配收入	3	+
	农村居民人均纯收入	2	+
	城镇人口比例	2	+
	城乡收入差率	2	—
	城乡支出差率	2	—
高技术一体化	高技术增加值密度	1	+
	高技术增加值占工业增加值比重	2	+
	高技术产业投资交付使用率	1	+
	高技术产业投资额	1	+
	高技术增加值	3	+
交通设施一体化	货运周转量	2	+
	客运周转量	2	+
	物流密度	3	+
	人均邮电业务量	2	+
	人均道路面积	2	+
	每百户机动车拥有量	1	+

（三）综合功效系数的计算方法

功效系数评价法既可以用线性综合法，也可以用几何综合法将各指标的功效系数综合起来，从而得到一个综合功效系数 d。

（1）线性综合法。

$$d = \frac{\sum w_i d_i}{\sum w_i} \quad (4\text{-}3)$$

（2）几何综合法。

$$d = (\prod d_i^{w_i})^{\frac{1}{\sum w_i}} \quad (4\text{-}4)$$

本章使用功效系数线性综合法。使用该方法的优点在于：①它是建立在多目标规划原理的基础上，能够根据评价对象的复杂性，从不同侧面对评价对象进行计算评分，正好满足了经济一体化评价指标体系的多指标综合评价经济一体化程度的要求；②它为减少单一标准评价而造成的评价结果偏差，设置了在相同条件下评价某指标所参照的评价指标值范围，并根据指标实际值在标准范围内所处位置计算评价得分，这不但与经济一体化程度多级评价标准相适，而且能够满足目前我国区域经济一体化各项指标值相差较大情况下减少误差、客观反映区域经济一体化状况的需求，达到准确、公正评价区域经济一体化的目的；③它既可以进行手工计分，也可以利用计算机处理，有利于评价体系的推广应用。

第二节　长江上游地区经济一体化程度综合评价

一、长江上游地区经济一体化二级指标分析

根据上述设计的经济一体化指标体系和权数可知，使用功效系数方法必须从原始数据——因素开始运算。现将长江上游地区2007年和2010年经济一体化二级指标统计数据介绍如下。

（一）市场一体化二级指标分析

2007年长江上游地区，重庆在人均社会消费品零售额、市场密度、人均技术市场等三项指标中位列第一，四川在进出口总额和实际利用外资两项指标中排名第一，云南在经济外向度指标中位列第一，贵州在上述六项指标中都不占明显优势。尽管在长江上游地区，重庆人均社会消费品零售额、人均技术市场交易额排名第一，但仍低于全国平均水平，在进出口总额与实际利用外资方面，四川低于全国平均水平。云南经济外向度也低于全国平均水平。各省市各指标均低于全国平均水平。

2010年长江上游地区重庆在人均社会消费品零售额、市场密度、人均技术市场等三项指标中仍保持第一，四川在经济外向度指标中超过云南位居第一，在进出口总额和实际利用外资方面保持第一。云南、贵州在上述指标中不具有明显优势。个别指标超过全国平均水平：重庆和四川的实际利用外资超过全国平均水平，重庆的人均技术市场交易额大于全国平均水平。

（二）生态环境一体化二级指标分析

2007年，重庆在人口密度和人均绿地面积指标上处于长江上游地区首位，云南在森林覆盖率和自来水普及率方面居地区首位。长江上游地区在森林覆盖

率和每平方千米二氧化硫含量两个方面优于全国平均水平，在人均绿地面积和自来水普及率方面低于全国平均水平。

与2007年相比，2010年长江上游地区各指标均有明显提升，但人均绿地面积和自来水普及率上依然低于全国平均水平。重庆依然在人口密度和人均绿地面积两个方面保持最高。云南在森林覆盖率和每平方公里二氧化硫含量两个方面保持最优。

（三）产业一体化二级指标分析

2007年，在长江上游地区中，重庆在人均GDP、经济密度、第三产业增加值占GDP比重、财政收入密度、投资密度五项指标中位列第一。四川在GDP、财政收入指标中位居第一。贵州在第三产业增加值占GDP比重中排名第二，在其他各项指标中不具有明显优势。云南在GDP、财政收入指标中位居第二，其他各项无明显优势。除第三产业增加值占GDP比重外，长江上游地区各指标平均水平远远低于全国平均水平。

2010年重庆仍然在人均GDP、经济密度、财政收入密度、投资密度四项指标中位列长江上游地区第一。四川在GDP、财政收入指标中保持第一。贵州在第三产业增加值占GDP比重指标中位居第一，云南紧随其后位居第二，而在其他各项指标中两省份不具有明显优势。与2007年相比，各省市各指标都有明显提升，个别指标高于全国平均水平，如贵州的第三次产业增加值占GDP比重、四川的GDP及财政收入水平。

（四）城乡一体化二级指标分析

2007年重庆在城镇居民人均可支配收入、农村居民人均纯收入、城镇人口比例方面位居长江上游地区第一位。四川在城乡收入差率、城乡支出差率两项指标中，数值较小，排名第一。云南、贵州在上述各项指标中不具有明显优势。只有个别指标优于全国平均水平，如重庆的城镇人口比例、四川的城乡收入差率。

与2007年相比，长江上游地区一些指标均有明显增长。2010年重庆仍然在城镇居民人均可支配收入、农村居民人均纯收入、城镇人口比例方面位居长江上游地区第一。四川在城乡收入差率、城乡支出差率两项指标中，数值较小，保持第一。云南、贵州在上述各项指标中仍不具有明显优势，但是城乡收入差率略有减少。除了重庆的城镇人口比例依然优于全国平均水平外，其他各省各指标都低于全国平均水平。

（五）高技术一体化二级指标分析

如表 3-7 所示，2007 年，在反映长江上游各地区高技术一体化的指标中，重庆的所有二级因素都处于领先地位。

2007 年，在长江上游地区的四省市中，重庆和四川在四个指标方面领先于贵州和云南。重庆在高技术增加值方面以 28.04 亿元遥遥领先。四川则在高技术增加值在工业增加值中的占比、高技术产业投资额及增加值三个方面居于领先位置。贵州则在高技术产业投资交付使用率上最高。长江上游的五个指标都小于全国平均水平。只有个别省市的个别指标高于全国平均水平，如重庆和四川的高技术增加值占工业增加值比重、重庆的高技术产业投资交付使用率、四川的高技术产业投资额，其余指标都低于全国平均水平。

与 2007 年相比，2010 年各省市的指标都有数量级的提升。但各省市在各指标上的排序并没有发生变化。四川依然在三个指标上遥遥领先。重庆在高技术增加值这个指标上居于首位。长江上游的五个指标都低于全国平均水平。只有四川的高技术产业投资额一个指标高于全国平均水平。

（六）交通设施一体化二级指标分析

2007 年四川在货运周转量、客运周转量、人均道路面积等三项指标中位居长江上游地区第一，重庆在物流密度、人均邮电业务量中位居第一，云南在人均道路面积指标中位居第二，每百户机动车拥有量中位居第一，贵州在以上各指标中暂无明显优势。只有四川的客运周转量高于全国平均水平，其他省市各指标均低于全国水平。

2010 年四川在客运周转量、人均道路面积两项指标中位居第一，重庆在货运周转量中超过四川位居第一，在物流密度、人均邮电业务量中保持第一，云南在人均道路面积指标中位居第二，每百户机动车拥有量中仍为第一，贵州在以上各指标中无明显优势。只有四川的客运周转量高于全国平均水平，其他省市各指标均低于全国水平。

二、长江上游地区经济一体化一级指标分析

（一）长江上游地区市场一体化程度分析

根据功效系数的线性综合法，把长江上游四省市的市场一体化原始数据（表3-3）及权数（表4-2 市场一体化数据）代入式（4-3）进行运算，得到长江上游各省市市场一体化综合指标（表4-3）。

表4-3　长江上游地区市场一体化综合评价得分

地区	得分 2007年	得分 2010年	差异率/% 2007年	差异率/% 2010年
重庆	62.98	64.76	100.00	100.00
四川	62.48	64.20	99.21	99.14
贵州	60.12	60.19	95.46	92.94
云南	61.05	61.40	96.94	94.81
长江上游	61.66	62.69	97.90	96.80

注：差异率是将得分转化为百分数的形式，同时规定最高得分为100分

从表4-3中不难看出，四个地区在2010年的顺序和在2007年的排序完全一致。不同的是，2007年只有贵州低于平均水平，而在2010年云南和贵州两省均低于平均水平。重庆的市场一体化得分始终高居第一位，贵州位于最后一位。2007年得分最高的重庆和得分最低的贵州之间得分差距为2.86分，而2010年这一极差上升到4.57分，极差略有扩大。四省市的市场化程度都较低，是一种低水平的市场一体化。表4-3中的综合评价得分通过直观图（图4-1）可以看出。

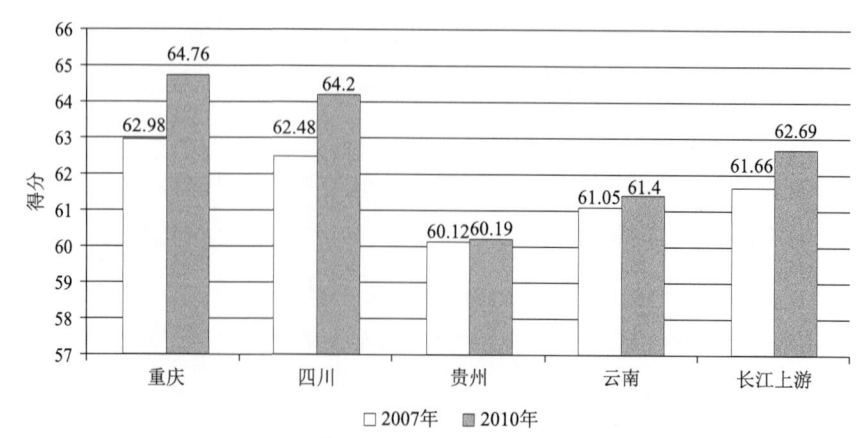

图4-1　长江上游地区市场一体化综合评价得分直观图

（二）长江上游地区生态环境一体化程度分析

根据功效系数线性综合法，并运用同市场一体化综合评价一样的运算方法，计算分析得到长江上游各省市生态环境一体化综合指标（表4-4）。

表4-4 长江上游地区生态环境一体化综合评价得分

地区	得分		差异率/%	
	2007年	2010年	2007年	2010年
重庆	77.21	78.23	96.10	96.90
四川	77.85	77.38	96.90	95.85
贵州	75.64	77.18	94.15	95.60
云南	80.34	80.73	100.00	100.00
长江上游	77.65	78.29	96.65	96.98

从表4-4可以看出：2007年，云南生态环境一体化得分最高，和四川均大于长江上游均值。重庆和贵州分别得分77.21和75.64，低于平均水平。2010年，云南依然最高，重庆的排名上升到第二位，四川的排名下降，贵州依然垫底，均低于平均水平。极差由2007年的4.7分下降到3.55，说明存在长江上游地区生态环境一体化程度提高的趋势。表4-4中的综合评价得分通过直观图（图4-2）可以看出。

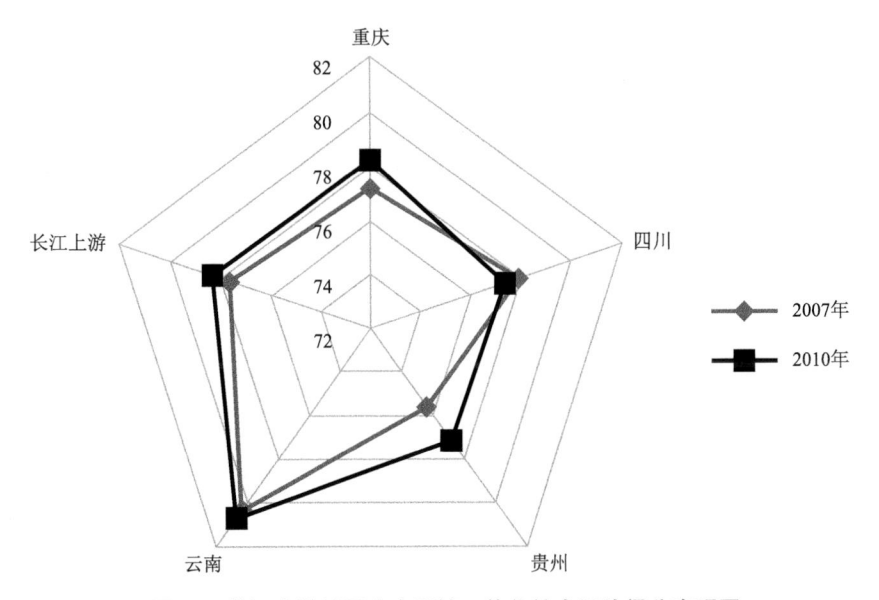

图4-2 长江上游地区生态环境一体化综合评价得分直观图

（三）长江上游地区产业一体化程度分析

根据功效系数线性综合法，并运用同市场一体化综合评价一样的运算方法，计算分析得到长江上游各省市产业一体化综合指标（表4-5）。

表4-5 长江上游地区产业一体化综合评价得分

地区	得分		差异率/%	
	2007年	2010年	2007年	2010年
重庆	64.29	64.86	98.11	98.05
四川	65.53	66.15	100.00	100.00
贵州	62.77	63.68	95.79	96.27
云南	63.47	63.77	96.86	96.40
长江上游	64.02	64.62	97.70	97.69

从表4-5中不难看出，长江上游地区产业一体化差异表现为：2007年，四川和重庆分列第一、第二位，高于平均水平，而云南和贵州处于第三、四位；2010年，四川、重庆仍保持第一、第二位，高于平均水平，云南和贵州分列第三到四位，低于平均水平。2007年得分最高的四川和得分最低的贵州之间相差2.76分，2010年这个数字缩小到2.47分。可见长江上游地区四省市产业发展一体化程度差距缩小了，同时，长江上游的平均得分略微上升，由64.02增加到64.62。但四省市的产业发展水平都很低（只有满分的60%多），因此是一种低水平的产业一体化。表4-4中的综合评价得分通过直观图（图4-3）可以看出。

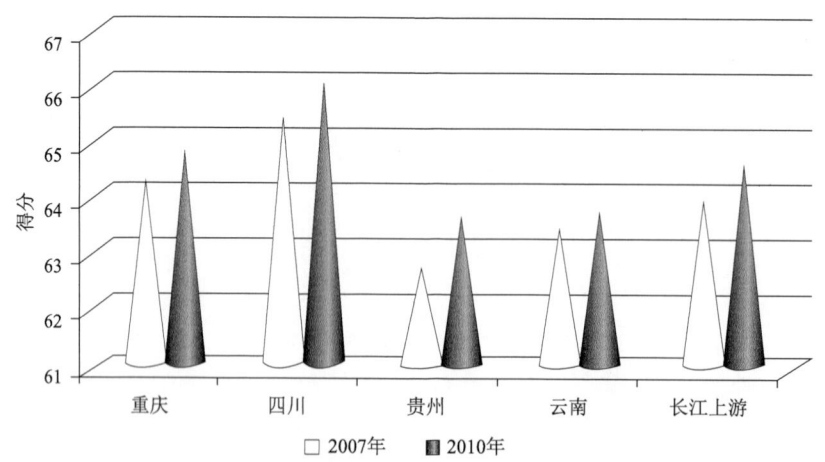

图4-3 长江上游地区产业一体化综合评价得分直观图

（四）长江上游地区城乡一体化程度分析

根据功效系数线性综合法，并运用同市场一体化综合评价一样的运算方法，计算分析得到长江上游各省市城乡一体化综合指标（表4-6）。

表4-6　长江上游地区城乡一体化综合评价得分

地区	得分		差异率/%	
	2007年	2010年	2007年	2010年
重庆	69.12	69.84	97.96	98.88
四川	70.56	70.63	100.00	100.00
贵州	60.58	61.94	85.86	87.70
云南	65.96	65.04	93.48	92.09
长江上游	66.55	66.86	94.32	94.66

从表4-6中的长江上游各地区城乡一体化综合评分情况不难看出：2007年，重庆和四川得分分列前两位，高于平均水平，而云南和贵州的得分分列后两位，低于平均水平；2010年，四川依然高居榜首，70.63分，而重庆以69.84分紧随四川之后，二者均高于平均水平。虽然长江上游地区城乡一体化程度的极差也由9.98分下降到8.69分，但这是一种低水平的一体化，要实现高水平的城乡一体化，任务依然艰巨。表4-6中的综合评价得分通过直观图（图4-4）可以看出。

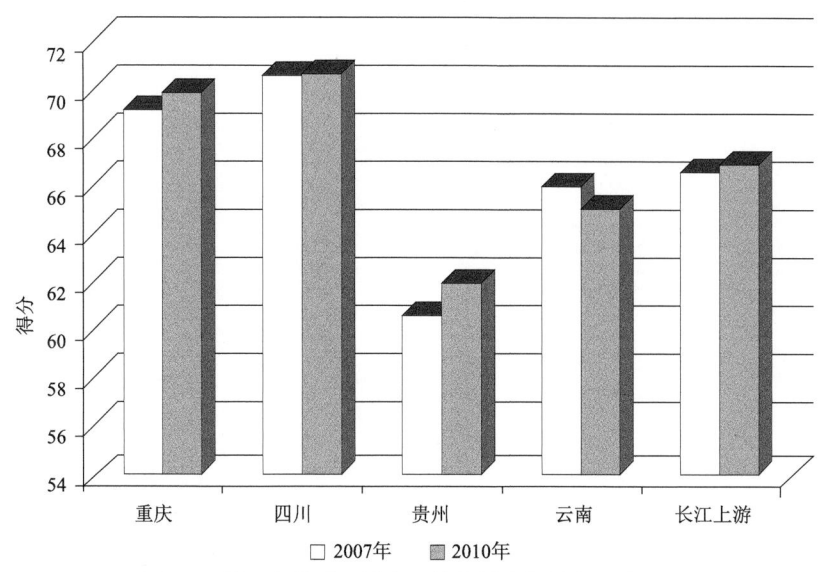

图4-4　长江上游地区城乡一体化综合评价得分直观图

(五)长江上游地区高技术一体化程度分析

根据功效系数线性综合法,并运用同市场一体化综合评价一样的运算方法,计算分析得到长江上游各省市高技术一体化综合指标(表4-7)。

表4-7 长江上游地区高技术一体化综合评价得分

地区	得分		差异率/%	
	2007年	2010年	2007年	2010年
重庆	67.18	62.66	100.00	92.00
四川	66.60	68.11	99.14	100.00
贵州	64.17	62.49	95.52	91.75
云南	62.37	61.23	92.84	89.90
长江上游	65.08	63.62	96.87	93.41

从表4-7中的长江上游各地区高技术一体化综合评分情况不难看出:2007年,得分最高的是重庆的67.18分,其次是四川的66.60分,两者大于平均水平,而贵州和云南以低于平均水平的得分分列第三、四位。2010年,四川得分上升到第一位,高于平均水平,而重庆、云南和贵州低于平均水平。极差略有扩大,由2007年的4.81分上升到2010年的6.88分。由此可见,长江上游地区四省市的高技术水平差距略有扩大,同时都处于很低水平(离满分100相差很远)。表4-7中的综合评价得分通过直观图(图4-5)可以看出。

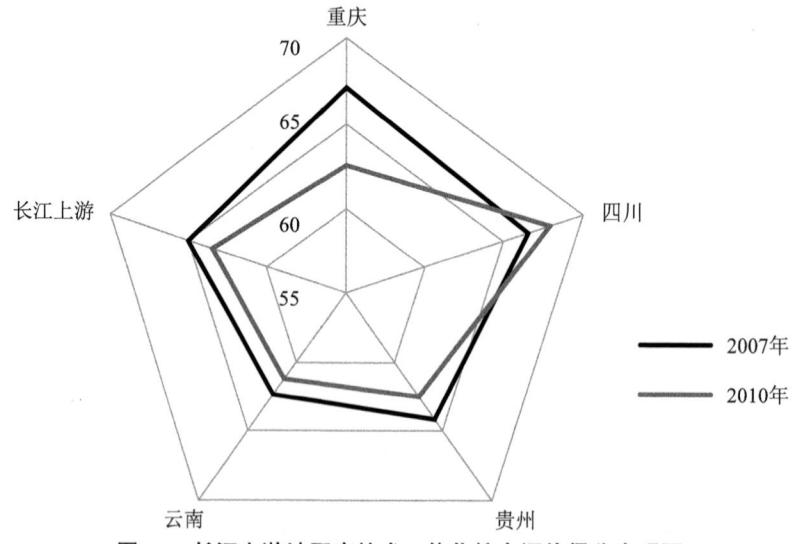

图4-5 长江上游地区高技术一体化综合评价得分直观图

(六) 长江上游地区交通设施一体化程度分析

根据功效系数线性综合法，并运用同市场一体化综合评价一样的运算方法，计算分析得到长江上游各省市交通设施一体化综合指标（表4-8）。

表4-8 长江上游地区交通设施一体化综合评价得分

地区	得分 2007年	得分 2010年	差异率/% 2007年	差异率/% 2010年
重庆	65.19	65.15	97.40	96.24
四川	66.93	67.69	100.00	100.00
贵州	62.66	62.94	93.62	92.99
云南	65.61	66.00	98.03	97.51
长江上游	65.10	65.45	97.26	96.68

从表4-8中的长江上游地区交通设施一体化综合评分情况不难看出：2007年四川、云南、重庆高于长江上游地区的平均水平，而贵州低于平均水平。四川的交通设施一体化程度位于第一位，得分66.93；其次云南，得分65.61；第三是重庆，得分65.19；贵州位于最后一位，得分62.66。2010年，四川依然领跑，云南以66.00分位列第二。重庆和贵州分列第三、四位，均低于平均水平。极差由4.27分上升到4.75分，略上升了0.48，均值略微上升了0.35分。从得分中可知，长江上游地区四省市中，除贵州省外，其他三省的交通设施水平相差不大，但都处于很低水平（离满分100相差很远），是一种低水平的一体化。表4-8中的综合评价得分通过直观图（图4-6）可以看出。

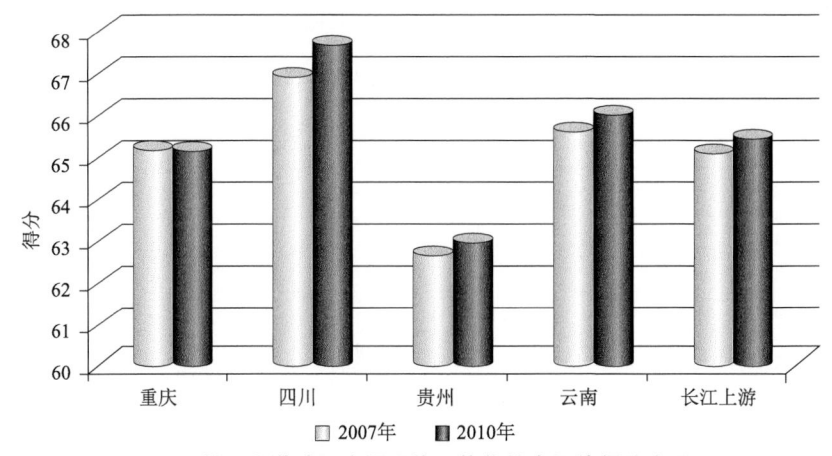

图4-6 长江上游地区交通设施一体化综合评价得分直观图

三、长江上游地区经济一体化程度综合指标分析

根据功效系数线性综合法，把市场一体化、生态环境一体化、产业一体化、城乡一体化、高技术一体化和交通设施一体化所对应的一级指标（表4-3～表4-8）和权数（表4-2）代入式（4-3）进行运算，得到长江上游地区经济一体化综合指标（表4-9）。

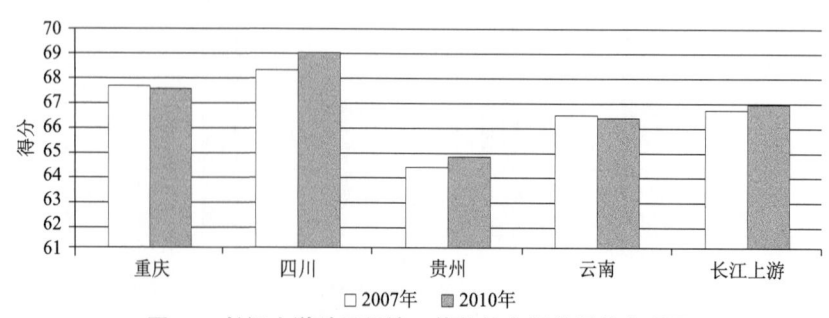

表4-9 长江上游地区经济一体化综合评价得分

地区	得分 2007年	得分 2010年	差异率/% 2007年	差异率/% 2010年
重庆	67.66	67.58	99.03	97.90
四川	68.32	69.03	100.00	100.00
贵州	64.32	64.74	94.15	93.79
云南	66.47	66.36	97.29	96.13
长江上游	66.68	66.92	97.60	96.94

从表4-9中不难看出：2007年，四川以68.32分高居榜首，紧随其后的是重庆的67.66分，云南的66.47分和贵州的64.32分，其中云南和贵州得分低于长江上游平均得分66.68分。2010年，综合评价得分的排序并没有发生变化。四川以69.03分略高于重庆的67.58分，云南得分66.36分，贵州得分64.74分。极差由2007年的4分略微上升到2010年的4.3分。可以看出，在整个经济一体化过程中，四川以微弱的优势处于领先地位，重庆位列第二，贵州在长江上游地区处于弱势地位。且长江上游地区经济一体化综合水平相差不大，但都处于很低水平（离满分100相差很远），因此长江上游地区经济发展总体上存在着一体化趋势，但这种经济一体化是低水平的一体化。表4-9中的综合评价得分通过直观图（图4-7）可以看出。

图4-7 长江上游地区经济一体化综合评价得分直观图

第三节 长江上游地区经济一体化程度横向对比分析[①]

一、长江上游地区经济一体化二级指标横向对比分析

（一）市场一体化二级指标

从市场一体化指标来看，长三角地区处于绝对优势，西部地区处于明显的落后状况。东部地区、中部地区和西部地区之间存在数量级差异。在每一个指标上，都大致形成了长三角地区、东部地区、中部地区、长江上游地区和西部地区的高低顺序。并且，长三角地区和东部地区的指标数量往往是中部地区、长江上游地区及西部地区的数倍以上。例如，在人均消费额指标上，长三角地区为每人 20 821.63 元，这个数字是东部地区的 1.17 倍，是中部地区的 2.19 倍，是长江上游地区的 2.93 倍，是西部地区的 2.83 倍。差距更大的在市场密度指标上，长三角地区为 3969.18 万元 /km^2，是东部地区的 2.03 倍，是中部地区的 15 倍，是长江上游地区的 24.5 倍，是西部地区的 44.1 倍，见表 4-10。

表4-10　2010年中国市场一体化横向对比数据分析表

地区	人均社会消费品零售额/(元/人)	市场密度/(万元/km^2)	经济外向度/(万美元/亿元)	进出口总额/万美元	实际利用外资/亿美元	人均技术市场交易额/元
东部地区	17 742.31	1 954.27	1 072.45	24 421 478.77	122.01	538.80
中部地区	9 487.11	262.33	151.46	1 990 617.31	42.54	75.08
西部地区	7 364.24	89.95	157.71	1 069 885.56	18.31	96.06
长三角地区	20 821.62	3 969.18	1 260.85	36 276 142.23	168.76	474.52
长江上游地区	7 109.75	162.27	167.03	1 542 446.48	37.52	80.37

资料来源：国家统计局，2011
注：区域经济总量指标使用总量平均值来代替

[①] 本节就经济一体化指标将长江上游地区与东部地区、中部地区、西部地区、长三角地区进行横向对比分析。东部地区、中部地区包括长三角地区，西部地区包括长江上游地区。也就是说，长三角地区、长江上游地区与东部地区、中部地区、西部地区不是简单的并列关系，而是隶属关系。但是，为了在更广泛的层面突出长江上游地区发展方向，特选取东部地区、中部地区、西部地区、长三角地区与其进行横向对比，本节在图表文中将长江上游地区与东部地区、中部地区、西部地区、长三角地区一并列出。

（二）生态环境一体化二级指标

在生态环境一体化指标体系中，长江上游地区、东部地区及中部地区的森林覆盖率均大于30%，处于领先水平。在人均绿地面积方面，长三角地区和东部地区分别以31.90m² 和27.20 m² 高居榜首，西部地区、中部地区和长江上游地区紧随其后，均在10m²左右。在每平方千米二氧化硫含量方面，长三角地区高达24.46t/km²，远远高于其他地区，紧随其后的是东部地区的12.22t/km²、长江上游地区4.73t/km²、中部地区4.17t/km² 和西部地区2.85t/km²。各地区的自来水普及率都在90%以上，其中东部地区最高，达到99.78%，最低的是长江上游地区也达到了93.86%，见表4-11。

表4-11　2010年中国生态环境一体化横向对比数据分析表

地区	人口密度/(人/km²)	森林覆盖率/%	人均绿地面积/m²	每平方千米二氧化硫含量/(t/km²)	自来水普及率/%
东部地区	515.85	32.36	27.20	12.22	98.51
中部地区	253.24	34.49	10.79	4.17	94.07
西部地区	52.50	24.92	11.29	2.85	95.31
长三角地区	741.13	25.77	31.90	24.46	99.78
长江上游地区	169.28	37.07	9.10	4.73	93.86

资料来源：国家统计局, 2011
注：区域经济总量指标使用总量平均值来代替

（三）产业一体化二级指标

在产业一体化指标体系中，除了人均GDP指标，其他指标都出现长三角地区、东部地区、中部地区、长江上游地区、西部地区的排位次序。在人均GDP、经济密度、财政收入和投资密度等四项指标上存在很大的数量差异。例如，在人均GDP方面，长三角地区为60 208.5元，这个数值是长江上游地区的3.1倍，是东部地区的1.2倍，是中部地区的2.4倍，是西部地区的2.6倍，西部地区略高于长江上游地区。

长江上游地区人均GDP、经济密度、财政收入密度、投资密度、GDP、财政收入等各项指标数值分别相当于长三角地区相应指标数值的32.24%、3.92%、2.91%、9.14%、32.10%、30.74%，相距甚远。在第三产业增加值占GDP比重这项指标中，长三角地区高于长江上游7.7个百分点，见表4-12。

表4-12　2010年中国产业一体化横向对比数据分析表

地区	人均GDP/元	经济密度/(万元/km²)	第三产业增加值占GDP比重/%	财政收入密度/(万元/km²)	投资密度/(万元/km²)	GDP/亿元	财政收入/亿元
东部地区	50 025.8	5 417.33	45.71	757.98	2 326.89	22 771.6	2 273.66
中部地区	25 521.3	716.36	35.41	53.51	539.05	13 143.2	966.17
西部地区	23 482.4	263.90	38.93	27.10	207.74	6 784.04	656.12
长三角地区	60 208.5	11 278.82	47.40	1 728.78	3 844.53	28 771.26	3 187.30
长江上游地区	19 412.3	442.49	39.70	50.29	351.47	9 234.35	979.67

资料来源：国家统计局，2011

注：区域经济总量指标使用总量平均值来代替

（四）城乡一体化二级指标

在城乡一体化指标体系中，城镇居民人均可支配收入指标从高到低符合长三角地区、东部地区、长江上游地区、中部地区和西部地区的排序，农村居民人均纯收入指标从高到低符合长三角地区、东部地区、中部地区、长江上游地区和西部地区的排序。在城镇人口比例指标中，西部地区的数据略优于长江上游地区的数据。在城乡收入差率指标及城乡支出差率指标中，长江上游地区的数据略优于西部地区的数据。

在城镇居民人均可支配收入指标方面，长江上游地区仅占长三角地区的57.71%。在农村居民人均纯收入指标方面，长江上游地区仅占长三角地区的38.78%。在城镇人口比例中，长江上游地区比长三角地区低28.82个百分点。在城乡收入差率和城乡支出差率中，长江上游地区都比长三角地区高1.23，见表4-13。

表4-13　2010年中国城乡一体化横向对比数据分析表

地区	城镇居民人均可支配收入/元	农村居民人均纯收入/元	城镇人口比例/%	城乡收入差率/%	城乡支出差率/%
东部地区	22 789.90	8 925.87	61.88	1.63	1.69
中部地区	15 592.41	5 654.51	45.88	1.78	1.75
西部地区	15 389.20	4 392.42	39.56	2.55	2.21
长三角地区	27 380.45	11 466.25	67.37	1.40	1.16
长江上游地区	15 800.22	4 446.88	38.55	2.63	2.39

资料来源：国家统计局，2011

注：区域经济总量指标使用总量平均值来代替

（五）高技术一体化二级指标

在高技术一体化指标体系中，各个地区的排序存在略微变化。在高技术增加值密度指标中，长三角地区以2646.58万元/km²遥遥领先，紧随其后的是东部地区、中部地区、长江上游地区及西部地区；具有同样排序的还有高技术产业投资额指标和高技术增加值指标。在高技术增加值占工业增加值比重指标中，东部地区领跑，远远高于其他地区。中部地区超过东部地区而位列第二，紧随其后的是东部地区、长江上游地区和西部地区。在高技术产业投资交付使用率指标中，各个地区比较接近，最高的西部地区为65.17%，最低的长江上游地区为49.68%，仅有大约15%的差距。

在高技术增加值密度、高技术产业投资额、高技术增加值中，长江上游地区占长三角地区的比例分别为8.22%、25.47%、9.16%。在高技术增加值占工业增加值比重方面，长江上游地区比长三角地区高出5.14个百分点；在高技术产业投资交付使用率方面，长江上游地区却低于长三角地区9.9个百分点。各个指标见表4-14。

表4-14　2010年中国高技术一体化横向对比数据分析表

地区	高技术增加值密度/（亿元/km²）	高技术增加值占工业增加值比重/%	高技术产业投资交付使用率/%	高技术产业投资额/亿元	高技术增加值/亿元
东部地区	1 041.20	29.12	52.52	354.76	3 568.62
中部地区	28.02	6.95	58.46	264.38	505.06
西部地区	10.86	5.73	65.17	77.28	255.57
长三角地区	2 646.58	3.97	59.58	569.73	5 495.62
长江上游地区	21.76	9.11	49.68	145.11	503.17

资料来源：国家统计局，2011
注：区域经济总量指标使用总量平均值来代替

（六）交通设施一体化二级指标

在交通设施一体化指标体系中，货运周转量、客运周转量、人均邮电业务量和人均道路面积、每百户机动车拥有量不满足"印象等次"，即长三角地区、东部地区、中部地区、长江上游地区、西部地区。只有物流密度满足"印象等次"。

在货运周转量方面，长江上游地区的数量仅是长三角的13.7%。在客运周转量方面，长三角地区、东部地区和中部地区相差无几。西部地区的数量仅是东部地区的一半左右。在物流密度上方面，长三角地区的优势非常明显，是东部地区的 2.6 倍，是长江上游地区的 113.8 倍。在人均邮电业务量方面，长江上游地区的数量是长三角地区的 42.31%。在人均道路面积上，长江上游地区比长三角地区少 4.31km²。在每百户机动车拥有量上，长江上游地区仅是长三角地区的一半左右，见表 4-15。

表4-15　2010年中国交通设施一体化横向对比数据分析表

地区	货运周转量/（亿t/km）	客运周转量/亿人/km	物流密度/（万t/km·km²）	人均邮电业务量/元	人均道路面积/m²	每百户机动车拥有量/辆
东部地区	7 380.23	929.26	3 922.78	3 525.93	13.85	17.94
中部地区	3 630.97	998.70	212.76	1 783.52	12.51	6.56
西部地区	1 690.04	470.32	68.70	1 998.59	12.40	9.34
长三角地区	10 541.60	993.76	10 361.09	4 118.81	14.00	19.00
长江上游地区	1 444.18	610.68	91.08	1 742.85	9.69	9.86

资料来源：国家统计局，2011
注：区域经济总量指标使用总量平均值来代替

二、长江上游地区经济一体化一级指标横向对比分析

（一）长江上游地区市场一体化程度横向对比分析

根据功效系数的线性综合法，从各大区域的市场一体化程度的综合评价结果看，长三角地区市场一体化综合评价得分最高，达到 79.97 分，长三角地区已经表现为中国各大区域市场一体化发展程度最高地区，紧随其后的是东部地区、中部地区、长江上游地区及西部地区。然而，长江上游地区得分仅高于西部地区 0.5 分，比长三角地区低 17.28 分，差距明显，见表 4-16 和图 4-8。

表4-16　2010年中国各大区域市场一体化综合评价得分比较分析表

地区	综合评价得分	地区	综合评价得分
东部地区	74.84	长三角地区	79.97
中部地区	63.80	长江上游地区	62.69
西部地区	62.19		

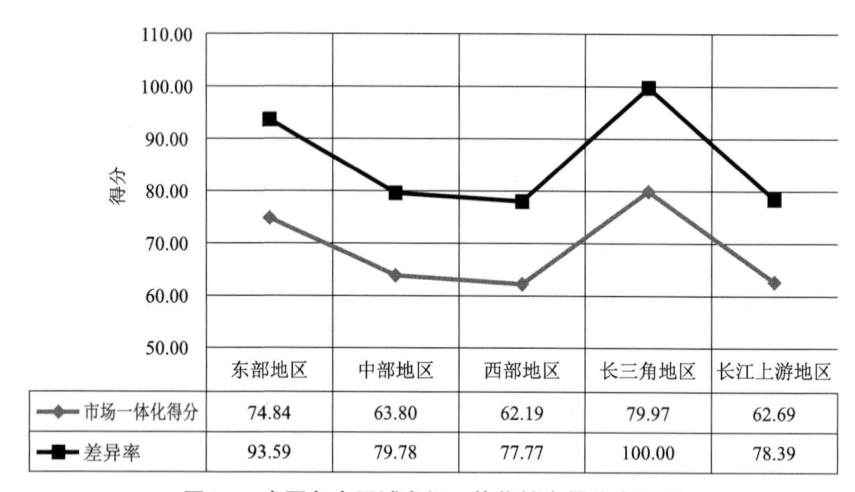

图4-8 中国各大区域市场一体化综合得分直观图

	东部地区	中部地区	西部地区	长三角地区	长江上游地区
市场一体化得分	74.84	63.80	62.19	79.97	62.69
差异率	93.59	79.78	77.77	100.00	78.39

（二）长江上游地区生态环境一体化程度横向对比分析

根据功效系数的线性综合法，从生态环境一体化程度的综合评价结果看，各大区域的生态环境一体化得分相差不大。东部地区最高，81.24分，紧随其后的是长三角地区的79.41分、中部地区的78.59分、长江上游地区的78.29分，以及西部地区的77.62分，见表4-17和图4-9。

表4-17 2010年中国各大区域生态环境一体化综合评价得分比较分析表

地区	综合评价得分	地区	综合评价得分
东部地区	81.24	长三角地区	79.41
中部地区	78.59	长江上游地区	78.29
西部地区	77.62		

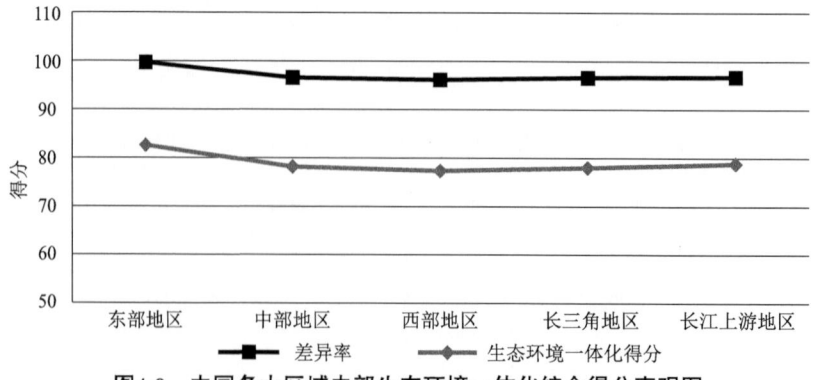

图4-9 中国各大区域内部生态环境一体化综合得分直观图

（三）长江上游地区产业一体化程度横向对比分析

根据功效系数的线性综合法，从产业一体化程度的综合评价结果看，长三角地区以 80.78 分遥遥领先，东部地区、中部地区、长江上游地区及西部地区分别以 74.13 分、65.26 分、64.62 分和 63.71 分紧随其后。同时也可以看出，长江上游地区仅比西部地区高 0.91 分，优势并不明显。长江上游地区比得分最高的长三角地区低 16.16 分，存在较大差距，见表 4-18 和图 4-10。

表4-18 2010年中国各大区域产业一体化综合评价得分比较分析表

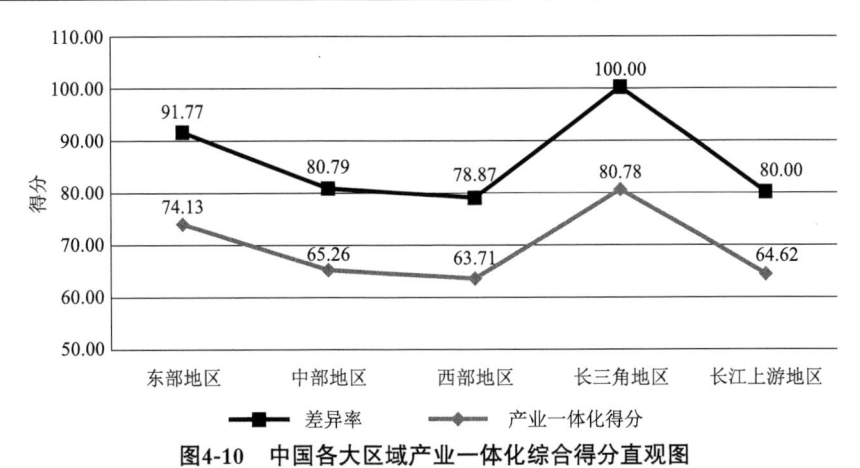

地区	综合评价得分	地区	综合评价得分
东部地区	74.13	长三角地区	80.78
中部地区	65.26	长江上游地区	64.62
西部地区	63.71		

图4-10 中国各大区域产业一体化综合得分直观图

（四）长江上游地区城乡一体化程度横向对比分析

根据功效系数的线性综合法，中国各大区域在城乡一体化综合得分方面的排序基本满足"印象等次"：长三角地区以 91.78 分领跑，紧随其后的有东部地区的 83.58 分，中部地区的 74.44 分。西部地区的得分略高于长江上游地区，见表 4-19 和图 4-11。

表4-19 2010年中国各大区域城乡一体化综合评价得分比较分析表

地区	综合评价得分	地区	综合评价得分
东部地区	83.58	长三角地区	91.78
中部地区	74.44	长江上游地区	66.86
西部地区	67.81		

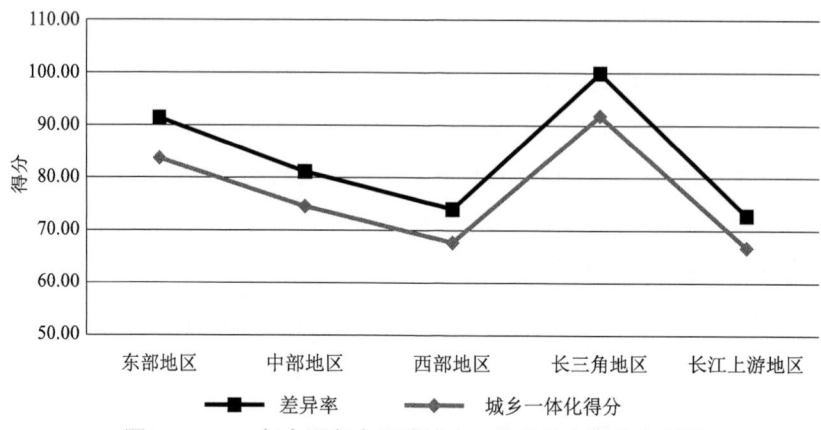

图4-11 2010年中国各大区域城乡一体化综合得分直观图

（五）长江上游地区高技术一体化程度横向对比分析

根据功效系数的线性综合法，据中国各大区域高技术一体化的综合评价结果显示，长三角地区得分和东部地区得分居第一和第二，分别为78.30分和72.11分，中部地区、长江上游地区和西部地区三者得分接近。长江上游地区得分比长三角地区低14.68分，说明长江上游地区还有很大的追赶空间，见表4-20和图4-12。

表4-20 2010年中国各大区域高技术一体化综合评价得分比较分析表

地区	综合评价得分	地区	综合评价得分
东部地区	72.11	长三角地区	78.30
中部地区	64.00	长江上游地区	63.62
西部地区	63.00		

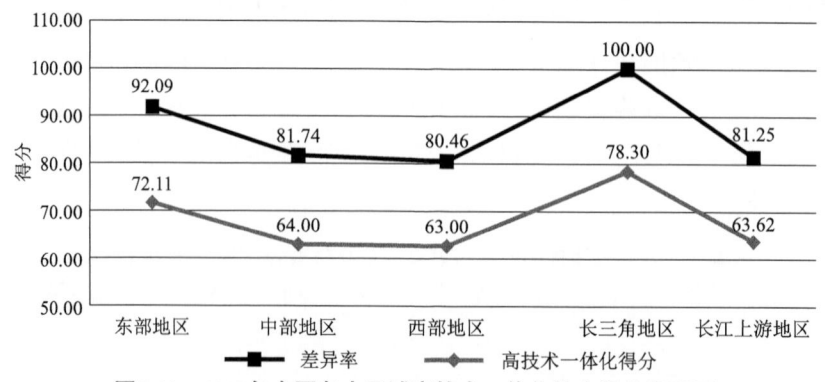

图4-12 2010年中国各大区域高技术一体化综合得分直观图

（六）长江上游地区交通设施一体化程度横向对比分析

根据功效系数的线性综合法，中国各大区域交通设施一体化综合评价分析表明，长江上游地区得分较低，中部地区居中，东部地区和长三角地区较高，西部地区的交通设施一体化水平高于长江上游地区的水平，长江上游地区得分大约是长三角地区的 2/3。长三角地区以 79.17 分位居榜首，紧随其后的是东部地区、中部地区和西部地区，得分分别为 74.70 分、68.18 分和 66.38 分。长江上游地区得分最低，仅 65.45 分，比长三角地区低了 13.72 分，见表 4-21 和图 4-13。

表4-21　2010年中国各大区域交通设施一体化综合评价得分比较分析表

地区	综合评价得分	地区	综合评价得分
东部地区	74.70	长三角地区	79.17
中部地区	68.18	长江上游地区	65.45
西部地区	66.38		

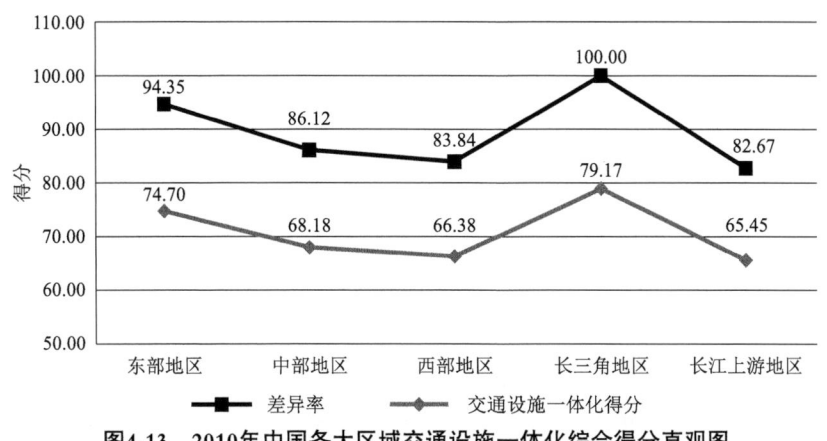

图4-13　2010年中国各大区域交通设施一体化综合得分直观图

三、长江上游地区经济一体化综合水平横向对比分析

根据上述介绍的功效系数线性综合法，把上述六个一级指标与对应权数代入式（4-3），得到表 4-22 中的各地区综合评价得分。从中不难看出，长江上游地区经济一体化综合评价得分 66.92 分，仅仅高于西部地区的 66.79 分。与长三角地区的 81.57 分相比较，低了 14.65 分。可见长三角地区明显优于其他各个大区域。长江上游地区和西部地区的经济一体化整体水平还相当落后。具体情况见表 4-22 和图 4-14。

表4-22 2010年中国各大区域经济一体化综合评价得分比较分析表

地区	综合评价得分	地区	综合评价得分
东部地区	76.77	长三角地区	81.57
中部地区	69.04	长江上游地区	66.92
西部地区	66.79		

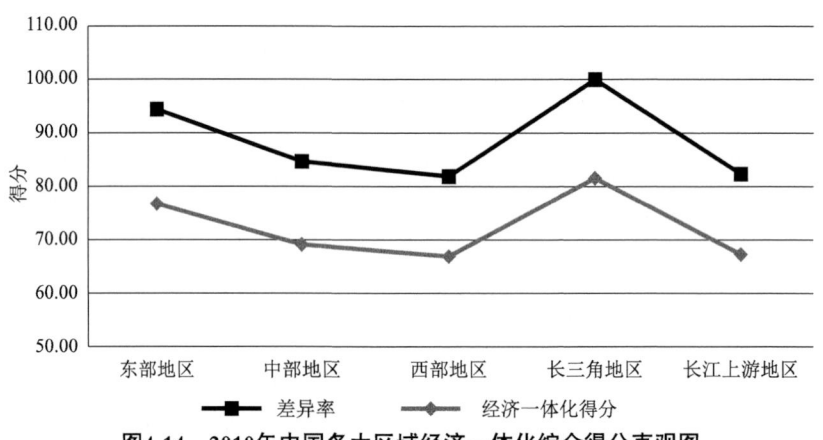

图4-14 2010年中国各大区域经济一体化综合得分直观图

四、定量分析小结

上文运用功效系数线性综合法，定量分析了长江上游地区四省市与东部地区、中部地区、西部地区、长三角地区的市场一体化、生态环境一体化、产业一体化、城乡一体化、高技术一体化和交通设施一体化，同时也分析了长江上游地区经济一体化综合状况。从长江上游地区四省市的定量分析可知：①无论是2007年，还是2010年，市场一体化的得分排序均为重庆最高，紧随其后的是四川、云南和贵州。长江上游地区各省市的市场一体化程度差异不大，市场化程度都很低，是一种低水平的市场一体化。造成这种低水平市场一体化的原因，就在于第三章所说的，国内贸易、对外经济、产品市场、资本市场和技术市场均处于封闭分割状态。②长江上游地区各省市之间的生态环境差距较大，云南始终领跑，贵州得分始终最低，2007年四川得分位列第二，2010年下降到了第三位，重庆位次上升。并且极差由2007年的4.7分下降到3.55。一般说来，这是由于长江上游地区地势险峻，人口稠密，重工业偏重，土地石漠化严重等因素，导致长江上游地区四省市不同程度地存在着环境污染和生态破坏，因此生态环境一体化任务十分艰巨。然而，形成当前生态环境一体化艰难的根本原因

第四章 长江上游地区经济一体化程度定量评价

在于影响四省市生态环境因素各不相同。成渝地区主要是工业污染、生态污染和河流污染问题，三峡库区及川西平原以外的地区主要是地质灾害频繁和水土流失问题，贵州省主要是石漠化和生态脆弱问题，云南省主要是开发过程中的生态破坏和土地资源锐减问题。③长江上游地区各省市之间的产业一体化差距始终较小，2007年和2010年均是四川最高，重庆其次，云南第三，贵州最低。2007年得分最高的四川和得分最低的贵州之间相差2.76分，2010年这个数字缩小到2.47分。但四省市的产业发展水平都很低，长江上游地区产业一体化是一种低水平的一体化。形成低水平产业一体化的根本原因在于，长江上游地区各省市之间的产业分离发展，省市间各自为政，产业功能相似和产业同构，从而导致恶性竞争。④2007年和2010年长江上游地区各省市城乡一体化程度排序始终为四川、重庆、云南、贵州。四川和重庆的之差在2007年仅为1.44分，2010年仅为0.79分，得分非常接近。云南和贵州的得分比较接近，但它们与重庆、四川的得分相差5分左右。因此长江上游地区城乡一体化任务较为艰巨。其原因在于，长江上游地区四省市存在过分偏重城市发展的现象，四省市之间城市化水平发展不平衡、发展差异大，导致四省市之间的城乡发展差距较大。城镇化率较高的重庆和成都平原却存在着城镇体系等级分布严重不合理状况，而云南省和贵州省少数民族聚集地很多，贫困程度较深。⑤长江上游地区各省市之间的高技术一体化程度表现为：2007年重庆最高，其次是四川，第三是贵州，最后是云南。2010年四川得分超过重庆成为第一。贵州和云南的排序不变。长江上游地区四省市的高技术水平相差不大，且都处于很低水平。因此目前四省市的高技术发展正处于低水平一体化阶段；⑥长江上游地区各省市之间的交通设施一体化程度表现为：2007年，四川、重庆和贵州三地的得分高于长江上游地区平均水平，贵州得分低于平均水平。四川、重庆和云南的分数比较接近。到2010年，四川和云南分居前两位，高于长江上游地区的平均水平，而重庆和贵州都低于平均水平，贵州刚刚超过60分水平，可见其交通设施基础太差。除贵州以外，其他三省市的交通设施水平相差不大，贵州得分远低于前三者得分。存在基础设施低水平一体化现象。总体来看，长江上游地区综合发展程度相差不大，经济发展总体上存在着一体化趋势，但这种经济一体化是低水平的一体化。

从长江上游地区经济一体化一级指标体系横向对比分析来看：各地区之间的市场一体化差距十分明显，长江上游地区得分比长三角地区得分低17.28分，比东部地区低12.15分，比中部地区低1.11分，仅弱高于西部地区。各地区之间的生态环境一体化虽然表现出长江上游地区略高于西部地区，低于中部地区、长三角地区和东部地区的顺序，但差距没有市场一体化程度大，得分最高的东部地区为 81.24 分，得分最低的西部地区为 77.62 分，这个极差仅为 3.62 分。各地区之间的产业一体化差异较大，长江上游地区的 64.62 分低于中部地区的 65.26 分、东部地区的 74.13 分和长三角地区的 80.78 分。各地区之间的城乡一体化程度：长三角地区和东部地区较高；中部地区处于中等水平；西部地区和长江上游地区得分较为接近，两者都比较低。各地区之间的高技术一体化：除长三角地区的 78.30 分和东部地区的 72.11 分较高以外，其余的中部地区、西部地区和长江上游地区都很低。各地区之间的交通设施一体化程度表现为，长江上游地区最低，西部地区次之，中部地区居中，东部地区和长三角地区较高。然而，如果从长江上游地区经济一体化程度综合评价得分来看，长江上游地区的 66.92 分与西部地区的 66.79 分基本齐平，都处于较低的一体化水平；中部地区稍高，东部地区和长三角地区较高。可见长江上游地区经济一体化与中部地区、东部地区尤其是长三角地区存在着较大的差距。通过横向对比，我们也能看出，长江上游地区发展的空间还很大，能够为国家宏观经济发展做出更大贡献。

值得指出的是，本章所使用的功效系数线性综合法虽然与我国当前区域经济一体化评价对象的复杂性相适应，能够较为合理评价我国目前区域经济一体化程度，但是功效系数法也存在一些不足。①单项得分的两个评价标准——满意值和不容许值的确定难度大，不容易操作，理论上就没有明确的满意值和不容许值。实际操作中一般进行如下处理，要么以历史上最优值、最差值来分别替代满意值和不容许值；要么在评价总体中分别取最优、最差的若干项数据的平均数来分别替代满意值和不容许值。但是不同的对比标准得到的单项评价值不同，影响综合评价结果的稳定性和客观性。②若取最优、最差的若干项数据的平均数作为满意值和不容许值，最优或最差的数据项多少为宜，没有一个适当的标准。数据项数若取少了，评价值容易受极端值的影响，满意值与不容许值的差距很大，致使中间大多数评价值的差距不明显，即该评价指标的区分度很弱，几乎失去了评价的作用，只对少数指标数值处于极端水平的单位有意义。若平均项数取多了，满意值与不容许值的差距缩小，单项评价值的变化范围很大而且没有统一的取值范围，优于满意值和差于不容许值的单位就多，即评价值超出 (60,100) 范围的单位就多。

第五章
国内外区域经济一体化案例及启示

区域经济一体化是经济发展过程中不可逆转的一个重要趋势。加强区域合作和区域经济一体化,依靠地区优势提高国际竞争力,可使参与经济全球化的国家在更大范围的国际分工与贸易中获利。当前,全球区域经济一体化组织达100多个,这些一体化组织形态、模式各异,层次不同,规模不同,遍及全球各大洲。从全球角度来看,几乎每一个洲或每一个重要的国际区域,都存在着国际区域经济一体化的有益探索和成功经验。考虑到长江上游地区是一个跨省市范围并具有流域特性的经济一体化地区,因此本章不选择欧盟、北美自由贸易区及亚太经合组织等跨洲或跨国界的案例,而是选择与长江上游地区更具有共性的美国田纳西河流域、波士华地区及日本东京湾地区等国外区域经济一体化的实证材料为案例,还有国内的长三角、珠三角、京津冀等国内区域经济一体化的实证材料为案例,通过分析这些地区区域经济一体化过程中的经验及教训,找出适合长江上游地区经济一体化发展的途径。

第一节 国内外区域经济一体化案例

一、国外区域经济一体化案例

(一)田纳西河流域经济一体化

美国是世界上流域管理较为成功的国家之一。其中,田纳西河的流域管理作为依法保证流域水资源开发和保护的成功典范,更是被各国争相效仿。

田纳西河位于美国东南部,是美国第五大河流,长约1450km,水力资源丰富。田纳西河流域面积大约10.6万km², 地跨弗吉尼亚、北卡罗来纳、佐治亚、亚拉巴马、密西西比、田纳西和肯塔基7个州，主要部分在田纳西州（徐德辉，2005）。

1. 田纳西河流域经济一体化发展历史

田纳西河流域的开发始于20世纪30年代。当时的田纳西流域由于长期缺乏治理，交通闭塞，自然环境恶化，疾病流行，是美国最贫穷落后的地区之一，年人均收入仅100多美元，约为全国平均值的45%。当时的美国正发生严重的经济危机，美国新任总统罗斯福为摆脱经济危机的困境，决定实施"新政"。"新政"为扩大内需开展的公共基础设施建设，推动了美国历史上大规模的流域开发，田纳西流域被当作一个试点，即试图通过一种独特的管理新模式，对流域内的自然资源进行综合开发，以振兴和促进区域经济发展。

田纳西河流域涉及美国7个州，要治理这一流域单靠某一个州或是某个私人垄断组织，无论在财力、物力和人力上都是难以实现的，只有依靠联邦政府的力量才行。为此，1933年美国国会通过了"田纳西流域管理局法"，成立田纳西流域管理局(TVA)。TVA成立时，美国总统罗斯福向国会提出，TVA为一个充分享有政府权力的机构。据此，TVA被确定为联邦政府一级机构，行政上不受沿流域各州政府的管理，并赋予对该流域的所有资源开发利用及统一管理的权力，具体包括水力发电、水利工程、航运、农业、防洪、保护生态环境6个方面统一开发与管理。这就使田纳西流域实现了自然资源的统一管理，为田纳西流域的有序开发奠定了体制基础，保证了田纳西流域的开发和治理的高度统一与长期稳定（黄贤全，2002）。

第二次世界大战期间，美国需要大量的铝，用以制造飞机和炸弹，而铝厂需要大量的电力。以此为契机，TVA大力发展水利，实施了美国有史以来最大的水电建造计划之一，该计划在1942年达到顶峰，同时有12个水电和一个火电项目在建，设计和施工队伍达到28 000人。第二次世界大战结束，TVA完成了田纳西河1050km航道改造，并成为美国最大的电力提供商。此后为了满足更大量的电力需求，TVA又大力发展火电和部分发展核电。电力事业的建设大大促进了田纳西河流域经济的发展，到20世纪60年代，该区域的农场、森林都比前期好得多，电费价格也是最低的（李颖，陈林生，2003）。

经过70多年的发展，TVA已经发展成美国最大的公共电力公司。作为一个区域发展机构，TVA提供低成本的、可靠的电力支持一个兴旺的流域，促进

第五章　国内外区域经济一体化案例及启示

流域经济的可持续发展。TVA 除拥有多个火电、原子能和水电等电厂外，现在还开始利用可再生资源来制造能源。TVA 不仅发电，还发展当地工业和农业。TVA 通过生产肥料、教授农民如何改进谷物生产；帮助重新种植森林、控制森林火灾，改善野生动物和鱼类的生存环境。

电力的发展给该地区带来了工业，也带来了工作机会。充足而廉价的电力吸引了大量的炼铝工业、化学工业、原子能工业等高耗能工业沿河布局，形成了一条"工业走廊"。而高效化肥工业的发展又为农业发展提供了优越的条件。把一个以农为主的田纳西建设成为了以工业为主的集现代农业、林业全面发展的世界上最繁荣、最富饶的地区之一（张文合，1991）。

经过几十年的发展，田纳西流域的经济结构发生了根本的变化，确立适合流域特点的产业结构和空间布局。1933 年，流域内劳动力就业结构以农业为主，约占总就业人数的 62%，商业和服务业就业的比例是 17%，制造业仅 12%，其他为 9%；1984 年就业结构中，从事农业的比例大幅下降，仅为 5%，而商业和服务业达 45%，制造业上升到 27%，其他为 23%。就工业而言，20 世纪 30 年代和 40 年代的水能开发，提供了廉价的电力，吸引了大量的高耗能工业进入该地区。如化学工业、原子能工业和电解铝工业等。从 50 年代中期开始，流域内橡胶、纺织、金属加工、机械和运输设备等工业的发展居于突出地位。70 年代以来，流域地区工业发展仍集中于运输设备、金属加工、机械、电器、橡胶、造纸、服装、纺织、食品等制造业行业。这些工业主要集聚在沿田纳西河的河港城镇，形成沿田纳西河工业走廊。从产业结构的演变过程可以看出，农业的比例下降幅度最大，从业人员比例从 62% 下降到 5%。究其原因，主要是水利灌溉条件显著改善、化肥工业快速发展、农业机械化水平不断提高所致。工业内部结构充分体现了本区优势，如高耗能、耗水的冶金、化工工业就是建立在充足的电力和丰富的水源供应的基础之上，进而发展机械制造等行业。而且商业、旅游业发展亦非常迅速，因为随着本地区的逐步开发，经济日益繁荣，对外经济联系日趋活跃，商业越加发达。而田纳西河流域崎岖陡峭的山峰，优美别致的溪流，变化无穷的景色，温和适宜的气候，为流域发展旅游业提供了理想场所。同时，水库体系的建设产生了大规模的库滨地带，成为了旅游和休养娱乐的最佳发展场所,旅游业迅速成为该地区仅次于制造业的第二大产业。在产业布局中，注重城市和乡村的平衡发展。工业在沿河集中布局的同时,适当考虑到乡村布局，农民通过适当地从事非农生产，以增加收入，从而实现了农业和工业的协调发展。

2. 田纳西河流域各州分工

田纳西河流域地跨 7 个州，而每个州的经济发展都各有重点和特色，避免了各州之间产业雷同和恶性竞争，有利于相互的产业分工和经济互补。

田纳西州农田占地 1240 万 acre[①]，每年带来 20 亿美元收入，主要作物有烟草、棉花和大豆。全国 1/3 的棉花在孟菲斯棉花交易中心转手。田纳西州拥有 200 多家财富 500 强企业，工业主要有电力、食品加工、制造、造纸、塑料、汽车、电子产业。田纳西州拥有全美第二大内陆港口，位于孟菲斯的密西西比河上。

肯塔基州农业发达，主要农作物为烟草，产量仅次于北卡罗来纳州，列美国第二位。玉蜀黍、大豆及水果、牛奶产量亦多。肯塔基州烟煤产量在全美各州名列第二，年产量超过 12 000 万 t。此外，该州也出产石油及天然气。该州还有多家大型电力公司。南肯塔基的河港连接了其他 34 个州，并通过墨西哥湾与全球联系。

弗吉尼亚的经济是一个多元化综合均衡发展的、知识型高科技新型经济。弗吉尼亚拥有多所世界闻名的联邦政府科研机构，获得联邦政府的科研拨款居全美第 3 位，是全美高科技产业最发达、高科技企业最集中的州之一。其优势主要在计算机及数据处理服务、电子和其他电气设备的制造。该州主要产业有专业及商务服务业、对外贸易、高新科技产业。其中制造业最主要的门类有电子设备、工业机械及设备、造船、燃气轮机、汽车部件、飞机、航天器及部件、塑料、食品加工、印刷、林木产品及建材、化工、纺织及服装、集成电路等。弗吉尼亚州海陆空交通高度发达，拥有美国东部第二大集装箱港口和客运空港。

北卡罗来纳州以制造业和农业为主，旅游业也占重要地位。州内有丰富的自然资源。磷酸盐的储量在美国名列前茅。其他矿产资源主要有瓷土、云母、长石、花岗石、铜、石灰石、大理石、橄榄石、滑石、沙、砾石、页岩等。同时林业和渔业也是其重要的收入来源。主要农作物有烟草、玉蜀黍、谷物、大豆、花生和干草等。工业有金属加工、电子、化学、纸、塑料和食品加工等。

佐治亚州的农业以种花生、玉米、大豆为主，畜牧业中以饲养家禽、牛、猪为主。花生产量多达 70 万 t，位居美国第一，造纸用松木材产量也居各州之首，产桃量在各州名列第三，肉鸡及鸡蛋产量排在第二。该州农产品和林产品加工业在工业中占显著地位，其中棉纺织业尤其重要。棉纺织业一直是该州的支柱

---

① 1acre=0.404 856hm^2。

产业，其产品供应全国。该州北部有许多地毯厂，产品闻名遐迩。主要工业有纺织、运输机械、造纸、服装业等。近年来飞机、汽车、活动房屋和化工品生产发展较快。佐治亚州水、陆、空运均具相当规模，是美国东南部的交通枢纽。

亚拉巴马州农作物以棉花为大宗，其他有花生、大豆、玉蜀黍等。近年来，养牛业的收入远远超过棉花，占农业总收入的一半以上。莫比尔港口外沿海盛产大虾。该州主要工业部门有钢铁、纺织、服装、食品加工和木材加工业。近年来，化学和塑料工业发展较快。1960年在亨茨维尔建成马歇尔航天工业中心，专门生产火箭助推器，对该州经济做出巨大贡献。伯明翰钢铁基地距铁矿、煤和石灰石等原料产地都很近，是美国南部最大的钢铁中心。

密西西比州河流纵横，水产资源丰富，同时还富有石油、天然气、石灰石、黏土及硬木和软木森林等其他自然资源。现主要农林产品包括林产品、禽蛋、棉花及鲶鱼等。据1994年密西西比州经济发展局的统计，密西西比州林产品的年产值高达10.7亿美元。密西西比州是美国第三大产棉州，也是美国第一大食用鲶鱼生产州。全球财富500强中，有125家工业企业在密西西比州设立了275家生产厂。该州的工业主要有家具和木材制品、食品加工、纸张纸浆、化学品、塑胶、电子、金属制品、电信及汽车零件制造和批发业等。美国森林和造纸业的各大公司在密西西比州都有分公司，80多个外国公司也在密西西比州设立了分支机构。食品加工业也是密西西比州的主要产业，密西西比州是全美最大的食品加工公司泰森的主要生产基地。2000年日产汽车选择在密西西比州建立其全球最大的整车装配厂，年产汽车4.8万辆。2007年6月丰田汽车宣布投资13亿美元在密西西比州建立整车装配厂，年产汽车15万辆，密西西比州已成为美国东南部汽车产业带的重要投资地区之一，吸引了近两百家汽配厂商在密西西比州发展。位于墨西哥湾岸区的炼油厂是世界最大的炼油厂之一。近年来，密西西比州多方面拓展经济，大力开发电子、电信和宇航技术研究等高科技产业。密西西比州的交通网星罗棋布，拥有两个深水海港，铁路线长达4500多千米，公路长度在全美各州中居第4位，近1300km可供商船航行的水路贯通全州。

3. 田纳西河流域经济一体化简评

田纳西河流域在经济一体化的发展过程中最值得借鉴的地方就是政府在其中起到的巨大作用和TVA法的颁布。TVA既是联邦的政府机构，又是独立的企业法人。作为政府职能它承担了航运、防洪、供水、改善水质、生态环境保护、提供用水等社会责任；在服务方面，负责发布洪水预报、水情通报、洪泛区建设指导等。TVA 作为一个流域管理机构，具有广泛的权利并且其权利直接来自联邦政府，高于各州，这就能够有效整合各州的资源，避免统一资源的地域分割造成的资源浪费，从而能够更有效的对田纳西河流域进行开发管理。TVA 作为企业法人，利用水资源开发水电产业，并以此为基础，逐步扩大其经营范围，如进行土地买卖、开发火电及核电项目。TVA 在运作过程中尊重市场规则，以市场为导向，大大降低了行政干预带来的价格及要素配置的扭曲，使得区域资源开发更符合市场的需要，按照市场规则开发利用资源，引导产业发展，从而为资源的开发提供了可持续的动力。此外，政府在资金、政策上的扶植也对田纳西河流域的有效开发起到的巨大的推动作用，而政府的优惠政策随着田纳西河流域发展的完善逐渐减少，最终使得田纳西河管理局能够靠自己的运营收入满足对流域治理和开发的需要。

TVA 法是 TVA 对整个流域资源进行综合管理、带动区域经济发展的根本保证。TVA 作为一个具有多重目标的非政治化机构，受权法给予其自主权，可以使其跨越一般程序，直接向总统和国会汇报，从而避免了一般政治程序和其他部门的干扰。TVA 法在政策上对 TVA 也大力倾斜支持，使 TVA 在法律明确的范围内能充分履行其职责和义务。TVA 法又是一部顺应时代不断改进的法律。自 TVA 法于 1933 年颁布，为了适应新的社会经济发展，在 1939 年和 20 世纪 50 年代初期进行了两次修改，使 TVA 的权利及服务领域又进一步扩大（唐政生等，2005）。

与田纳西河流域的状况类似，长江上游地区也是跨越多个省市的沿河流域开发，也同样面临统筹各省市资源有效开发的问题，在田纳西河流域治理过程中立法先行，设立 TVA 及政府在尊重市场规律基础上的行政参与方式值得借鉴。

（二）波士华地区区域经济一体化

美国东北部大西洋沿岸城市群，以纽约为核心城市，又称波士顿-纽约-华盛顿城市群，简称波士华（BosWash），是世界上首个被认可的目前实力最强的大城市群。它北起缅因州，南至弗吉尼亚州，跨越10州，由波士顿、纽约、费城、巴尔的摩、华盛顿5大都市和40多个中小城市组成，这个城市群的层级结构以金字塔形存在。该城市群几乎囊括美国东北部所有的大城市及部分南部城市，绵延 600 多千米，总面积约 13.8 万 km^2，人口约 4500 万，城市化水平达 90%。该区面积虽只占美国国土面积不到 1.5%，却集中了 15% 左右的美国人口，是美国人口密度最高的地区，其中仅纽约大都市区 2001 年总人口就达 2087.2 万人，占全国人口的 7.3%，城市群制造业产值占全美的 30% 以上，被视为美国经济发展的中心（饶及人，黄立敏，2009）。

1. 波士华地区经济发展简史

独立战争结束后，即从 1790 年开始，美国经济进入了所谓的开拓重商主义时代，经济主要以农业为主体。城市主要发挥着物资集散地的功能和作用，从欧洲运来的各种工业品由各城市疏散到全国各地，同时各种农产品、木材和毛皮等由这些城市转运到欧洲。临近大西洋的港湾城市除发挥着贸易和集散功能外，也有些城市具有造船和修理等功能。最初各城市规模基本相似，但城市之间的竞争逐渐出现，经济发展的差异亦逐步形成。

在此期间，波士顿由于得天独厚的区位条件，在殖民地时期，曾经是美国最大的城市，它具有发达的航海业，在 1805 年美国的船运量为 100 万 t 时，波士顿就占了 1/4。航海业的发展不仅带动了船舶制造、修理业发展，也促进了商业的发展。纽约市的发展主要与远洋贸易、农产品、黑奴贸易等资本原始积累有关。费城虽然不是临海城市，但由于它位于特拉河的河口，远洋巨轮可以直达费城港。便于通过航运与外界交流的特点使得费城的发展得天独厚。

1825 年伊利运河开通后，纽约的地位发生了巨大的变化，在西北部港湾城市的竞争中居于领先地位，它的地位远远超过了费城、波士顿，成为全美最大的大都会。这期间由于开凿了连接大西洋南北城市的运河，城市间的经济、人流等联系迅速增加，纽约作为波士华经济带的经济中心城市的雏形已经初现。

美国进入产业资本主义时代之后，工业在国家经济中所处的地位不断提高，由此带来城市职能也相应发生了变化。从 1840 年开始是美国产业资本主义发展的初期，在这一时期，城市的职能逐步由交易中心向工业城市转变。其初期的发展与交通技术的革新和交通运输业的发展密切相关。这期间纽约、费城、华盛顿等城市的发展比较迅速，特别是在美国南北战争的军需物资需求刺激下，及大量欧洲移民的迁入，为城市发展提供了广阔的市场空间和丰富廉价的劳动力，纽约成为全美最大商业、工业和贸易中心。到 1870 年在美国的东海岸已经形成了带状城市聚集带，这个城市带也就是波士华交通经济带的雏形。交通运输网络的建设和完善,把各个城市有机地连接在了一起,出现了规模和等级不同、职能分工各异的城市体系结构。

纽约的区位条件与位于它南北的费城和波士顿相比,正好处于居中的位置,非常有利于与欧洲经济发达国家相联系,因此,它在技术、信息和经济上一直领先于其他城市。

在1830年,费城就已经成为美国重要的工业和港口城市,经济表现出多样化的趋势。它在港口、纺织业和钢铁等综合产值已经超过世界上最发达的国家英国同等规模的城市。

波士顿由于地理位置远离西部和南部新开发地区,国内经济不断地西移,纽约国外贸易的发展,其具有百年商业发展的优势逐渐被纽约所取代。从1800年开始,经济发展重点由商业开始转向工业,在波士顿附近的沃尔瑟姆建立了纺织工业,纺织企业的成功刺激了相关行业的发展。

从1885年开始,美国经济进入了国家资本主义时代。在这一期间,美国进入了经济发展的快车道,科学技术和生产技术日新月异,工业化城市化突飞猛进。

从20世纪30年代中期之后,美国走出了经济危机的阴影,在世界经济体系中逐步占据主导地位,特别是在第二次世界大战中,与军事工业相关的产业和技术得到了空前的发展,航空技术、原子能开发、通信系统、信息处理系统等高科技跃居世界前列。科学技术的发展促进了生产技术和交通技术的发展,为大规模的工业化生产和集中化生产提供了前提保证。

从20世纪30年代开始,美国大规模兴建高速公路,到70年代中期,美国的高速公路的总里程已经达到了5万英里[①]。对波士华交通经济带起到重要促进作用的是95号州际高速公路,由北部的波士顿到南部的华盛顿600英里的路程只需要8～9小时,便利的交通使得30多个大中小城市紧密的联系在一起。另外,航空业的发展也为波士华交通经济带成为完善的经济地域单元起到了重要的作用。

1985年美国服务业就业人数占总就业人数超过了70%,服务业的高度发展改变美国的产业结构和地域结构。位于东北部的波士华交通经济带可以说是最先进入后工业化时代,对于以传统产业为主的西部工业带,经济的服务化对其刺激也是最大的。一些以传统产业为主的城市逐渐衰退,但是纽约、华盛顿在

---

① 1英里=1.609 344km。

经济服务化时代仍然保持着强劲的发展势头。另外，新泽西州和马萨诸塞州的一些中小城市在高新技术产业发展上具有很强的竞争力。

服务业对波士华交通经济带产业结构转型和经济发展起到了重要的作用。如新英格兰和中部大西洋地区，1980年服务业就业人数占各地区劳动力总数的66%和69%。1993年，纽约州、新泽西和康涅狄格三州的服务业就业人数占总就业人数的比例为71%。纽约的工业从20世纪70年代开始出现衰退，港口业务也向新泽西北部移动，生产企业基本是向南部和西海岸转移，但纽约作为世界金融、保险、信息等服务中心的历史悠久，在经济服务化时代，金融、保险等服务产业无疑会保持或进一步发展。

2. 波士华地区各城市分工

以纽约为中心的美国东北部大西洋沿岸波士华区域是美国经济的核心地带，制造业产值占全国的30%，是国内最大的生产基地。该区域内有纽约、费城、华盛顿等著名城市，如果孤立地看待每个城市，其功能大多单一，但是各城市都有自己的个性特征，都有占优势的产业部门，在大都市带内发挥着各自的特定的功能，使整个都市带构成了一个既有分工、又有密切联系的有机整体，其整体效应巨大。该区域具备与国际市场联系的各种通道，所聚集的产业、金融、贸易、科技、信息等力量在全球经济活动中具有重大的影响，甚至发挥着枢纽的作用。

从产业分工的角度看，纽约是这个区域的经济核心，是美国的第一大城市，其城市职能是综合型的。纽约还是国际政治中心，发挥着全国甚至全球型的影响。联合国6个主要机构中的5个设在这里，12个常设辅助机构中，也有5个在纽约。纽约的经济功能则突出地表现在金融、贸易和管理等方面。纽约就是全美的"银行之都"，在世界金融、证券和外汇市场上有着重要影响。同时，纽约又是美国和国际大公司总部的集中地，全美500家最大的公司，约有30%的总部设在纽约，与之相关的广告、法律、税收、房地产、数据处理等各种专业管理机构和服务部门也云集于此，形成了一个控制国内、影响世界的服务和管理的中心。

费城是该城市群中的第二大城市。它是一个多样化的城市，重化工业发达，为美国东海岸主要的炼油中心和钢铁、造船基地、也是美国军火工业重镇。全市就业人口中有2/5从事制造业。费城港也是美国主要港口之一，主要承担近海航运。因此，费城主要是重化工业和运输业比较发达。

波士顿是以文化教育和高科技产业为主。全球闻名的哈佛大学、麻省理工学院等16所大学，以及国家航空与宇航电子中心等重要科研机构云集于此。以波士顿为中心公路环形科技园区已形成。波士顿的高技术工业群，是仅次于硅谷的全美微电子技术中心。

而华盛顿是世界各国中少有的仅以政府行政职能为主的城市。城市中没有发展工业，这也是政府所禁止的，但为行政和文化机构服务的印刷出版业、食品工业、高级化妆品业则获得了长足的发展，同时由于市区多为纪念性建筑及公园绿地，旅游业相当发达。

巴尔的摩在有色金属和炼铁工业中的地位十分重要。同时巴尔的摩也是美国东海岸重要的海港和工商业中心。依靠进口原料，巴尔的摩发展了钢铁、造船和有色金属冶炼等工业，对外贸易在经济中占有重要地位。

除上述介绍的各城市分工以外，城市群内的港口之间也有合理的分工：纽约港是美国东部最大的商港，重点发展集装箱运输；费城港主要从事近海货运；巴尔的摩港则是转运矿石、煤和谷物等地方产品为主的商港，同时兼有渔港的功能。这些港口构成了一个分工合理、运营灵活的美国东海岸港口群，纽约则是这一群体中的枢纽港。

3. 对波士华区域经济一体化简评

波士华地区的城市间产业分工的发展主要是尊重市场规律的结果。港口城市凭借便利的交通，顺应海外贸易的发展对海运需求旺盛的需要得以快速发展。而在不同发展阶段，各个城市之间的比较优势发生此消彼长的变化，城市的职能、分工也发生了相应的变化——原本在制造业方面具有比较优势的城市（如纽约），因其成本的提升，逐渐丧失制造业的比较优势，转而进入价值链更高端的领域，取得了服务业的比较优势并不断巩固，形成服务周边甚至全美、全球的金融等服务产业。这种发自民间、尊重市场规律发展的方式得益于美国完善的市场竞争机制和自由精神，也得益于美国经济的发展和沿海地区优越的地理、交通条件。

波士华城市群中的各个城市都有自己特定的功能与分工，而且在发展的过程中，相互间密切地联系在一起，实现了生产要素的合理配置，形成了一个既分工明确，又相互补充的现代化经济运作的地域综合体。

波士华地区各城市都有自己的独立个性，都有各自不同的优势明显的产业部门，在大都市带内各自发挥着特定的功能，这种既分工又整合的经验非常值得长江上游地区各省市在发展中借鉴。找准自己的比较优势，及时放弃自己失去比较优势的产业，合理分工，功能各异，密切合作，加强各种生产要素在区域间的流动，才能够形成区域内巨大的整体效应，提升整个区域的竞争能力。

（三）东京湾地区区域经济一体化

东京湾位于日本本州岛中部太平洋海岸，是优良的深水港湾。东京湾开发始于17世纪初，当时江户(即东京)已成为日本政治中心。东京湾真正开始其整体开发是在19世纪下半期以后。随着产业的现代化，东京湾的周边不断进行移土填海，沿岸出现了一个港口联合体，包括川崎港、东京港、千叶港、木更津港。在第二次世界大战以后，京滨及京叶工业区成为世界上最大的工业联合体，同时，横滨港、川崎港、东京港、千叶港不断发展，成为大规模物流港湾。目前，环东京湾地区拥有东京、横滨、川崎、船桥、千叶这5个大城市及市原、木更津、君津等工业重镇。经济总量占了全国的1/3，集中分布了日本的主要工业部门，包括钢铁、有色冶金、炼油、石化、机械、电子、汽车、造船等工业。

1. 环东京湾的几个重要工业城市分工

东京是日本首都，全国政治、经济、文化中心，世界级特大城市之一。面积2160km^2，人口1164万，是日本最大的制造业中心。工业以印刷、电机、运输、机械、食品和精密机械为主。第二次世界大战后，工业从东京向两侧扩展，形成京滨(东京—横滨)工业带和京叶(东京—千叶)工业带。其后进一步沿东京湾伸延至君津，形成环东京湾工业带。东京港货物年吞吐量4万余吨，是日本第6大港。东京还有著名的早稻田大学、东京大学、庆应大学等几十所高等学府。东京同时还是全国最大的交通中心。尽管东京集多种功能于一身，但实际上，在东京都内部也形成了相对明显的产业分工。东京都市的核心区，尤其是都心三区，主要集中了服务业、商业，尤其是批发业、金融保险业及出版印刷等都市型工业。东京都市的外围区主要集中了杂货业，也有部分机械业，且分布在大田区。东京都的市町村集中了大部份工业，主要是电气机械、交通机械和一般机械业。

横滨是仅次于东京的日本第二大城市，是京滨工业带的重要组成部分。横滨港是日本最大的港口，也是亚洲最大港口之一。有大码头10多个，全长18km，可同时停泊上百艘大型货轮，总靠岸能力为100多万t，年吞吐量为1.1亿～1.3

亿t。工业以重化工为主，炼油、电器、食品、机械、金属制品等工业产值占工业总产值的80%，还有钢铁、有色冶金、化学等工业。第二次世界大战后，横滨进行了大规模的填海工程，兴建临海工业区，建立起石油化工、造船、机械、火电等大中型工厂群，这些工厂大都有自己的专用码头，在国际市场上极具竞争力。

川崎也是日本的工业城市，是京滨工业带的组成部分，重要工业有重化、钢铁、水泥、电机、炼油和火电等。炼油工业产值占工业总产值的1/4以上，加上电机、化学、钢铁、造船、汽车等工业产值，合占工业总产值的80%。

千叶是日本重要工业基地，以钢铁、食品、炼油为主，合占工业产值的76%，其中钢铁工业占1/2，钢铁联合企业是世界著名。

君津被称为日本的"钢城"，位于东京湾东南岸，属千叶县。1968年填海建成君津钢铁厂，占地一万多平方千米，是世界著名钢铁企业新日本钢铁公司的骨干厂，年产钢能力1000万t。专用码头水深19m，可泊25万t级巨轮。全厂员工7000人，平均每名员工年产钢近千t，劳动生产率在世界上遥遥领先。

2. 环东京湾工业带发展对环境的影响

日本能够在第二次世界大战之后一跃而成为世界第二经济大国，环东京湾经济带的形成和发展功不可没，但也为此付出了沉重的环境代价：大批工厂排放的"三废"严重污染着当地的环境；大气遭受污染，海水水质变坏，赤潮频繁发生，海洋生物资源退化，传统海洋水产业一落千丈；大规模的填海造地，严重破坏了东京湾的生态环境，纳潮量减少，海水的自净能力减弱。

第二次世界大战之后，日本经济高速发展，东京一带地价飞涨，填海工程以前所未有的规模进行，环东京湾各港口、城市临海工业区、大工厂、东京羽田国际机场、迪斯尼乐园等都在填海土地上建设。如今，东京湾面积比原来缩小了1/5，沿东京湾90%的天然岸线已被单调、呆板的人工岸线替代，沿海湿地几乎丧失殆尽。环境的恶化使日本人感受不到经济繁荣带来的喜悦。为改善东京湾区的环境，近数十年来日本凭着其雄厚的经济实力，实施严格的环境政策，采用高环保标准，经多年的努力，取得了一定成效。从1995年东京召开第一届世界零排放大会开始，尽力向工业污染零排放的目标努力。为保护东京湾周边的山地，建设了一批国家公园，著名的有东京都的秩父多摩国家公园和明治之森高尾国家公园、千叶县的南房总国家公园等，以大片绿地构成区域环境的生态支柱，如今东京湾已成日本重要的旅游区，东京的上野、川崎的稻田堤，是日本著名的樱花观赏之地，每年吸引大批游客。然而现在东京湾的环境形势依旧严峻，东京湾已完全丧失了天然景观，成了一个彻底人工化海湾，加上海底多年来沉积了相当厚的污染物，至今仍污染着海水，破坏的自然难以恢复。

3. 东京湾区域一体化简评

东京湾的现代经济整体开发已有100多年历史，已经形成了高密度、大规模产业群和人口密集的东京大都市圈。东京湾拥有较为庞大和坚强的制造业，其企业是内生的，重视培育根植性强的产业集群，工业化是在自身技术革命或引进消化吸收先进技术之后，主动地实现的，并正在集中精力发展服务业和高科技产业以实现产业升级。

如同美国波士华城市群一样，日本太平洋沿岸城市群的各主要城市也各有特色，大大提高了整个城市群和国家在世界上的地位。在战后经济高速发展的过程中，各城市在加强原有特色的基础上，扬长避短，强化地域职能分工与合作。

东京湾地区的经济一体化是伴随日本产业的不断发展、升级进行的。日本是亚洲第一个大举学习西方思想、观念、技术的国家，其东西方文化的交相影响，使得日本的经济既具有浓厚的行政干预色彩，又重视企业的竞争精神和市场机制。日本东京湾地区的经济奇迹正得益于此。在科技、教育方面和国家战略产业发展上，日本政府给予高度重视和投入，用国家行政力量大举推进，引导经济发展，同时尊重市场机制，使得企业能在微观层面增强竞争能力。经过多年的发展，东京湾地区各城市在政府和市场两种力量的不断作用下，培育根植性强的产业集群，形成了现有的各城市的分工格局和分工层次，使得该地区经济相互依存，较好地实现了经济一体化的目标。

长江上游地区各省市在实现区域经济一体化的过程中可以借鉴东京湾的经验，主要是借助政府和市场两种力量，形成各城市的合理分工格局和分工层次；同时，高度重视培育企业的内生能力，培育根植性强的产业集群，只有作为产业发展基本单位的企业具备内生能力，并形成根植性强的产业集群，才能形成产业的核心竞争力，也才能在各地区产业合理分工合作的基础上形成区域的整体竞争力。而日本东京湾地区在经济快速发展时期所付出的沉重的环境代价是我们要坚决避免的。盲目追求经济数量的增长，忽视环境质量是不可能实现经济的健康、可持续发展的。面对长江上游地区业已出现的环境问题，日本在对东京湾地区的环境治理上的经验教训又颇值得借鉴。

二、国内区域经济一体化案例

目前，我国区域经济一体化的主要特征是，区域经济一体化在都市圈或城市群的基础上逐步推进，都市圈或城市群成为推动区域经济一体化的核心载体和基本模式。因此，我国沿海三大经济圈——珠三角、长三角和京津冀是我国区域经济一体化发展程度最高的地区。

（一）长三角地区区域经济一体化

1. 长三角地区概况

长江三角洲位于大陆海岸线中部，是指长江入海而形成的冲积平原，包括上海市、江苏省和浙江省的部分地区，是中国大陆最大的三角洲。长江三角洲经济区由沪、苏、浙三地 16 个地级以上城市组成，具体包括上海市，江苏省的南京、苏州、无锡、常州、镇江、南通、扬州和泰州，以及浙江省的杭州、宁波、嘉兴、湖州、绍兴、舟山和台州市，其土地面积约 11 万 km^2，人口约 8100 万。以上海为龙头的长江三角洲城市带，已被公认为世界六大城市带之一。长江三角洲以全国 2.2% 的陆地面积、10.4% 的人口，创造了全国 22.1% 的国内生产总值、24.5% 的财政收入、28.5% 的进出口总额。此外，长三角地区汇集了全国 1/6 的科技人才，集中了全国科研机构 1/5、高等院校 1/3 和大中型企业 1/4 的科研经费。该地区还有上海浦东、南京高新区、苏州新区和工业区、杭州高新区、宁波经济技术开发区等众多极具实力的经济开发区（张建平等，2003）。

2010 年长三角地区全社会固定资产投资总额、外贸出口总额、实际利用外资总额分别占全国同期份额的 14.74%、40% 和 47.89%。

2. 长三角地区经济发展简史

长江三角洲自唐、宋时期起就已是中国繁华的商业地区和重要的港口基地。进入半封建半殖民地社会，长江三角洲地区的棉织业、丝织业及近代工业有了相当快的发展，成为中国城市发展最快地区和经济最发达地区。20 世纪后期，在中央政府推行改革开放政策的背景下，长江三角洲的乡镇企业异军突起，小城镇建设加快，建制镇和县级市的数量急剧增加。各类开发区建设成为原有城市外延扩张的主标志，上海浦东、南京高新区、苏州新区和工业区、杭州高新区、宁波经济技术开发区等成为所在城市经济发展最快的地区。21世纪初，随着经济全球化和中国"入世"，长江三角洲超过珠江三角洲，成为全国最大的外商投资"热土"。近年来，长江三角洲城市发展呈现出新的趋势和特点，以上海为中心，形成了一批经济实力强、社会发展水平高、投资环境优越的城市群。上海、南京、杭州、宁波等各都市向巨型大都市连绵带发展，中等城市各具特色，优势互补。

3. 长三角地区经济一体化的发展阶段

长三角地区经济一体化的发展经历了三个阶段。

第一阶段：改革开放初期，中央提出分权改革的一系列措施时，一再提出要搞"横向联合"，搞区域经济协作，以打破"条块分割"所带来的弊端。在这一背景下，1982年12月，国务院发出通知，决定成立"上海经济区"。上海经济区的成立为当时的长三角的发展带来了难得的的机遇。

第二阶段：1990年代浦东开发开放使它成为继深圳之后中国第二个对外开放的窗口。巨大的政策倾斜和自身雄厚的工业实力及优越的区位条件使上海迅速崛起为中国的经济中心，毗邻的江苏和浙江自然首先受益于上海经济腾飞的溢出效应。

第三阶段：2000年中国加入WTO后，上海的国际化趋势加强，国际产业转移为长三角发展带来了新的机遇。近年来，长三角的经济基础更加雄厚，产业分工更加清晰，产业梯度逐渐形成，政府服务不断强化。

4. 长三角地区各省市分工合作

长江三角洲目前已成为推动我国经济发展的重要增长极。其中一个重要优势就是区内既有上海这样以国际经济、金融、贸易和航运中心为发展目标的城市，又有江浙两省一系列各具特色的工业基地，产业基础雄厚，产业战略分工初步形成。

在该区域内部分工中，上海重点发展金融、贸易、航运、信息服务等服务业，成为长江三角洲城市群的综合服务中心。苏中南地区是我国工业总产值最高的地区，以轻纺工业、机械工业、化学工业为主，其中纺织、石化、家用电器具有比较优势。宁波拥有得天独厚的深水海岸线资源，非常有利于港口海运业和临港型工业的发展（如炼油、石化）。

此外，长三角地区产业分工整合已上升到产业链的形成阶段，产业互补效应在长三角已经开始显现。如围绕 IT 产业，一条清晰的产业链条已初步形成：上海形成了较高水平的芯片设计、生产、封装、测试产业链。苏锡常地区则发展成为 IT 产品的生产制造基地。苏州已形成笔记本电脑、显示屏产业链，无锡偏重于通信和相关零部件的生产，宁波则建立了手机生产基地。

经过 30 多年的发展，长三角经济一体化已取得显著成效。近年来，上海工业产品的 50% 左右销往江浙两省，江苏工业产品的 30%、浙江工业产品的 20% 销往上海。上海对外省的投资总额中投在江浙两省的占总额的 30%，由此可见相互间经贸往来之频繁，联系之密切。

"长江三角洲城市经济协调会"、"二省一市省市长联席会议制度"的建立标志着长三角地区各省市政府合作意识显著加强；区域内高层领导人定期召开会议已经形成制度，围绕实现区域信息资源共享、建设相互融通的区域经济功能与服务体系，促进人力资源有序流动等进行协商与合作，提出了打破贸易壁垒，统一市场，共享城市信用体系的计划；与此同时，近几年学术界和企业界频繁召开长三角区域发展研讨会议，长三角区域经济社会合作的理论研讨活动空前活跃。此外，长三角经济一体化规划在部分领域相继制定并初步实施，一体化的城市、交通、信息网络体系的构建等助推了长三角经济一体化的发展。

5. 长三角地区一体化发展存在的问题

由于地理区位、自然条件和经济文化特点相似，长三角产业结构一直存在着严重的趋同现象。目前，长三角各城市的支柱产业大多集中在纺织、服装、机械、化工等传统产业，而加工贸易和出口产品主要集中在机电、服装、纺织、鞋类等轻工产品方面。而且长三角主要城市近 10 年来的产业调整方向也非常接近。江、浙、沪三省市均提出要重点发展汽车、石油化工及精细化工、电子通信设备等产业。在长三角各地的主导产业选择中，有 11 个城市选择汽车零件配件制造业，8 个城市选择石化业，12 个城市选择通信产业。趋同的产业结构必然导致恶性竞争，企业间的关联与协作难以开展，区域整体优势无法形成。此外，长三角经济一体化还存在市场的地方分割、长三角内部各地方政策法规不统一、市场机制不灵活等问题。

长江三角洲地区重复建设严重表现在某些基础设施（如港口建设）上。现在上海正在建设大小洋山国际深水港，计划为每年卸货 1300 万标箱，规模超过香港。而宁波早已建有国家投资的天然深水良港北仑港，可由于腹地不足使北仑港运力严重过剩，目前只用了 20% 的潜力。浙江省兴建跨海大桥的动机之一就是为了吸收上海货源，以使北仑港正常运转。而这样做肯定会大大削弱将来上海大小洋山国际深水港应有能力的发挥。在江苏沿江一线，沿江各市为了将市区面积扩大到江边，重复投资了大量的集装箱码头，仅从江阴到南通 60km 岸段，就有 68 个万 t 级泊位，平均 0.9km 就有一个。有的港口利用率不到 50%。

6. 长三角区域经济一体化简评

长江三角洲在经济一体化的过程中，各城市形成明确的分工，上海作为唯一的区域核心，其地位无可替代。同时，上海以其金融、贸易等优势服务周边的制造业，周边省市制造业也成为上海服务业发展的平台，各省市发展互相借重。相比而言，长江上游地区目前有重庆和成都双核心，如何形成明确分工尚需解决。而长三角地区的民间、半官方和官方的定期和不定期合作协调机制更值得长江上游地区一体化的发展借鉴。

同时，长三角地区产业一体化已经走向产业链的一体化，而长江上游地区的产业一体化尚处于横向联合为主的阶段。长江上游地区各省市应当积极吸取长三角产业合作的经验，推动区域内产业链层面的分工合作。

长江三角洲地区和长江上游地区都是国内相邻多个省级行政区共同组成的经济区，其中也都包含有省和直辖市，行政分割状况相似。长三角在经济一体化过程中所取得的各种成绩，以及取得这些成绩的方法都是值得长江上游地区实现产业分工整合的过程中借鉴的，其问题也需引起高度重视，尽量避免类似问题的出现。

长三角地区在经济一体化的过程中存在的突出问题是重复建设、资源浪费严重等，这是长江上游地区经济一体化必须尽力避免的。考虑长江上游地区地处西部，资金相对短缺，发展相对落后的状况就更应当加强有限资源的合理配置，切不可盲目建设，走大而全的路子，而要从服务全区甚至服务西部的角度综合考虑区域内的发展和建设。

（二）大珠三角地区区域经济一体化

1. 大珠三角地区概况

由广东、香港和澳门组成的"大珠三角"是"泛珠三角"区域合作的核心层，在推进"泛珠三角"区域合作中，粤港澳合作至关重要。在 CEPA 的框架下，粤港澳合作完全有条件继续先行一步，围绕三地已经确定的在今后 10～20 年内，努力把大珠三角建设成为世界上最繁荣、最具活力的经济中心之一，广东要发展成为最重要的制造业基地之一，香港要发展成为世界上最重要的以现代物流业和金融业为主的服务业中心之一，澳门要以发展世界上最具吸引力的博彩、旅游中心之一和区域性的商贸服务平台为目标。

2. 大珠三角经济一体化进程

因地缘、血缘和人缘的关系，广东与香港、澳门的经济合作在过去的 30 多年里，走过了一条由有限要素互补性合作，逐步过渡到全面要素互补性合作，并正处在走向经济一体化的发展过程。

20 世纪 70 年代末内地改革开放时，时逢香港长期以"低成本"为基本形象的制成品在国际市场上受到东南亚廉价制品的竞争与挑战。为提高产品竞争力，香港、澳门的工厂逐步北迁到广东的珠江三角洲地区，在继续利用港澳的市场推广、资金、管理及技术等优势的同时，充分利用了珠江三角洲廉价的土地及劳动力优势，从而大大降低了制成品的生产成本，提高了产品在国际市场上的竞争力。与此同时，珠江三角洲地区也因港澳资金（主要是香港资金）及其他要素的迁入而激活了要素存量，快速地推动经济发展。

20 世纪 80 年代，珠三角地区实现经济起飞，得益于港澳地区资金、技术和管理经验的大量引入。由此启动的粤港合作，首先是以经济垂直分工为主导的"前店后厂"式梯度合作。虽然合作最初局限在资金、劳动力、土地等基本生产要素相结合的范畴，却使珠三角迅速获得白手起家所必需的巨额资金、海外市场和企业管理技术，摆脱传统农业经济而大步跨入以工业为主导的外向型经济。香港从此成为珠三角地区引进外资最主要的来源地，来自香港的投资资金迄今一直占外商在珠三角投资的第一位。从这个意义来说，香港、澳门起着带动珠三角地区经济发展的龙头作用。

2003 年 6 月底，中央政府与香港特区政府签订了《内地与香港关于建立更紧密经贸关系的安排》（Closer Economic Partnership Arrangement, CEPA）。CEPA 规定：内地将于 2004 年 1 月 1 日起对香港出口到内地金额最多的 273 种商品实行零关税，并将不迟于 2006 年 1 月 1 日前对其他所有港产品实行零关税，同时许诺不对香港原产地货物实行关税配额或其他与 WTO 规则不符的非关税措施。

CEPA 涉及的货物贸易、服务贸易自由化和便利化的内容，最直接地促进香港与内地经济的融合，进一步提高两地经贸合作的层次和水平，使两地的经济共同受益。CEPA 的正式实施使粤港澳之间在更大范围、更高层次上进行经济大整合。三地间的资金流、信息流、物流和人流随之放大，这标志着港澳与内地尤其是与广东省的经贸合作进入了一个崭新的历史时期。而中国与东盟建立"10＋1"自由贸易区更为泛珠三角区域合作带来重大机遇。

3. 大珠三角地区各城市分工情况

香港作为一个金融、贸易、旅游、专业服务中心的优势，澳门作为一个旅游、博彩、中介服务中心的优势，仍然是广东乃至中国其他城市都无法取代的。而且香港、澳门都是历史悠久的自由港，对进出口货物免征关税，也不实行外汇管制，人员、资金、货物可自由进出。它们与国际市场保持密切联系，和世界上许多国家都有密切的经济文化交往。而且香港、澳门的人均 GDP 仍然几倍于广东省。

香港在服务业领域具有突出的优势。香港经过长期的市场经济体制运作，在服务贸易方面积累了许多好的经验，形成了一整套行之有效的国际惯例和法规，值得广东业界学习和借鉴。在"大珠三角"经济一体化进程中，要重视发挥香港国际金融、物流和信息中心的作用。目前香港最大的产业优势是物流业，其不仅具有区域物流枢纽的地位，而且还拥有世界一流国际机场和货柜码头，以及优良的交通、通信网络和其他配套设施。

澳门土地稀缺，大珠三角合作，意味着澳门发展空间的大扩张。其中珠（海）澳跨境工业区虽然仅 $0.4km^2$，但作为国务院批准的全国首个跨境工业区，却有极重要的示范作用。因此，工业区炙手可热，还未建成就有几十家企业要求入驻。而面积相当于澳门 3 倍、仍是开发"处女地"的横琴岛，更受到广泛关注。在澳门特别行政区政府"以旅游博彩业为龙头，多元化发展其他产业"的政策下，澳门对资源提出了更高的要求，而广东企业可以在这一政策背景下拥有近水楼台的优势。香港将把连接广州的高速公路延伸到澳门，通过港珠澳大桥加强与粤西地区的联系。葡语系国家和地区拥有 2 亿人口，澳门是内地与之联系的平台，对广东更意味着可贵的发展空间。

广东省作为中国改革开放的发祥地，是中国外资投入最密集的地区。2010 年，广东省生产总值达 45 473 亿元，占全国的 11.4%；进出口总值达 7847 亿美元，占全国 1/4 强；截至 2010 年年底，全省累计批准外商投资企业超过 15 万家，实际吸收外商直接投资 2534.5 亿美元，其中有 200 多家世界 500 强企业在广东投资设立企业 778 家，投资总额达 556.1 亿美元，外商投资企业设立了 400 多家研发中心。广东省制造业具有规模优势，目前已形成电子信息、电气机械、石油化工、汽车、医药、纺织服装、食品饮料、建筑材料、森工造纸九大支柱产业，成为中国乃至世界最大的消费制造业基地之一；广东金融资源丰富，有外向型经济优势，外贸依存度高；广东省建成了全国最密集的港口群、高速公路网和机场，是全国海陆空交通最发达的省份。港资企业集中，境内有 7 万多家港资企业，这必将成为广东和香港制造业和服务业互相结合的平台（广东省统计局，国家统计局广东调查总队，2011）。

广州作为华南老工业基地，在汽车、机械、电子信息、石油化工方面具有比较优势，同时在商业、服务、文教、交通、科技也具有较强的竞争力，正在演变为珠三角的商贸流通中心、科技研发中心和现代服务中心。深圳作为改革开放的前沿阵地，重点发展高新技术产业、商业、金融和服务等职能，正向商贸、物流、金融和信息一体化的现代化区域性综合城市迈进。珠海市立足于自身基础，致力于建设以信息技术为龙头的高新技术产业基地、有较强吸引力的产学研基地和高附加值的产品出口创汇集地。佛山的家用电器制造业、建筑陶瓷制造业占据世界市场相当大的份额；江门市的纺织化纤业是目前全国最大的生产基地，摩托车零部件制造、批发零售和装配也具有相当的市场竞争力；惠州市依托麦科特、德赛等大型企业及中海壳牌石化项目，打造世界级企业；肇庆正在发展为商贸旅游业发达的区域性中心城市；东莞以制造业和计算机资讯产业为主导，电子信息零部件制造业发展突出；中山市则将特色制造业和高新技术产业相结合，既发展服装、家具、灯饰等劳动密集型产业，也发展以电子信息为主的知识密集型产业。

对于粤港澳未来 10～20 年的发展定位，目前三地已经有了明确的目标。广东要发展成为世界上重要的制造业基地之一，香港将成为世界上重要的以现代物流业和金融业为主的服务业中心之一，澳门的定位则是世界上具有吸引力的博彩、旅游中心之一和区域性的商贸服务平台。

随着做大珠三角进程的推进，城市产业调整更新与城市的进一步发展，珠三角地区的城市会越来越成为金融、信息、科教、商业、物流等服务业的中心地，而一些传统的制造业则会向韶关、清远、肇庆等周边腹地转移。未来的珠三角将形成"内部开店,外围设厂"的格局。

4. 大珠三角地区一体化简评

以香港、澳门、广州、深圳为核心的大珠江三角洲地区是典型的经济发展高梯度区和商品经济辐射源地带,其经济梯度超过长江三角洲地区。有梯度就有空间推移和生产力的空间推移。有条件的高梯度地区创造或引进掌握先进的经济、技术,然后逐步依次向处于二级梯度、三级梯度的地区推移,实现经济分布的相对均衡。该地区拥有最为巨额的侨资、侨汇,与海外特别是东南亚各国家和地区保持着强势的区域经济联系,促进了区域经济的发展和经济一体化的实现。同时,该地区处于改革开放最前沿,其商业氛围浓厚,人们的市场观念牢固,这些也都是促进该区域经济一体化发展的强大动力。

大珠三角地区在发展过程中利用广东与港澳地区文化、亲缘相近的优势,加速了区内经济合作,尤其重视彼此的错位发展。同样,长江上游地区,尤其是川渝两地更是在文化、风俗、习惯亲缘上密不可分,两地理应借此优势加强合作,将川渝次经济区打造成长江上游经济区的核心区,在经济一体化过程中特别要重视彼此的错位发展,从而提高长江上游地区经济一体化的质量。

(三)京津冀地区区域经济一体化

1. 京津冀地区概况及经济发展简史

京津冀的区位特点在中国可以说是独一无二的。在春秋战国时期,这里曾存在过燕、赵两个国家,后来这一地区又长期被统称为河北和直隶;随着历史的变迁,今天在这块古燕赵大地上同时存在北京、天津、河北三个行政单位,而两市一省在地理位置上又互相交错。北京早已成为国家的首都,濒临渤海的天津也随着近代海洋经济的兴起而成为中国的北方重镇,河北则成为环绕这两个直辖市的广阔腹地。改革开放以前,由于长期实行计划经济体制,区位上的环绕交错对经济发展倒也形不成大的障碍。但在中国改革开放30多年后的今天,工业化中期发展阶段对国内外两个市场、两种资源的巨大需求正有力推动着京津冀经济一体化。20世纪80年代起,京津冀经济一体化不断向前推进,发展模式也从最初更多的是民间组织和企业的联合与合作,发展到政府间的协作与交流;进入21世纪,京津冀经济一体化发展进程加快,大北京战略、首都经济圈、京津冀一体化等区域发展构想被学者不断提出；2005年京津冀都市圈区域发展规划作为国家统筹区域经济协调发展的重要组成部分，已经列入国家"十一五"规划，标志着京津冀区域经济发展进入了一个全新阶段。

2005年1月和2006年3月，国务院先后批复了《北京城市总体规划（2004年—2020年）》[1]、《天津市城市总体规划（2005年—2020年）》[2]。北京城市功能被定位为"国家首都、国际城市、文化名城、宜居城市"，天津城市功能被定位为"北方经济中心、国际港口城市和生态城市"。据此，河北省也确定了"建设沿海经济社会发展强省"的发展目标。京津冀各自功能的新定位，不仅对各自未来的发展产生深远影响，而且为京津冀区域经济一体化发展带来前所未有的机遇和助推力。

京津两市功能新定位为京津两市的优势互补、共赢发展提供了制度保障。北京城市新规划第一次站在国家战略和全球战略的高度，提出区域整体发展的概念和向东发展的思路。北京向东发展，将与河北廊坊、天津连成一线，给天津、河北制造业的大发展带来机遇。与此同时，国务院明确了天津为北方经济中心，终于使天津找到了属于自己的发展方向，极大地提升了天津在环渤海乃至我国北方区域发展中的中心地位。京津两市的人口都在千万以上，是比肩而立的两个特大城市，在全国众多城市中，有着无法比拟的绝对优势。京津两市，特色鲜明，互补性很强。北京第三产业的发展水平高于天津，而天津第二产业占有主导地位；北京知识密集型行业的服务能力强，天津航运交通、现代物流等生产服务能力强；北京在电子信息、高新技术、金融管理方面具有优势，天津在工业发展、自然资源、土地资源等方面具有优势。

2. 京津冀各城市分工发展现状

"新北京功能定位"以后，北京作为国家首都将在产业结构调整方面出现重大转变。服务业为主导的特征更加突出，制造业加速向高端化方向发展，都市型现代农业的产业化水平不断提高，不符合首都功能定位产业的搬迁调整步伐加快。天津和河北都面临着承接北京产业转移的机会。在这方面，河北和天津应根据各自的要素禀赋条件，加强协调，合理分工。河北的曹妃甸等沿海地区具有发展大钢铁、大化工的有利条件，也具有发展现代化大港口的有利条件。

---

[1] 国务院办公厅．国务院关于北京城市总体规划的批复（国函[2005]2号）．www.gov.cn．2005-08-26．
[2] 国务院办公厅．国务院关于天津市城市总体规划的批复（国函[2006]62号）．www.gov.cn．2006-08-08．

第五章　国内外区域经济一体化案例及启示

从长远看，曹妃甸港作为天然的深水大港，拥有1972km²面积。其中，盐碱滩涂大致有1000多平方公里，这些不占耕地不占农田。这一成本优势不仅属于河北，同时也属于京津冀和整个环渤海地区。在紧邻北京的河北廊坊、保定等地，则具有承接部分高新技术产业的有利条件。河北城市的发展也需要相应的产业支撑，并且本身也具有承接和发展部分高新技术和装备制造业的有利条件。

天津是我国传统的老工业基地，目前拥有4个国家级工业区和27个省级及省级以下工业园区。天津市依托自己坚实的工业基础，抓住滨海新区建设时机大力发展石油和天然气开采业、纺织业、化学原料及化学制品制造业、普通机械制造业、交通运输设备制造业、电气机械及通信设备制造业等。天津滨海新区为全国综合配套改革试验区，并得到了多项重大政策支持。在金融方面，国家鼓励滨海新区在产业投资基金、创业风险投资、金融业综合经营、多种所有制金融企业、外汇管理政策及离岸金融业务等方面进行改革试验。在土地方面，滨海新区获得了"创新土地管理方式、加大土地管理改革力度"的权利，可在农村集体建设用地流转、土地收益分配、增强政府对土地供应调控能力等方面进行改革试验。在财政税收方面，国家批准对滨海新区所辖规定范围内、符合条件的高新技术企业，减免15%的税率征收企业所得税；对区内的内资企业予以提高计税工资标准的优惠；对企业固定资产和无形资产予以加速折旧的优惠；在一定时期内对滨海新区的开发建设予以专项补助。同时，同意设立天津东疆保税港区，重点发展国际中转、国际配送、国际采购、国际转口贸易和出口加工等业务。这些特殊政策扶持将使滨海新区获得极为有利的发展环境。天津滨海新区的开发开放为北京和河北的未来发展提供了难得的机遇。

京津冀产业结构正在优化升级，产业分工之间的互补性逐渐增强。2012年，北京实现地区生产总值17 801亿元。第一产业实现增加值150.3亿元,增长3.2%；第二产业实现增加值4058.3亿元,增长7.5%；第三产业实现增加值13 592.4亿元，增长7.8%。三次产业结构为0.8∶22.8∶76.4，表明北京已形成三、二、一型国际化都市产业格局。天津市2012年实现生产总值12 885.18亿元。第一产业增加值171.54亿元，增长3.0%；第二产业增加值6663.68亿元，增长15.2%，其中，工业增加值6122.92亿元，增长15.8%，拉动全市经济增长7.8个百分点，贡献率达到56.3%；第三产业增加值6049.96亿元，增长12.4%，三次产业比重分别为1.33%、51.72%、46.95%，表明天津市已形成二、三、一型工业城市产业结构。河北省产业结构的层次较低。第一产业内部种植业比重偏高，畜牧、林果及水产业发展相对不足；第二产业以能源、原材料工业和以农产品为原料的轻工业为主，产品以粗加工为主；第三产业以生活服务类的商贸、餐饮和交通运输业为主，传统服务业占比重较大，而金融、保险、社会服务、科技及旅游等新兴服务业发展迟缓，尤其是科技所占比重较低。在京津冀合作中河北省以煤炭采选业、黑色金属矿采选业、黑色金属冶炼及压延加工业、金属制品业、食品制造业等本地区具有比较优势的产业作为主导产业大力发展，同时积极配合北京地区的产业转移，承接北京失去比较优势而河北具有比较优势的产业。在第三产业的合作上，京津的新兴第三产业带动河北同行业的发展，而两市在农产品贸易、劳动服务业等传统服务业方面对河北又有一定的依赖性。

京津冀的互补性和合作发展的内在需求是支撑三方一体化发展的基本条件。在京津冀经济区内，京津是中心，环抱京津的河北省是京津的腹地，三者之间存在着相互依存、相互支持的必然联系。对区域内的河北省来讲，近年来随着京津两市经济的迅速发展和城市规模的日益扩大，其基础设施、资源环境等方面的压力逐步增大，城市功能亟待转变，产业结构亟待转型，对周边河北省地区寻求支持、协作的需求也日益迫切。而河北省对京津科技资源、京津产业转移、人才资源、京津资金项目及京津巨大消费市场也具有巨大需求。因此，河北省确定了其在京津冀经济区中的发展定位：要成为京津冀地区的制造业中心和产业转移的承接者、科技应用基地和传递枢纽、交通物流枢纽、生态环境维护者、普通劳动力资源的供给地和重要的消费品市场。

从京津冀区域发展的现状来看，良性的互动机制尚未完全形成；京津冀三者自我循环意识较强；北京、天津辐射能力不强，片面追求内部循环，溢出效应弱；区域内耗、低水平竞争严重。京津冀三省市存在较大的经济差距，京津两地的人均 GDP 均为河北省的两倍多。秦皇岛港、曹妃甸港、京唐港、天津港和黄骅港的建设已亟待协调，尤其是曹妃甸港和天津港如不及时加以统筹，势将形成重复建设的重大浪费。

3. 京津冀区域经济一体化简评

京津冀地区国有经济比重大，市场机制引入较晚。一方面，三省市经济一体化与产业分工更多体现在骨干企业与优势产业；另一方面，由于三省市产业结构整体上类似，但是又存在差异，因而也具备一定横向地域分工的动力。京津两个国际性大城市形成区域的双核心，河北成为区域发展的腹地。这种"双子座"的城市发展格局,可产生大于双倍的辐射力量,形成强大的凝聚力和向心力,有利于提升京津冀都市圈在环渤海乃至东北亚地区分工中的地位和影响力。京津两个大城市的重复建设现象较为严重,资源争夺激烈,所以中央及两市政府协调就对京津冀的经济一体化发展起着直接推动作用。

重庆两江新区和天津滨海新区都是国家的综合配套改革试验区。滨海新区在京津冀发展中对区域内其他地区的辐射效应初现。长江上游地区在实现区域经济一体化的过程中应当积极利用重庆两江新区的政策优惠,抓住机遇,再造核心增长极;不仅充分发挥重庆主城和成都双核心城市在川渝经济区的带动作用,而且加强川渝两地的全面分工与合作,发挥辐射效应,从而带动整个长江上游地区的经济一体化良性发展。

第二节　国内外区域经济一体化对长江上游地区经济一体化的启示

一、国外区域经济一体化对长江上游地区经济一体化的启示

第一节从经济一体化发展的历史、分工合作现状等方面剖析了田纳西、波士华、东京湾等国外典型地区成功实现区域经济一体化的案例。虽然田纳西、波士华、东京湾等国外典型地区的区域经济一体化与我国区域经济一体化存在着经济体制、市场环境、政治制度等多方面的背景差异,但是他们的一些成功经验还是值得我们总结和学习,尤其对长江上游地区经济一体化具有重要的启发作用。

(一)发挥城市增长极的核心带动能力

一般来讲,各个地区的资源、资本、技术、劳动力等资源禀赋不同,发展水平不同,其发展的优先次序也会有所不同。如果遍地开花式地全面发展,就会降低资源利用效率,导致经济效益下滑,最终各地都难以发展。因此,要优先发展那些增长力较强的核心城市,当这些先起步的城市积累起发展优势后,则应通过发展计划和投资安排,并通过扩散效应带动其他外围地区的发展。例如,前面介绍的田纳西河沿河经济一体化,波士华地区经济一体化,东京湾地区经

济一体化都是通过一个或多个城市核心带动一个更大区域的发展，最终实现区域的全面发展。

（二）加快建立共同市场体系

区域经济一体化最初突破口是市场一体化，推进区域经济一体化要建立统一的多层次的市场体系，突破行政区划的约束，让市场机制发挥核心作用，这个市场体系包括产品贸易、投资等多种形式的经济活动。从欧盟的发展历程不难看出，统一的市场体系是推动欧盟一体化进程的重要力量，欧盟提供了一整套的政策制度框架来管理各成员国间的贸易和投资，尤其是致力于消除成员国之间的关税壁垒和建立共同市场，统一市场体系的建立为欧盟实现区域经济一体化提供了重要条件。同样，莱茵河沿岸各国经济一体化也很注重发挥市场的作用，通过市场机制引导各国因地制宜地发展各自的特色产业，实现了与周边地区优势产业的相互补充和错位竞争。

（三）实施制度创新，做好城市内合作区域之间的利益协调

如何建立一种有效的制度安排以解决区域内不同发展水平的国家或地区的利益诉求，促进区域优势互补，共同发展，较好地提升了整个地区经济的综合竞争力，是区域合作能否成功的关键。因此，推进我国区域合作，首先需要打破各地区各自为政的单干行为，打破行政界限的束缚，建立一个高效的区域合作协调机制，有必要建立一个共同的管理决策机构，为实现"行政区域"向"经济区域"转变提供制度保障。例如，莱茵河流域各国通过协商组建了莱茵河保护国际委员会等门类齐全的跨国管理协调机构，而田纳西河则由联邦政府出面组建了田纳西管理局联邦政府直属机构。跨区域的流域管理机构被授权依法对流域自然资源进行统一开发和管理，不仅使河流水资源的潜力最大限度地发挥出来，还有效地预防和避免了污染，改善了流域的环境质量，保证了流域的可持续发展。

（四）经济文化与生态环境协调发展

无论是一个国家还是一个地区，如果只注重经济发展而忽略将经济与生态环境相协调，那么该区域将难以实现可持续发展。通过上述国际案例的分析，不难发现，这些区域在实现经济一体化发展进程中，特别注重经济、社会、文化协调发展，注重生态环境的保护。例如，欧盟建立了统一的欧盟环境法；美

国政府为治理田纳西河流域,颁布了《田纳西流域管理法》及编制流域综合规划,对流域资源进行科学合理开发,同时加强对流域内森林、野生生物和鱼类等自然资源的管理和保护,为提高居民的生活质量服务。鉴于长江上游地区在我国生态环境保护中的特殊地位,推进长江上游地区经济合作,欧盟和美国的做法值得我们思考和借鉴。

二、国内区域经济一体化对长江上游地区经济一体化的启示

本节深入分析了国内典型地区——长三角、大珠三角和京津冀地区成功推进区域经济一体化的经验和教训。虽然长三角、大珠三角、京津冀等国内典型地区的区域经济一体化与长江上游地区经济一体化存在着经济基础、产业结构、文化素质、区域政策、地理环境等多方面的外在差异,但是他们的一些成功经验值得长江上游地区借鉴和创新,具体如下。

(一)明确区域内各城市的功能分工

长江三角洲在经济一体化的过程中,各城市形成明确的分工。上海作为唯一的区域核心,其地位无可替代。同时,上海以其金融、贸易等优势服务周边的制造业,周边省市制造业也成为上海服务业的发展平台,各省市发展互相依托和借助。相比而言,长江上游地区目前有重庆和成都双核心,如何形成明确分工尚待解决,这方面可借鉴京津冀地区一体化中北京和天津的分工经验,通过政府推动和市场调节,合理分工区域功能,促进区域协同发展。

长江上游地区自然资源丰富,而京津冀地区尤其是河北也具有资源的优势,在区域内主导产业选择上宜以京津冀地区的发展为参考,区域内不同地区根据资源禀赋不同着重发挥地区相应优势产业,同时加强高新技术产业和服务业的发展。京津两地根据城市发展需要将部分重化工业和两地企业的配套产业转移到河北,而河北也制订相应政策积极吸引京津两地的产业转移,从而进一步加强区内不同省市间分工与合作。这些尤其值得为长江上游地区借鉴。

(二)建立区域协调机制,及时处理区域合作中的问题

长三角地区的民间、半官方和官方的定期和不定期合作协调机制值得借鉴,长江上游地区经济一体化也应建立区域协调机构,就合作中遇到的问题进行磋商。长江三角洲城市经济协调会、二省一市省市长联席会议制度等协调机制在

长三角经济一体化进程中发挥了重要作用。通过这种机制，区域内高层领导人定期召开会议，就区域信息资源共享、建设相互融通的区域经济功能与服务体系、促进人力资源有序流动等进行协商与合作。与此同时，近几年学术界和企业界召开的长三角区域发展研讨会或论坛频繁，这种动员民间力量、培育跨区域的非政府合作组织的做法也值得长江上游地区借鉴。

（三）积极促进民营经济发展

长三角、大珠三角及京津冀地区的区域经济一体化在地理上具有有利的位置，地处沿海这样一个大优势能最大程度上吸引外商的投资。FDI对这三个地区区域经济的发展有着不可磨灭的贡献。FDI在区域里的进入—聚集—再扩散—再聚集这样一个循环过程，极大地推动了区域经济一体化。而作为地处中国西部内陆的长江上游地区，在不能大规模利用外商投资的情况下，借鉴长三角大力发展民营经济，引进国内资金，就成了促进区域经济一体化的重要途径之一。现阶段，长江上游地区国有企业数量偏多，民营企业数量少并且规模小，该地区经济相对缺乏活力。因此在经济一体化的进程中更应当积极采取措施鼓励本地民营企业发展，增强经济发展的内生动力，同时积极吸引境内外资金进入，加速区域经济发展。

第六章
长江上游地区经济一体化战略架构与推进措施

长江上游地区经济一体化的核心思想是，在科学发展观指导下，通过长期实施区域经济一体化战略，推进长江上游地区整体实现经济的合作图强、科学发展，振兴长江上游地区。

合作图强，就是要利用经济一体化的组织形式，"谋求区域内商品流通和要素流动的自由化以及生产分工的最优化"（张幼文，2001），使得经济一体化区域内生产要素合理有效流动，并达到最佳配置，区域内的总体利益达到最大化；科学发展，就是要通过经济一体化的战略，实现长江上游各省市在有重大共同利益的领域内联合行动，统筹协调，包括在长江流域的生态保护、开发建设、环境治理，在重大基础设施建设上的协作配合和一致行动，在重大产业布局上的分工与合作，在区域城乡功能定位及建设上的协调整合，在高技术主攻方向、高新产业发展布局上的整合等，达到整个地区现实的协调发展和未来的可持续发展。振兴长江上游地区，就是要使长江上游四省市（四川、重庆、云南、贵州）依靠经济的战略分工与协作形成的整体联合生产力，提高全地区的经济总体水平，增强全地区的经济实力，使得长江上游地区成为全国第四大经济增长极。

第一节 长江上游地区经济一体化的原则及目标

一、长江上游地区经济一体化原则

1. 将经济一体化作为推动长江上游地区工业文明和生态文明的重大战略

长江上游地区尚未完成工业化，但世界已进入了生态文明时代，因此，长江上游地区面临着工业文明和生态文明并进的双重历史使命。无论是从农业时代向工业时代、农业经济向工业经济、农业社会向工业社会、农业文明向工业文明的转变过程，还是从工业时代向生态时代、工业经济向生态经济、工业社会向生态社会、工业文明向生态文明的转变过程，就整个长江上游地区而言，要缩短实现这一历史转变的过程，必须将工业文明与生态文明有机结合，并通过全面合作、联合一致行动推动历史的转变。

2. 将经济一体化作为推动长江上游地区城乡一体化的重大战略

2007年6月9日，经国务院批准，成都和重庆正式成为全国统筹城乡综合配套改革试验区，这是中国首次设立统筹城乡综合配套改革试验区。统筹城乡发展，实现城乡一体化，对于长江上游大农村地区来说，是改变城乡二元结构的需要，是探索新型发展模式的需要。对于成渝地区，乘"试验区"东风，大城市加大农村的城乡发展一体化与成渝两地经济一体化密不可分；对长江上游地区来说，大农村是普遍现实，因此利用好"试验区"的特殊政策和发挥带动效应，全面实现长江上游地区的城乡协调发展，是当地发展的需要，也是中央设立试验区的意义之所在。经济一体化过程，一方面可将成渝试验区的经验和方法传播到整个长江上游地区，以促进各地区之间的经济交流，另一方面各地方伴随着经济一体化的深化，资金、技术、劳务在城乡间的广泛流动，也必然促进当地乡村的发展。因此，经济一体化是推动长江上游地区实现城乡发展一体化的一项重大战略。

3. 将经济一体化作为长江上游地区提高西部大开发质量的重大战略

2000年国家开始实施西部大开发战略，这是促进西部地区经济发展的重大举措，也是增进西部地区人民福祉的大战略。长江上游地区是西部地区经济的重要组成部分，也是西部大开发的前沿和重心。2012年国家颁发了新一轮西部大开发规划，如何利用好新一轮西部大开发的战略机遇，最大幅度地增加本地区民众福祉，是西部各地区的共同任务。长江上游地区通过实施经济一体化战略，有利于实现区内资源共享，共同避免区际市场恶性竞争，使区内人民有更大能力降低风险，有更强实力走入市场，形成区内科学分工，有效利用区内外有限资源，提高长江上游区域开发总体质量。

第六章 长江上游地区经济一体化战略架构与推进措施

4. 整体谋划长江上游四省市发展，内部深度联合，共同推进经济一体化

长江上游地区四省市历史联系紧密，地理毗邻、道路相通、气候环境相似、生活方式相近、人员交流频繁、经济来往密切，甚至连说话口音都基本一样，在经济、社会生活各个方面都可以看成是一个无形的整体。要变这种无形的整体为有形的整体，以很多的相似增进共同利益，从战略层面来看，需要把四省市作为一个整体谋划，实现四省市在重大产业、城乡发展、生态环境建设、基础设施、资源开发等方面的深度分工与联合，借助经济一体化战略，实现长江上游四省市共同的发展。以四省市的一体化为基础，增强长江上游地区经济实力，对外争取更广区域、更深层次的合作。

5. 整体考虑错位发展长江上游地区内部四省市支柱产业，实现优势互补

长江上游地区四省市既有共同之处，又有差异。四省市拥有各自的支柱产业。比如，重庆的汽车摩托车产业、装备制造业、电子信息、燃气化工、轻工业、餐饮、物流、金融商贸和高新技术产业在国内甚至世界上具有一定地位；四川确定以电子信息业、水电业、机械冶金业、医药化工、饮料食品业、旅游业为支柱产业；云南的冶金、钢铁、化工、烟草、制药、花卉、民族文化和旅游业具备相当实力；贵州的冶金、能源、矿产、电力、烟草、制药、旅游等产业发展势头好。可以发现，四省市的支柱产业既有重复的行业如冶金机械、电子信息、制药等，也有互补性很强的行业，如云南的钢铁、贵州的煤炭电力可以为四川重庆的机械制造和汽车摩托车产业提供原材料和能源支持。因此，通过实施经济一体化战略，四省市应当通过协商合作，实现与区内其他地区支柱产业错位发展，从全区产业合理布局，有效搭配的高度出发，通过建立优势互补型的支柱产业，避免四省市同行业间恶性竞争。

6. 长江上游四省市在相互间的对内合作中，要体现平等互利、彰显特色、战略协同、共创优势的原则

在长江上游地区经济一体化的过程中，各个成员之间存在共同利益，也存在各自的特殊利益，只有在不过分损害成员特殊利益的基础上，才能实现有效的联合，共谋大计。因此，长江上游四省市在对内合作中一定要兼顾各省市的

特殊利益，尤其是要对本区域内的贫困地区、战略重组中牺牲较大的地区、承担生态和农业发展任务重的地区给予适当利益补偿。体现平等互利的原则，并在此基础上彰显各自特色，实现整体战略协同，最终实现共创优势。这是一个过程，也是一项合作者之间的基本原则。

7. 长江上游四省市在自身作为一个整体合作的基础上，对区外合作要体现"南北合作"为主、"南南合作"为辅，近邻合作为主、远邦合作为辅的原则

从全国来看，长江上游地区经济实力排名比较靠后，是国内的经济洼地之一，与我国长三角、大珠三角、京津冀地区经济实力差距很大；从国际看，长江上游地区与美国田纳西河流域地区、波士华地区、日本东京湾地区相比更是有着巨大的经济实力差距。因此，作为一个整体欠发达的地区，长江上游四省市对区外合作存在"南南合作"和"南北合作"两种形式。

长江上游地区应当采取南北合作为主的策略，主动与国内发达地区加深合作交流，积极借助它们巨大的经济技术实力提升自我。同时长江上游地区还要加强与邻近省区的合作，如与长江中游地区、西北地区、北部湾地区加强交流与合作。这些地区经济实力与长江上游地区相当，但是在能源、自然资源、特色制造业、农业、区位环境等方面可以与长江上游地区实现整体的互补和合作。

8. 联近协远、联强协弱，与沿海地区错位选择合作伙伴或重点合作领域，以此作为长江上游实现国际经济一体化的大原则

具体说来，与地理较近的国家多进行紧密联合，与地理较远的国家一般性开展合作与协作，有利于降低联合、协作成本；在不受到封锁的条件下，与强国或发达地区多建立紧密联合，敢与强手合作，有利于缩短与强者的差距；在自身实力不强的条件下，与弱国开展广泛的合作或协作更易使双方受益，这符合双方的实际。而且，长江上游作为西南地区，还要与东部沿海地区错位选择国际合作伙伴或重点领域，如东北地区与日韩、俄罗斯远东地区合作紧密，长江上游地区与日韩、俄罗斯远东地区则要相对无所作为或小有作为。

9. 地方政府主导、中央政府支持，市场主体、多方参与是长江上游地区经济一体化的基本原则

区域经济合作的推动主要依靠两只手，其中无形的手是市场运行，有形的

手是政府推动。作为中国的社会主义市场经济，其特点是政府主导的市场经济，因此在一体化的具体实施时，需要长江上游四省市的地方政府作为一体化进程的主要推动者和主导力量，具体主导一体化的开展和实施。同时还需要中央政府在政策、资金、人才等多方面给与支持，才能有力地推进长江上游地区的一体化。在实施过程中，也要积极发挥市场的主体作用，依靠市场的力量促进一体化的开展，同时依靠四省市、区外、国外多方社会机构和组织的共同参与，实现本区域内部协调、外部合作的一体化目标。

10. 先易后难，初级-中级-高级形式的合作并存，分阶段推进是长江上游地区经济一体化的基本途径

在长江上游地区经济一体化的实施过程中，由于区内各省（市）、地（州）、县的实际情况差异很大，因此，长江上游经济一体化需要遵从先易后难的原则，在基础设施发展水平低、产业结构层次低、城乡差距大、城市化水平低的地区要采取物资交换、商品贸易等较低层次的合作形式为主的方式；在长江上游地区内较发达的中心城市，尤其是成渝都市圈则要鼓励通过全方位、多角度，内容广泛的技术、人才、资本、信息等交流与产业协作的高级合作方式，争取实现高级形态的一体化。总之，在一体化的进程中，各地区应当从自身的实际出发，理性选择初级、中级或高级合作形式，从大范围的初级和中级合作出发，到局部的高级合作，再由局部的高级合作逐步提升为全局性的高级合作形式。分阶段推进是实现长江上游地区经济一体化的基本途径。

二、长江上游地区经济一体化战略目标及基本架构

长江上游地区经济一体化战略目标：通过实施长江上游地区经济一体化战略，加快长江上游地区各省市的对内对外经济合作和产业协调发展，提升长江上游地区经济发展质量和整体效益。到2030年，在长江上游四省市初步建成一批特色鲜明、相互补充的一体化的现代产业带，建成一个城乡统筹的现代城市群，促使长江上游整体成为继长三角、珠三角、京津冀之后的中国经济第四增长极。其一体化基本架构如下。

1. 在长江上游地区内部经济一体化方面，全力构筑"一圈两核四心五带"

在长江上游地区内部，联合协作不断向多层次、多领域、全方位方向发展，

联合化、协作化程度提高；重点构筑"一圈两核四心五带"。

"一圈"——成渝经济圈：四川包括成都、德阳、绵阳、眉山、资阳、遂宁、乐山、雅安、自贡、泸州、内江、南充、宜宾、达州、广安15个地市；重庆包括"1小时经济圈"内的21个区县(主城9区和涪陵、江津、合川、永川、长寿、南川、綦江、潼南、铜梁、大足、荣昌、璧山)，渝东北的万州、梁平、丰都、开县、云阳、忠县、垫江和渝东南的石柱共8个区县（表6-1）。

表6-1 成渝经济圈范围

次级经济区	市区县
重庆（29个区县）	万州、涪陵、渝中、大渡口、江北、沙坪坝、九龙坡、南岸、北碚、渝北、巴南、长寿、江津、合川、永川、南川、綦江、潼南、铜梁、大足、荣昌、璧山、梁平、丰都、垫江、忠县、开县、云阳、石柱
四川（15个地市）	成都、德阳、绵阳、眉山、资阳、遂宁、乐山、雅安、自贡、泸州、内江、南充、宜宾、达州、广安

"两核"——成都、重庆主城；这是目前长江上游地区经济最发达，人口密度最高，产业集聚程度最大，基础设施最完善，科、教、文、卫最齐全、水平最高的地区，是长江上游地区经济一体化的引擎和经济发展的辐射源。

"四心"——成都、重庆主城、贵阳、昆明四大中心城市；发挥这四大中心城市在区域合作中的带动作用，统筹周边城镇、乡村互动发展。

"五带"——成昆经济带、成筑经济带、渝昆经济带、渝筑经济带、贵昆经济带。这是长江上游地区经济一体化的重要战略通道和特色产业带。

2. 在国内经济一体化方面，以长江上游地区作为一个整体，积极"合三参二"

"合三"——实施与长江中下游、珠三角、西北经济区紧密战略合作；以长江上游地区、长江中游地区、长三角三个区域性的一体化为基础，最终达到整个长江流域的经济一体化。

"参二"——实施与京津冀、东北经济区一般性合作参与。

3. 在国际经济一体化方面，以长江上游地区作为一个整体，积极"合二参四"

"合二"——实现与东盟、欧盟紧密战略合作。

第六章 长江上游地区经济一体化战略架构与推进措施

"参四"——实现与东亚、北美洲、南美洲、东欧、俄罗斯、南亚、非洲一般性合作参与。

第二节 长江上游地区经济一体化的空间架构

一、在长江上游地区内部经济一体化方面，建成"一圈两核四心五带"

1. "一圈"

"一圈"：就是成渝经济圈，是成渝统筹城乡综合配套改革试验区主体部分。

成渝经济圈即现在的成渝经济区，面积20.6万km²，是我国重要的人口、城镇、产业集聚区。经过改革开放特别是西部大开发以来的发展建设，成渝经济区已成为西部地区综合实力最强的区域之一，具有良好的发展基础和巨大的开发潜力。

成渝经济圈内部的总体布局又细分为"双核五带"。双核即以成都、重庆为核心，五带为沿长江发展带、成绵乐发展带、成内渝发展带、成南（遂）渝发展带、渝广达发展带[①]，见图6-1。

图6-1 成渝经济圈"双核五带"示意图（见彩图）

[①] 成渝经济圈内的"五带"是指5个小的发展带，即沿长江发展带、成绵乐发展带、成内渝发展带、成南（遂）渝发展带、渝广达发展带。长江上游地区内部"一圈两核四心五带"中的"五带"是指5个大的经济带，即成昆经济带、成筑经济带、渝昆经济带、渝筑经济带、贵昆经济带。

目标是将成渝经济区建成"西部地区重要的经济中心、全国重要的现代产业基地、深化内陆开放的试验区、统筹城乡发展的示范区、长江上游生态安全的保障区"[①]。建成长江上游现代城市群、长江上游的国际大都市区和特色农村样板区，建成长江上游的现代农业高地、现代工业高地、现代服务业高地。

2."两核"

"两核"：即成都市和重庆主城。

（1）成都市：成都位于四川省中部，是四川省省会，四川省政治、经济、文教中心，国家经济与社会发展计划单列市，也是国家历史文化名城，中国西南部重要的交通枢纽。1993年，成都被国务院确定为西南地区的科技、商贸、金融中心和交通及通信枢纽。

目标是将成都建成西南国际城市、长江上游科教文化信息中心、巴蜀文化名城、西部科教强市、国家民用航空航天产业和材料产业基地、西南高科技产业基地、创新中心、西部宜居城市、西部著名的旅游目的地。重点发展现代服务业、高技术产业、先进制造业及特色农业，建成城乡一体化、全面现代化、充分国际化的大都市。

（2）重庆主城：重庆主城由9区（渝中、大渡口、江北、沙坪坝、九龙坡、南岸、北碚、渝北、巴南）组成，是重庆直辖市的核心部分，世界著名山水城市，国家重要的中心城市，国家历史文化名城，长江上游地区的经济中心，国家重要的现代制造业基地，中西部地区综合交通枢纽。

目标是将重庆主城建成国家特大中心城市、城乡和谐直辖市、内陆开放型国际化都市、特色鲜明的生态环境优美山水园林城市、西部重要经济增长极、长江上游经济中心、西部国际商务中心、西南物流中心、西南制造业中心（电子信息、装备制造、化工医药、新能源、环境保护等产业基地）、内陆商贸金融中心、长江上游地区综合交通枢纽和国际贸易大通道、中西部旅游集散中心。其中，两江新区要建设成为内陆先进制造业和现代服务业高地，内陆开放的重

[①] 国家发展和改革委员会. 2011. 成渝经济区区域规划.http://www.ndrc.gov.cn/zcfb/zcfbtz/2011tz/Binder1.pdf. 2011-05-13.

第六章 长江上游地区经济一体化战略架构与推进措施

要门户、科学发展的示范窗口。

3. "四心"

在长江上游地区经济一体化的战略中，建好成都、重庆主城、贵阳、昆明四大中心城市，使四中心成为长江上游地区经济一体化的天然极核。这是一项重要的战略目标，对于整个地区的经济一体化的开展具有重要的战略意义。

（1）成都。

（2）重庆主城。

（3）贵阳。贵阳是贵州省省会，位于中国西南云贵高原东部，是我国西南地区重要的中心城市之一，是贵州省的政治、经济、文化、科教中心和西南地区重要的交通通信枢纽、工业基地及商贸旅游服务中心，被誉为"高原明珠"。

目标是将贵阳建成长江上游生态文明示范城市、高原开放都市、现代生物产业基地、电子元器件产业基地、精细磷煤化工产业基地、现代中医药产业基地、高原绿色食品制造基地、服务外包基地、西南旅游商品贸易中心、长江上游会议中心、喀斯特山水旅游城市、生态休闲度假城市、宜居森林城市。

（4）昆明。是云南省省会，具有两千四百多年的历史，是云南省政治、经济、文化、科技、交通的中心，同时也是我国著名的历史文化名城和优秀旅游城市。

目标是将昆明建成国家面向东南亚的开放门户、东南亚区域性国际城市、东南亚国际旅游城市、东南亚民族商贸中心、长江上游特色轻工基地（生物制品、烟草产业集群、绿色食品和新材料制造等产业）、精细磷盐煤钛化工基地、轻工机械和环保产业基地、都市型现代农业基地、西南民族文化中心、东南亚风情生态城市。

此外，我们将广西南宁也考虑进来，将长江上游经济区和南贵昆经济带有机结合起来，争取在2030年形成"成—渝、南—贵—昆、渝—贵—南""干"字形国际大都市带，使这个地区成为西南地区教育高地、科技开发高地、制造业高地、商贸高地、金融高地、物流高地、中央商务走廊、医疗卫生体育高地、会展高地、产业集群高地和区域创新高地。

4. "五带"

（1）成昆经济带（成都—西昌—攀枝花—昆明—潞西）：长江上游地区的旅游、文化、生态产业带。成都是全国第一批（24座）历史文化名城之一，三国文化、蜀锦文化和诗词文化闻名遐迩，青城山、都江堰风景迷人，令人神往；沿线的西昌有凉山彝族火把节、红军长征纪念地——彝海、西昌卫星发射中心等人文景观，还有邛海、泸沽湖等自然景观，对中外旅游者都有较大的吸引力；攀枝花除了以钢铁闻名全国外，也是一座历史悠久的文化名城，当地青铜时代文化遗存很多；昆明四季温暖如春，鲜花常年不谢，草木四季长青，因此具有"春城"的美誉，目前昆明已形成了以世博园为中心的集自然风光和民族风情为一体的多功能的四季皆宜的旅游胜地；潞西市现名芒市，紧靠畹町、瑞丽等著名景点，拥有树包塔、菩提寺、佛光寺、五云寺、中缅友谊长青树、滇西抗日战争纪念碑、旅游步行街等很多景观吸引着国内外游客一览潞西的边境风情。

这条旅游、文化、生态产业带自北而南贯穿长江上游地区的西线，以成都、西昌、攀枝花、昆明、潞西为主节点，沿线靠近乐山、雅安、丽江、大理、瑞丽等城市，主要特色是自然、人文、历史、少数民族风情、边境特色等旅游项目。该经济带可以承接我国西藏高原地区藏文化与第二阶梯云贵高原、四川盆地旅游交汇，也可以带动整个长江上游地区西线的经济发展。

（2）成筑经济带（成都—内江—泸州—毕节—贵阳）：长江上游地区的特色农业、特色食品加工、能源开发、生态旅游产业带。成都、内江、泸州、毕节、贵阳一线除了特色农业外，还具备丰富的水能、煤炭资源，是我国重要的水力、火力发电的能源基地。沿线具有"水火共济"的电力资源优势，借助我国"西电东送"项目的开展，这条西北—东南走向的成筑经济带与渝昆经济带交叉穿过长江上游腹地，是一条适合特色轻工、特色旅游、特色农业、水能、火能开发的生态产业带，肩负着深化长江上游广大腹地小城镇、农村发展的重任。

（3）渝昆经济带（重庆—毕节—六盘水—曲靖—昆明）：长江上游地区的特色农业、水能矿产资源开发、喀斯特山水旅游、特色轻工业产业带。此线也是重庆经昆明沿滇缅铁路从瑞丽出境穿越缅甸到达仰光港入印度洋的最近通道。重庆、毕节、六盘水、曲靖、昆明一线是长江上游地区的主要农作物产区，烟

第六章　长江上游地区经济一体化战略架构与推进措施

草种植、烤烟加工是该经济带的特色农业和农产加工的典型代表。以毕节、六盘水、曲靖为代表的沿线地区烟草种植广泛，烟叶质量上乘，以此为原材料生产的云烟、贵烟、石林、小熊猫、黄果树、遵义等品牌的香烟成为全国名牌。

这条经济带沿线覆盖云贵川渝的江津、古蔺、毕节、六盘水、曲靖、玉溪等市，特色农产品包括水果、烟草、茶叶、蔬菜、中草药、花卉等，特色的农产加工产品有卷烟、酿酒、制茶、绿色食品、手工工艺品等。该产业带呈东北—西南走向，斜穿长江上游地区，地处长江上游腹地，农业资源丰富，是一条特色农业、特色轻工业、山水旅游前景广阔的产业带，它肩负带动长江上游广大小城镇、农村腹地发展的重任。

（4）渝筑经济带（重庆—遵义—贵阳）：长江上游地区的医药制造、能源、轻工、物流产业带。重庆的中西药制药业发达，贵州的中草药用植物资源极其丰富，是全国重要的中药材产地之一。贵阳制药企业无论数量还是名气在国内都赫赫有名。贵州煤炭资源富集，水能资源充足，是我国重要的电力资源大省。

因此，这条北南方向贯穿长江上游经济区东线的医药制造、能源、轻工、物流产业带可以成为整个长江上游地区乃至西南地区的门户，承接着对外连接，物资往来的重任。渝筑经济带延伸至南宁、北海。南宁是广西的经济中心。北海是我国海上"丝绸之路"起点之一，历史上是云、贵、川、桂、湘、鄂等与海外贸易的主要商品集散地之一。重庆是长江上游航运、西南地区航空运输的主要集散地。渝筑北沿线四通八达的高速公路和高速铁路网可以使当地的货物在一天之内运输到中国南方的任何一个城市。这必将带动沿线遵义、都匀、河池、柳州等城市的发展。

（5）贵昆经济带（贵阳—六盘水—曲靖—昆明）：长江上游地区的食品、烟草、花卉、民族工艺品、林木制品产业带，也是长江上游地区的高原民族文化产业、沿边开放经济带。贵阳、昆明两个城市及沿线黔南布依族苗族自治州、黔东南苗族侗族自治州、黔西南布依族苗族自治州、安顺市、六盘水、曲靖市乃至红河哈尼族彝族自治州、西双版纳傣族自治州和沿线瑶族、毛南族等自治县拥有我国56个民族中大多数的少数民族，可以组成一条高原民族文化产业经济带。

这条经济带呈东西走向横亘长江上游地区的南线，是我国少数民族数最多，高原民族文化最为丰富的一个经济带，它担负着开发少数民族地区资源，带动少数民族地区经济起飞的重任。

长江上游地区内部经济一体化——"一圈两核四心五带"空间构架见图6-2。

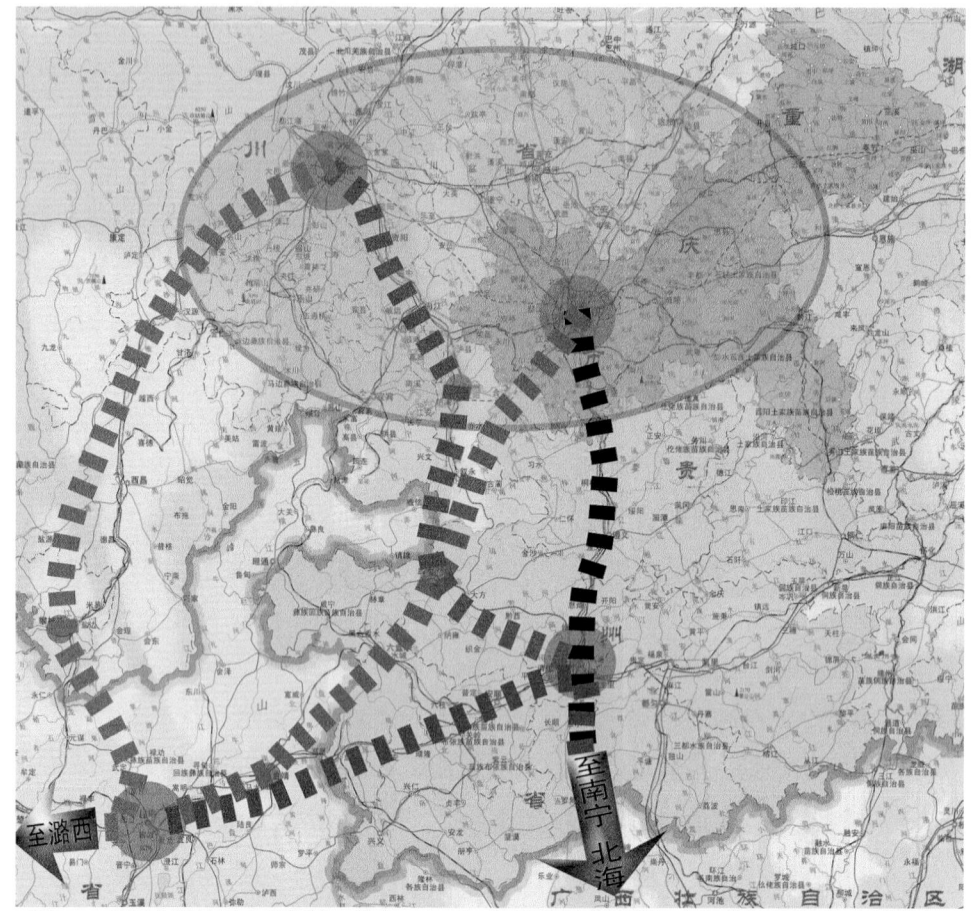

图6-2 长江上游地区内部经济一体化——"一圈两核四心五带"空间构架示意图（见彩图）

二、在长江上游地区国内经济一体化方面，与长江中下游地区、珠三角、西北经济区主动建立紧密战略合作，与京津冀、东北经济区展开一般性协作

（1）通过与"长三角"、长江中游经济区的紧密战略合作，整体主动融入长江流域经济带，合力建设中国经济新支撑带。

"长三角"是以上海为龙头的苏中南、浙东北工业经济区，是我国目前产业结构最优、工农业和服务业发达、经济总量规模最大、最具有发展潜力的经济

第六章 长江上游地区经济一体化战略架构与推进措施

板块。

长江中游经济区是以武汉、南昌、合肥和长株潭城市群为中心的经济区。武汉是长江中游乃至中国中部地区最大的城市之一,也是全国铁路、水路、公路、航空和电信的重要枢纽,是华中地区最大的工商业城市,是中国中部地区的工业、金融、商业、科研和文化教育中心。同武汉一起,2007年11月16日经国务院同意,长沙、株洲、湘潭城市群被批准为全国资源节约型和环境友好型社会建设综合配套改革试验区。

长江上游地区与长江中游地区、长三角同属长江一脉水系,共饮一江水,经济、文化生活交流密切,这为相互交流合作提供了便利的条件。但是,与长三角、长江中游地区的合作,需要共同实施长江流域经济一体化战略才能更好地实现。长三角地区经济贸易发达,商机很多,科技实力雄厚,文明程度高。长江上游地区只有从经济一体化战略层面着眼,与长三角建立长久的战略联系,才能在与长三角的融合中借助长三角的优势和经验发展自我,更快提升。与长江中游地区的融合更是长江上游地区一体化发展的必然趋势。其一,地理、交通方面的紧密联系,使得长江上游地区和长江中游地区密不可分;其二,三峡等共有资源是长江上游地区和长江中游地区共同的财富,两地区在交界区域的深度融合势在必行,而且有利于双方;其三,长江中游地区,尤其是长株潭地区城镇一体化进程推进成果显著,2007年该地区和特大城市武汉一同获批"两型社会"改革试验区,是对当地经济一体化战略实施的巨大鼓励,这一地区的试验必有长江上游地区推进一体化值得借鉴和学习的经验。

打通长江水系,实现长江上、中、下游地区的全面战略融合与发展,共建中国经济新支撑带,是使长江流域所有地区都获益的大战略。同时,也是中华民族伟大复兴的本质要求和中国特色社会主义的内在要求。长江上游地区在实行一体化战略的过程中,在国内一定要重点着眼于与长江中、下游的经济分工与合作,积极融合,总体推进,实现长江上游地区经济一体化与长江流域经济一体化发展的大战略目标对接。

(2) 通过与珠三角、香港、澳门、广西、海南的紧密战略合作,整体主动融入泛珠三角经济带,共同推动长江上游地区与"大珠三角"协调发展。

珠三角地区位于中国广东省东部沿海,主要包括广州、深圳、珠海、佛山、江门、东莞、中山等经济发达城市。大珠三角还包括香港、澳门地区。该地区是我国东南沿海经济发展的龙头,先进制造业和现代服务业优势明显、经济发展速度快、商业贸易市场发育好、金融市场活力旺盛，是我国第二大经济区。

在珠三角地区经济强势的拉动下，2003年以来，由广东省倡导并得到福建、江西、湖南、广西、海南、四川、贵州、云南等八省区政府和香港、澳门政府积极响应、大力推动的泛珠三角区域合作（即"9+2"）已经引起了相关地区社会各界的普遍关注，得到了广泛赞同。自2004年6月首届泛珠三角区域合作与发展论坛于广州召开以来，至2009年泛珠"9+2"论坛已经召开五届，签订了大量的合作项目，总投资额连年增长。

珠三角地区有巨大经济拉动能力，泛珠三角经济带有良好的发展前景和积极的合作态势，长江上游四省市中四川、云南、贵州也是"9+2"成员，重庆也列席参加过"9+2"合作论坛，可以说长江上游的部分地区同时也是珠江上游地区，因而长江上游地区与珠三角地区是密不可分的两个区域，长江上游四省市在自身一体化的进程中，有必要紧密依靠"9+2"合作平台，利用现有的合作机制，加快促进与广东、香港、澳门等珠三角地区的合作，积极加强与福建、江西、湖南、广西、海南等地区的融合与交流，整体融入泛珠三角经济带，促进长江上游地区经济的发展。

（3）通过与西北经济区紧密战略合作，连通亚欧"陆上丝绸之路"共同推动西部大开发向纵深发展。

西北经济区由陕西、甘肃、宁夏、青海、新疆五省区组成，面积为309万km^2，占国土面积的32.2%。这一地区石油、天然气、煤、太阳能、风力、矿产资源丰富，具有许多世界上独一无二的生物资源和旅游资源。其中，陕西、甘肃的科技、教育、文化资源在国内占有重要位置。1992年，东起连云港、经陇海—兰新线、西至荷兰鹿特丹的新欧亚大陆桥贯通后，比原经西伯利亚的亚欧大陆桥缩短2000多千米路程，比绕印度洋和苏伊士运河的水路缩短1万余千米，辐射亚欧30多个国家的新亚欧大陆桥的贯通使西北经济区成为欧亚经济带的核心区，已建成的从重庆起点的渝新欧快速铁路使西北经济区在国内、国际的战略地位进一步突显。

长江上游地区与西北经济区同属西部地区，在欠发达地区开发、革除贫苦、生态环境保护、资源利用、科技教育和交通的发展等方面有诸多的共同战略诉求，在地理位置上又紧相连，渝新欧大通道更把两地拉近，因此，有必要建立更加紧密的战略合作关系，共同开发利用两大经济区互补的战略性资源，共同治理生态环境，共同攻克"老少边穷"的难题，共同利用新欧亚大陆桥与欧盟、俄罗斯及东欧国家建立更紧密的经贸联系,共同探讨后进地区科学发展的模式和路径,推动祖国东中西部宏观全局协调发展。

(4)通过与京津冀、东北经济区的一般性协作参与,吸纳京津冀的高级生产要素,借助东北经济区富集的农业、制造业资源和老工业基地改造的经验加快长江上游地区发展。

京津冀地区是中国的政治、文化、创新中心,金融、人才中心,也是国家的科技教育中心,具有国家实力最强的高级生产要素和政策元素,同时,也是长江上游地区特色工农业产品的巨大市场。长江上游有必要与京津冀地区建立广泛协作关系,从京津冀地区取长补短,不仅可以从京津冀"借脑"发展、引资引智发展,而且可以为京津冀做初级—中级—高级的服务外包。尤其有必要借鉴和学习北京的高科技产业发展经验、天津开发滨海新区的成功经验等。

东北经济区农业、制造业发达,相关资源富集,不仅它的农产品、机器制成品是长江上游地区进货的对象,而且它的先进农业、现代制造业发展的经验值得长江上游地区学习借鉴,长江上游地区与东北经济区在工农业产品、气候资源、旅游资源等方面差异性大、互补性强,有必要与东北经济区深化经贸协作,携手发展。

但是,长江上游地区在国内经济一体化中还是要理性应对,有所作为有所不为,对地理较远的京津冀、东北经济区也要在资源、技术、高级要素、市场等互补领域有所作为,在其他产业同质化领域有所不为。

三、在国际经济一体化方面,积极与东盟、欧盟建立紧密战略合作,与东亚、北美洲、南美洲、东欧、俄罗斯、南亚、非洲建立一般性经贸联系

(1)深化与东盟、欧盟的战略合作,在中国-东盟自由贸易区、中欧贸易伙伴中发挥更突出的作用。

东盟(东南亚国家联盟)包括文莱、柬埔寨、印度尼西亚、马来西亚、缅甸、菲律宾、新加坡、泰国、越南、老挝十个国家。2000年9月,在新加坡举行的第四次东盟与中国(10+1)领导人会议上,中国国务院总理朱镕基提出建立中国-东盟自由贸易区的建议,得到东盟有关国家的赞同。2002年11月4日,中国总理朱镕基和东盟10国领导人签署了《中国与东盟全面经济合作框架协议》,宣布2010年建成中国-东盟自由贸易区,从而启动了中国-东盟自由贸易区的进

程。中国-东盟自由贸易区的建成，2010年已创造一个拥有近19亿消费者、73 709亿美元国民总收入（中国57 000亿美元、文莱124.6亿美元、柬埔寨107亿美元、印度尼西亚5991亿美元、马来西亚2204亿美元、缅甸估计356.4亿美元、菲律宾1922亿美元、新加坡2103亿美元、泰国2867亿美元、越南969亿美元、老挝65亿美元）①、37 365亿美元进出口贸易总量（2009年中国22 072亿美元、柬埔寨104亿美元、印度尼西亚2112.3亿美元、马来西亚2812.6亿美元、缅甸110.3亿美元、菲律宾842.14亿美元、新加坡5156.17亿美元、泰国2863亿美元、越南1270.45亿美元、老挝22亿美元）②的经济区。按人口算，这是世界上最大的自由贸易区；从经济规模上看，是仅次于欧盟和北美自由贸易区的全球第三大自由贸易区，是发展中国家组成的最大的自由贸易区。

　　长江上游地区与东南亚国家地理位置接近，文化、习俗相近，交通往来方便，在农业、旅游、装备制造、原料供应、工业品销售、服务业等方面有巨大的合作前景。长江上游四省市应当与东盟建立更紧密的经贸合作关系，共建海上丝绸之路经济带，在"东盟10+1"框架内发挥更突出作用。

　　随着中国的和平崛起，中国与欧洲的交流将更加紧密和广泛。2008年欧洲GDP达18.4万亿美元。目前，欧盟是中国的第一大技术引进来源国，是机器制成品、高技术产品的主要出口国。长江上游四省市在工业品制造、知识文化交流、科技教育、商贸、航空等方面与欧洲发达国家和地区有较大差距。但是，长江上游地区在技术、资源、产业、文化等方面与欧洲一些国家具有很强的互补性，历史上经贸联系较紧密，新欧亚大陆桥和渝新欧铁路的贯通极大缩短了长江上游与欧盟的距离，长江上游地区应当积极学习欧盟的先进技术、知识和文化，学习借鉴欧盟的环境保护、市场开发、城乡建设经验，并主动寻找更多与欧盟合作的领域，与欧盟共建陆上丝绸之路经济带，在中欧经贸伙伴中扮演更重要的角色。

　　（2）与东亚、北美南美、东欧俄罗斯、南亚非洲建立一般性经贸关系，在与它们的协作中有所作为有所不为。

　　东亚经济区主要由日本、韩国、朝鲜、蒙古等国家组成。日韩在汽车、造

---

① 世界银行.2012.2012年世界发展报告：性别平等与发展.北京：清华大学出版社：400-401.其中，缅甸为估计数。
② 世界银行.2012.2012年世界发展报告：性别平等与发展.北京：清华大学出版社：408-409.其中，文莱缺数据。

船、钢铁、电子信息、科技教育、小城镇和农村开发等方面有很多独特优势和经验，日本的银行业、保险业、商贸服务、旅游等服务业发达，值得我们学习借鉴。长江上游四省市应当适当与日本、韩国在制造业和城乡建设等重点领域建立必要的协作关系，在东亚经济圈内发挥积极的作用。朝鲜、蒙古矿产丰富，蒙古畜牧业发达，与长江上游四省市互补性强，两国市场潜力巨大，是长江上游四省市工业品开拓的巨大市场。

由美国、加拿大、墨西哥组成的北美自由贸易区是世界上最发达的经济体，2008年该区GDP总额近16.7万亿美元，货物进出口近5万亿美元。美国的航天航空业、电子信息业、制药业、机器制造、农业、科教等方面在世界上独占优势，加拿大的制造业、资源工业、高科技产业、农业发达。南美的自然资源、工农业资源极为丰富，市场巨大。在这样的背景下，长江上游地区应当在科技教育、通信技术、生物医药、电子信息产业、服务外包领域与美国、加拿大等国建立更多的合作，与南美在基础设施建设、资源利用、市场开发、现代农业、制造业发展等方面有更多的合作，在亚太经合组织中发挥较大作用。

东欧、俄罗斯自然资源、石油天然气、旅游资源、农业资源极为丰富，科教发达、军工发达、市场广阔，但劳动力、资金短缺，长江上游四省市与之在经贸上有极大的互补性，可借助渝新欧铁路参与东欧俄罗斯的资源开发、基础设施和城市建设，及农业、制造业、服务业等领域的经济技术合作和劳务合作。

南亚、非洲资源丰富、市场巨大，发展势头较好，尤其是其中的印度、南非两个金砖国家开发潜力巨大，随着这两个地区政治的稳定，必将迎来一个建设发展的新时期，长江上游四省市不可忽视这一地区的巨大发展潜力，而要瞄准这里可能出现的、接近成熟的一个又一个的商机，积极参与这一地区在农业、制造业、服务业等领域的开发和合作。

当然，长江上游地区在国际经济一体化方面，不可全面出击，而要每个阶段有重点推进，任何一个时期均要有所为有所不为。

第三节　长江上游地区经济一体化战略重点、战略步骤和重大措施

为了实现长江上游地区经济一体化的战略目标，长江上游地区未来18年经

济一体化的战略重点、战略步骤和重大措施如下。

一、战略重点

经济合作是长江上游地区经济一体化的主轴。实施长江上游地区经济一体化战略，长江上游四省市内部的经济产业深度联合及一体化又是这一地区实现更广的国内经济一体化和国际经济一体化的基础，因此，从长江上游地区内部经济一体化的角度看，重点是5个方面。

1. 提高市场一体化水平，建成长江上游地区统一大市场

以区域共同市场为目标，促进要素在长江上游四省市内自由流动；构建四省市自由贸易区，推进市场主体在区内无障碍经营；以重庆、成都、昆明、贵阳为中心，加强区域内共同市场建设；要消除各地区之间人为设置的各种壁垒，完善市场一体化管理运行机制。

2. 加快长江上游流域治理，尽快实现生态环境建设一体化

长江上游四省市属于人口密集的大江大河上游，对中下游人民负有重大的生态保护责任，对全国有重要的生态责任，对本地区更有非常重大的生态保护和建设责任。因此，要确立长江上游四省市共同的生态目标，四省市共同行动实现这样的目标。主要包括如下几点。

植物生态：统一编制各省市的植被生态保护规划，森林覆盖率逐步提高到60%以上。共同建立森林保护区，自然林禁伐区；积极推进荒山荒坡植树造林工作和防治荒漠化工作，协同制止滥砍滥伐和林木外运，保证各自辖区内的荒漠地区不扩大，不外侵，整体控制石漠化、荒漠化现象。区域内总体实现自然植被无破坏、荒山荒坡披绿装、荒漠地区不扩散的目标。在全国气候变暖的今天，利用长江上游雨量充沛的优势，在长江上游广建速生碳汇森林，是一项刻不容缓的战略任务。

水生态：共同治理河流污染，杜绝肥水养鱼；建立流域水生态治理组织，督促各地区的河道治理、水质保护工作，确保长江上游主流及各支流水土不再流失，水域水质清澈。

能源生态：动员全区域各工矿企业力量，扎实做好节能降耗和污染减排工作，广泛使用生物能源、太阳能、风能等新能源，控制高耗能、高污染行业过快增长。

工业生态：全区努力实现工业废水、废气排放达标率不低于95%，工业固体废弃物处置利用率不低于95%，无危险废物排放，废旧放射源集中收储率达到100%。争取早日实现长江上游地区内环境保护重点监管区域的环境污染问题基本得到解决。

农业生态：开发和推广生物农业、绿色农业，减少施用农药和化肥；规范养殖场污染物排放行为；大力推广农村沼气、小水电等能源工程。把长江上游农村建设成为生态农业示范区。

服务业生态：通过采用清洁能源、无氟制冷设备减少温室气体排放量；杜绝使用野生动物作为烹饪原材料；打造生态化、清洁化、低碳化、无污染社会服务业。

3. 协议分工，共建特色鲜明的产业集群，实现主导产业、支柱产业一体化

围绕"一圈两核四中心五带"，共建各具特色的产业集群，是长江上游地区主导产业和支柱产业一体化的核心内容。

产业雷同、恶性竞争是区域经济一体化的天敌。追赶发达地区，后进地区后来居上的捷径就是从战略高层避免恶性竞争，避免重复建设，实现重大产业的协议分工。实现共建长江上游经济一体化的目标，必须通过四省市共同的产业规划机构协调四省市的主导产业、支柱产业发展目标，实现四省市在主要产品、重大项目布局上的协议分工，重点是重大制造业、高科技产业、重大服务业在四省市区域布局上的协议分工，为追求区际公平目标，这种协议分工应是水平分工。每个省、市围绕自己的主导支柱产业建立相应的产业集群。

4. 共建成渝城乡统筹城镇群，率先实现城乡一体化

从长远目标看，要统筹规划长江上游地区四省市的大中小城市群和小城镇，尤其是中心城市的功能定位和产业分工应有差异。但在2013～2020年的阶段目标上，则是重点建好成渝城乡统筹城镇群，使之成为长江上游地区的核心增长极，逐步（尤其是2020年后）带动长江上游全局。

成渝城乡统筹城镇群是依托"全国统筹城乡综合配套改革试验区"，以成都和重庆作为双核心中心城市，依托德阳、绵阳、眉山、乐山、宜宾、泸州、自贡、内江、达州、广安、南充、遂宁、资阳、雅安和重庆主城、江津、永川、合川、

大足、南川、涪陵、万州、璧山、潼南、铜梁等城市为重要节点，把密集分布在 20 万 km² 的两个特大城市和 12 个中等城市、21 个小城市及 2213 个建制镇有机统筹起来，建设成为西部地区城市密度最大、在全国具有重要代表性的城镇群。利用成德绵城市群、重庆城市群、川南城市群、川东北经济区和三峡生态经济区城市集中的带动作用，使农村人口向县域城关镇、中心镇集中，三峡库区移民向渝西地区靠拢，提高成渝地区城镇化率和城镇化质量，使成渝城乡统筹城镇群成为长江上游地区城乡一体化的排头兵，为全国城乡一体化提供成功经验。

5. 共建物流大通道，实现重大基础设施建设一体化

长江上游地区与长江三角洲地区的重大差距是基础设施建设的差距。基础设施建设的一体化是长江上游四省市内部其他领域一体化的基础和重心。为了避免基础设施的重复建设和恶性竞争，避免有限的战略资金的浪费，长江上游地区首先要统筹重大基础设施的规划、项目及实施，尤其要统筹各省市具有独立决策权的基础设施建设。主要包括：长江上游地区沿江重要城市港口码头的建设，跨区公路、跨区铁路的规划建设，大中小机场的布局，通信设施的建设，水电资源、火电资源的共同开发和建设，重大科研、教育设施的布局和建设等。

二、战略步骤

长江上游地区经济一体化的战略路线图分为三步。

第一步：2013～2015 年，经济深度一体化准备阶段。重点是市场一体化和物流大通道建设，区域内的重大交通设施、高速公路通达地市县，高速铁路连通主要大中城市，普通公路铁路普及、机场完善和扩大，产业重点是四个中心城市的产业升级和完善，区域重点是"一圈两核"，尤其是重庆两江新区的建设。国内重点发展与长三角的合作，国际重点是开拓东南亚，并搭建经济一体化的组织架构，争取中央政府的支持。

第二步：2016～2020 年，经济一体化推进阶段。重点是生态保护、大江大河治理、城市基础设施的完善和向镇乡村的延伸。区域重点是成昆经济带、渝筑经济带、贵昆经济带，尤其是贵阳的贵安新区和成都的天府新区建设；国内重点是与长江中、下游重点地区的经济联系与合作，与珠三角重点地区的经济合作，与西北经济区的经济合作；国际区域的重点是加强与欧盟的经济战略合作，与日本、韩国等东亚地区的经贸协作，深化与东盟的经贸合作。

第三步：2020～2030年，生产领域一体化突破阶段。产业重点是在四省市的主导、支柱产业协议分工方面取得实质进展，在生态一体化方面取得重大进步，区内重点是渝昆经济带和成筑经济带的纵深发展，尤其是昆明呈贡新区建设，区外重点是与整个长江流域、珠江流域各省市的全面合作，与东北经济区、京津冀的经贸协作，国际区域重点是深化与欧盟的经贸合作，在与东欧俄罗斯、南亚非洲、北美和拉美的经贸协作方面取得明显进步。

三、重大措施

为实现长江上游地区经济一体化的战略目标，未来18年主要的战略措施有：

（1）以长江上游四省市的联合与合作为基础，扩大开放、深化合作，主动参与国内国际分工。

要实现长江上游地区经济一体化的战略目标，首要的问题是解放思想，革新观念，确立科学发展、合作发展的指导思想。而科学发展、合作发展，需要我们扩大开放，深化合作，主动参与国内、国际的产业分工。

扩大长江上游四省市相互之间的开放，深化四省市内部的联合，四省市联合按照协议分工的原则，共建各有特色的现代产业集群，组合在一起又是功能相对完整的长江上游现代产业体系。长江上游四省市的联合与合作是长江上游作为一个整体对国内、国际合作和协作的基础。

以长江上游四省市的联合为基础，扩大向国内长江中下游、珠江中下游、京津冀环渤海经济区、西北经济区等的开放，大力发展周边省际合作、区际合作，主动参与国内的产业分工，围绕长江上游四省市的产业发展目标，主动承接国内的产业转移。同时推动四省市的产业、产品、劳务等走出去，在13亿人的大舞台上发展自己。

以国内的开放合作为基础，扩大向东盟、欧盟、东亚、南亚、俄罗斯、东欧、北美、拉美、非洲的开放，积极与世界主要发达国家和地区合作，主动参加国际分工。在这一层次的合作中，有两类重要桥梁不容忽视：一类是经常举办的博鳌亚洲论坛、中欧论坛、中美战略对话、中非合作论坛、东盟地区论坛、中日韩论坛等；另一类是与海外华商尤其是海外靠近我国西南地区的商人、学者、社会活动家的联系，通过他们扩大和深化与其所在国家和地区的合作。

（2）围绕长江上游一体化的目标和空间架构，加强五年计划和长远规划的协商、协调和有机整合。

自由市场经济的最大弊病是缺乏有意识的社会调节。往往各个自由市场主体之间的协商、调整和重组，是在其各自独立决策并实施造成了巨大损失之后才被迫采取亡羊补牢的做法。中国社会主义市场经济的性质决定了：长江上游四省市要实现经济一体化的目标，达到共同致富、协调发展的目的，必须主动在事前充分运用"计划"、"规划"、"协商"这支"看得见的手"，通过长江上游地区经济一体化合作组织的协调，四省市发改委、规划部门共同参与协议分工，包括实施四省市的主要支柱产业、主导及重点产业的五年发展计划的协调、城乡发展规划的协调，生态建设规划的协调，及更多的具体产业规划的协商、协调、共建等，在交通、物流、旅游、医疗、教育、科技、金融等领域实现长远规划的协商、协调和有机整合。

比如，对长江流域的生态保护、资源开发进行统一规划。四省市联手规划长江上游的森林再造、水土保持、野生动物保护、淡水保护、水利建设、水电开发、防洪防涝、航运、有色金属开发、生态资源利用等。

对制造业发展战略进行高层协商，对重大产业发展布局通过协议分工进行统一战略规划，在长江上游地区四省市的城市群之间，在每个城市群的大中小城市之间，进行科学合理的分工，建立紧密的战略协作，共建国家级产业带、世界级特色产业集群。

对基础设施、公共资源进行统一规划、共用。包括：统筹协调、合理配置公路资源、铁路资源、港口资源、机场资源、信息资源、水火电资源、"三废"处理等等。还包括统筹协调、合理配置文化资源、教育资源、医疗卫生资源、体育资源等。

（3）以两省之间的次区域合作、单一领域合作为突破口，以此积累经验，逐步扩展到整个长江上游、再到长江流域和珠江流域。

欧盟的历史经验告诉我们，欧盟不是一开始就是多国的全方位合作，而是沿着单一领域—几个领域—很多领域的路径拓展，由几个核心国家向10余个、27个国家扩展的。例如，从20世纪50年代的欧洲煤钢共同体发展到60年代的关税同盟、共同农业政策，再到80年代开始的共同大市场、90年代启动的共同外交和安全防务，以及统一的欧洲货币等，加盟的国家由最初的6国发展到1980年的10国，到1995年的15国，再到2007年的27国。

长江上游地区的经济一体化是国内相邻地区、同一流域的经济一体化。表面上，国内区域经济一体化似乎比国与国之间的经济一体化更容易，实质上并

第六章 长江上游地区经济一体化战略架构与推进措施

没有这么简单。比如，西南六省区市七方的合作从1984年起步到现在，实质性进展不大，就是明证。

以次区域经济合作为突破口再到四省市的大区域经济合作。在2015年前，更多重视省际经济合作，即川渝合作、川黔合作、滇黔合作、渝黔合作、渝滇合作、滇黔合作，由这样两省市合作扩大到三省市合作；到2020年前，再扩大到四省市全面合作；到2020年后进一步扩大到长江流域、珠江流域的全面经济战略合作。

（4）长江上游地区四省市的经济一体化在未来18年乃至更长一段时间的发展，必须按照由点到面，由浅入深循序展开。

以单一领域、较少领域的经济合作为突破口，逐步扩大到多个领域直至主要领域的全面经济合作。2010年前已在能源、交通等领域的合作取得一定进步，到2015年前，合作的领域宜进一步扩大到立体交通、旅游、生态、农业、物流、教育、科技、金融等领域；2020年前，则进一步扩大到大中小城市的主要制造业、重要的服务业领域。2020年后，经济合作向长江上游四省市腹地的广大农村乡镇的农业、工业和服务业全面渗透。

（5）从国家战略层面，长期培育、打造、提升成渝经济区，促使成渝经济区成为西部的首要增长极和长江上游地区一体化的轴心区。

由于历史、地理、经济发展国际、国内环境等具体条件的不同，使得经济一体化区域的轴心区呈现多样化的表现形式。例如，在国际经济一体化区域中，法国和德国是欧盟的轴心国，美国和加拿大是北美的轴心国；在国内经济一体化区域中，穗港是珠三角的轴心地区，京津是京津冀的轴心地区，沪宁是长三角的轴心地区，东京、横滨是东京湾的轴心地区，波士顿、纽约是波士华地区的轴心地区。这些双轴心带动区域经济一体化的案例，为我们长江上游地区经济一体化提供了参考依据。

长江上游地区四省市的发展需要轴心区，客观上也正在形成这样的轴心区，这就是成渝经济区。从国家战略层面，这是一个重要的轴心区，对整个西部地区，尤其是西南地区的发展及经济一体化至关重要。培育、提升、率先建好成渝轴心区，才能稳定西南、带动长江上游地区，影响西北、中南、华南地区，进而成为长江上游地区经济一体化的内核和能动的积极因素。强大的成渝地区才会有实力带动长江上游地区，云、贵等长江上游诸省也会在行政协调和利益驱动双轮作用下靠进成渝轴心区。

在近期，要重点避免重庆的两江新区和成都的天府新区在产业布局和功能定位上的雷同和恶性竞争，避免重庆主城和成都不必要的重复建设和恶性竞争。

（6）共建亲民富民、兴商活商的现代投资软环境，重点是建设服务型、合作型、开放型各级区域政府。

长江上游地区四省市与沿海发达地区的最大差距是投资软环境的差距。发动投资软环境的革命是实现长江上游地区经济一体化目标的重大措施。这样的投资软环境革命主要包括：政府、中介组织、社会要为农民工进城、外地大学生及创业者在长江上游执业发展提供服务和方便，营造亲民环境；为内商和外商在本地的投资提供方便，营造兴商环境。包括办理户口、居住、执照、审批项目或许可、征地、质检、环保等方面，为执业民众、企业提供高效、规范、优质的服务，为符合产业规划的、合法举办的规模以上企业配备"企业保姆"，专为企业办理各种与政府相关的审批手续。亲民兴商的天敌是对执业民众、创业内外商的吃拿卡要挤。亲民富民、活商兴商的核心不仅要将各级地方政府建成服务型、廉洁型政府，而且要建成具有全球眼光、合作意识、包容服务的开放合作型政府。

营造鼓励创新、创业的文化环境。对进城农民工、外地大学生及创业者、内外商实行与本地民众、企业家同样的"国民待遇"，在税费上缴、减免，政策优惠、政策扶持等方面，给予进城农民工、外地大学生及创业者、内外商适当的保护期，开始正常盈利后，则实施国民待遇。通过保护期扶持、后期优质服务，让进城农民工、外地大学生及创业者与本土居民一起富起来，让内外商与本土企业家一起"活"起来。

着力营造包容协作的社会文化软环境，核心是为进城农民工、外地大学生及创业者、内外商来本地执业发展和投资解决后顾之忧。包括让进城农民工、外地大学生及创业者、外来投资者的子女有书可读，有房可住，有适应口味的餐馆就餐，有信得过的银行为之贷款和融资，有公正的律师事务所和会计师事务所为之服务，有进行业余休闲健身的场所，有高质量的医院就医，有适宜他们生活习惯的会所和绿地等。

（7）实施一体化的产业和区域政策，保障长江上游地区四省市的弱质产业和后进地区平稳发展。

具体内容包括：①制定并实施一体化的产业政策。例如，实施共同的农业政策，四省市对农产品流通实行统一的零流通税、零过路费；在国家指导下对农业实施共同的农业补贴；实施共同的区县工业园区产业集群支持政策，支持

第六章 长江上游地区经济一体化战略架构与推进措施

围绕区县工业园主导产业发展相关配套产业；实施共同的旅游政策，对重要旅游景点联动开发，统一规划等。②制定并实施一体化的区域政策。除共同制定"一圈两核四心五带"的区域性差异政策外，还应鼓励长江上游内部各区县实施"一乡镇一主业"的错位发展性区域政策，共同制定长江上游"老少边穷"地区开发政策。长江上游地区四省市之间有很多的相邻县、市、区，相邻县、市、区之间应建立区域的经贸产业协调会或产业对接会，协调相互间的产业发展规划，共建相互联系的道路、物流设施，共建边界省区消费品或生产资料市场等。

（8）鼓励长江上游企业跨区域整合，联合共建一批世界级、大区域级的根植本地的现代企业集团。

在钢铁企业方面，可以考虑建立西南钢铁集团，以重钢、攀钢为集团核心（龙头），成钢、昆钢、贵钢等为集团成员，以整合西南钢铁产业，统一调度原材料，配送产品，避免恶性竞争。

在摩托车制造企业方面，可以整合成飞、贵航的复杂机械设备制造能力和重庆很多著名摩托车企业的制造能力，以及重庆很多汽车制造企业的强大实力，不断巩固重庆摩托车制造业在国内的领先地位，并提高重庆摩托车的科技含量，使重庆摩托车行业具备世界尖端摩托车生产水平，并整合长江上游地区摩托车产业。

在化工生产企业方面，可以整合贵州瓮福集团、开阳磷矿等，成为全亚洲第一磷化工生产企业，整合重庆建峰化工、四川泸天化集团、云南云天化集团、自贡鸿鹤化工集团等全国知名化工企业的生产能力，共同提高精细化工生产水平，进一步实现分工和协作，打造世界最大的化肥系列产品产销企业集团。

在旅游方面，整合四川、重庆、云南、贵州很多丰富的风景名胜区、旅游观光区和民族风情区，联合打造长江上游独一无二的旅游品牌，实现多层次复合旅游。

在医药企业方面，重庆太极集团、重庆科瑞、四川科伦、成都地奥、昆明制药、重庆时珍阁、云南医药、贵州益百、贵州百灵等制药企业可以整合长江上游地区丰富的药材资源，加强中医药资源综合开发利用，加强科研交流和技术改造，使长江上游地区出现全国实力最强，独具中华医药特色的医药制药企业集团。

上述联合和重组的企业集团，主要是"两头在内"，即原材料、零部件和产品市场均主要在国内并植根于本地区。在有条件和能创造条件的领域，应该解放思想，大胆重组长江流域、重组珠江流域、重组西部、重组中国、重组世界的相关产业链,在有条件的地区重组"一头在内,一头在外"(原材料、零部件在内,产品市场在外)的产业集群和相应的企业集团。重庆市的笔记本电脑产业就是这样的重组世界IT产业、"一头在内,一头在外"的电子信息产业。

(9)稳步实施对小城镇及乡村的大规模投资,促进更多现代工业、服务业有序向小城镇和乡村适度转移,有效推动长江上游城乡一体化。

农村、农业落后,农民收入低,县域经济发展水平低,发展速度慢,积累的矛盾多,成为长江上游地区经济一体化的瓶颈。社会主义性质的经济一体化不是抛弃落后地区的一体化,更不是脱离农村进步的片面的城市一体化,因此,未来18年,要加大对长江上游小城镇公共设施、交通通信等基础设施建设,尤其是县域重点城镇的建设,实现县县通高速公路,村村通水泥或柏油路。以高速公路革命为基础,有序引导中心城市、沿海、海外的制造业、农产品加工业、商贸服务业、观光和休闲度假旅游业等向县域重点城镇和有条件的乡村转移。

通过产业带动和鼓励特色小城镇建设,启动城镇户籍制度改革和农村土地经营权、使用权流转等改革,鼓励农村农业人口大多数向县域小城镇集中,鼓励城市企业家、知识青年、科技文化人才到乡村创业发展,提高长江上游地区四省市农业的现代化水平和乡村居民生活水平,借助区域经济一体化的大战略推动长江上游的城乡一体化。

(10)建立长江上游经济合作战略统筹委员会,从组织机制上保障跨区域的战略协调有序开展并富有成效。

国内区域合作与国外区域合作最大的特点是更有条件、有必要开展有效的战略合作。中国特色社会主义要求区域之内有更多的战略协作,国内区域经济一体化最核心的问题不是事后的市场合作、不是工具性的货币单位合作,而是产业和城乡发展的事前、事中的战略合作和高层的符合规律的统筹协调。因此,有必要建立长江上游经济合作战略统筹委员会。该委员会有这几个特点:①得到中央政府授权,有中央政府代表参加。因为跨省的战略统筹是中央政府的重大职责;②以各省市的最高领导为主体。因为区域经济一体化实质上就是为了共同利益的战略合作,每个重大领域的战略合作都需要省市最高领导的批准和授权,合作决策一旦做出,各省市有关职能部门就要为共同利益的实现相应让渡出部分局部权利;③有一系列的决策服务及执行机构;④有共同的制度规划及相应的运行机制。

第七章
推进长江上游地区重点领域经济一体化的战略举措

第一节 加快市场一体化的主要对策

第三章的分析告诉我们，长江上游地区各省市之间地方保护严重，地区间的恶性竞争突出，市场分割严重。同时，第四章告诉我们，目前长江上游地区四省市的市场已经具有一定程度的一体化，但是其现有的市场一体化是一种低水平的市场一体化。因此，首先要消除各地区之间人为设置的各种壁垒，促使产品和要素在长江上游地区内部自由流动，形成长江上游地区统一大市场。其次要共同提升市场化程度。也就是说，长江上游地区四省市要以相对一致的速度提升市场化程度，这样才能达到高水平的市场一体化。显然达到这样的要求，存在较大的难度。因为，目前长江上游地区四省市的经济基础不同，市场规模各异，人们的思想观念也存在着较大差异。为此需要周密考虑、形成对策。

一、加快"国进民进"改革步伐，完善市场一体化管理运行机制

加快国有企业产权改革，扶持民营经济的发展。企业决策的自主性是市场化的重要标志。传统的国有企业包袱过重，体制不活，受政府影响较大，很多情况下不能自主决策去追求利益最大化，从而阻碍了市场化和区域经济一体化的发展。对长江上游地区各省市而言，改革力度小的传统国有企业仍有很大比重，如贵州的国有企业在经济中占比过大，阻碍了长江上游地区经济市场化的发展。为促进企业能够按照市场化的原则自主决策，必须加快国有企业的产权改革和经营机制改革，建立以国有经济为主导、多种经济成分共同发展的经济结构，从而保证企业在产权明晰的前提下有约束地自主决策。同时，民营经济是候鸟型经济，不受地域的限制，它总是要飞向"阳光雨露充足"的地方，所以，

民营经济是推动区域市场一体化的重要力量之一。针对长江上游地区民营经济发展薄弱的现实，结合总体经济发展水平不高、农业占有很大比重的实际情况，在有条件的地区要大力建立民营企业孵化园，加强资金、技术、政策、信息的扶持力度，帮助民营企业快速成长。其中，应该重点扶持两类企业的发展。一是高新技术企业，鼓励高学历人才和创新型人才自主创业。二是农业产业化企业。农业在长江上游地区占有很大比重，部分省市也具有发展农业的优势条件，传统种植业发展较好。但是，农业深加工比重小，农产品附加值低，限制了农业现代化的发展和农民的增收。应该大力扶持农业深加工企业，引导"公司＋农户"的经营模式，推进农业产业化（高见，2005）。

二、以区域共同市场为目标，促进要素在长江上游四省市内自由流动

打破区域壁垒，实现要素在长江上游地区内部自由流动。要素在区域之间的自由流动是市场一体化的重要基础。调研中发现，长江上游地区内部要素自由流动还存在许多障碍，突出表现在人力资源和资本等重要生产要素上。国有企业和事业单位人员在区域间的流动非常困难；另外，各地政府出于自身利益的考虑，往往限制企业的跨区域投资，从而限制了这些要素的流动，也就意味着限制了资源的最优组合，限制了市场化的发展，同时也限制了市场一体化的推进。为推进人力资源跨区域自由流动，必须改革现有的人事管理制度，在户籍、人事关系、劳动就业、社会福利、教育等方面在长江上游地区内部实行共同而有差异的政策，首先实现长江上游地区内部人员自由流动。为促进企业在长江上游地区内部跨区域自由投资，对于各级地方政府对企业跨区域投资的强行干预，必须通过一定的行政和法律惩罚机制予以治理。

三、构建四省市自由贸易区，推进市场主体在区内无障碍经营——

经营主体自由是市场经济的本质特征。市场一体化是以经营主体自由经营为基础的。它要求经营主体自主经营，自由竞争，自主发展，自我调节，同时还要求经营主体拥有契约自由等。目前长江上游地区各省市的市场之间存在着有形和无形的壁垒，经营主体无法自由进出各省市市场。这就使得长江上游地区的经营主体难以做到完全自主经营、自由竞争、自主发展和自我调节等。为此长江上游地区必须创新市场经营机制，推进市场无障碍经营。

| 第七章　推进长江上游地区重点领域经济一体化的战略举措

1. 牢固确立商品市场的机制和经营主体的竞争机制

最大限度利用商品市场的机制和竞争的力量，由经营主体来协调基本的社会经济活动，而政府只承办市场和竞争所不能有效地发挥作用的涉及国家经济命脉和安全的经济活动。

2. 在长江上游地区构建四省市自由贸易区

这里的自由贸易区是指，在长江上游四省市，通过达成某种协定或条约，取消相互之间的贸易壁垒的区域，实现四省市商品在长江上游地区内部自由流动，从而确保经营主体在长江上游地区市场中无障碍经营。

四、以重庆、成都、昆明、贵阳为中心，加强区域内共同市场建设

建设区域共同市场是长江上游地区市场一体化的重要任务。要进一步完善区域共同市场总体架构，以重庆、成都为中心，以昆明、贵阳为次中心，以区域四省市为支撑，建立以金融、产权、土地、人才、劳务和商品（生产资料和消费品）等为重点的区域共同市场。要加快建立市场准入和市场监管的统一标准、统一规则、统一政策，实施质量检验证、"市场准入许可证"等互认制度，实现"一证"通全区域。要本着优势互补、资源共享、互惠互利和合作共赢原则，建立资源和要素流动利益均衡机制，对资源和要素流出地区给予必要的补偿。要深化社保、医保管理体制改革。要加快四省市社会公共服务相互开放，推动异地享受同等服务。

由四省市政府牵头，四省市有关部门参加，共同编制长江上游地区市场一体化规划，社会公共服务相互开放规划，以市场一体化带动基础设施建设一体化，以指导长江上游地区向一体化、有序化方向发展。

长江上游地区市场一体化的前提是基础设施建设一体化。以中心城市重庆和成都为核心，制定基础设施的区域网络化建设规划，进一步完善重要基础设施。以重庆和成都为中心，以成渝线、渝黔线、成昆线、川黔线、贵昆线等为省际铁路、高速公路连接线为主干网络，加快推进川、渝、滇、黔内部中心城市与次级中心城市和中心镇之间的轨道交通建设和高等级公路建设。同时，全面实施省域内部城镇体系中的各级城镇间客运交通公交化，促进区域人口快速流动，城际公交车高速公路费用免收或减半。以整治水环境为重点，进一步加快环境基础

设施建设。力争把长江水系过境的城区、县镇、较大工业园区，同步建设污水无害化处理设施，力争3～5年内把流经长江上游地区的主要河流水体质量提升到Ⅳ级水准。

第二节　推动生态环境一体化的主要举措

长江上游地区生态环境较为脆弱，推进生态环境建设一体化是四省市经济一体化基础。针对前面提到的"行政区经济"与生态环境问题之间的矛盾与冲突，借鉴国外环境治理方面的成功经验，以及国内外学者的大量研究成果，提出如下生态环境建设一体化对策建议。

一、谋求区域生态与环境建设一体化，以区域整合打破行政区经济的限制

针对"行政区经济"的运行模式特点，有学者提出了"复合行政"的理念："为了促进区域经济一体化，实现跨行政区公共服务，跨行政区划、跨行政层级的不同政府之间吸纳非政府组织参与，经交叠、嵌套而形成多中心、自主治理的合作机制。"（戈银庆，2008）在借鉴了这些学者专家的理论观点，和国外成功经验的基础上，我们认为，解决生态环境治理之类的跨区域的公共问题，不能仅仅依靠"中央政府—省级地方政府—州、市、县地方政府"这个单一的行政治理线路，而应该在中央政府的支持下，地方政府联合组成跨区域的专门委员会（联合会），再加入非政府组织的努力，共同谋求解决。

具体而言，本区域四省市的区域合作在地域、历史、文化、经济结构和经济发展水平等方面都有着较好的基础。但在传统行政区经济的运行模式下，各省市之间竞争大于合作，即使有"西南六省区市经济协调会"等跨区合作组织机制，但其20余年的努力效果欠佳。我们认为，在已有的"中央政府—省级地方政府—州、市、县地方政府"治理线路下，各级管理机构的权责十分明晰、确定，各省级地方政府根据各项政绩考核指标对中央政府负责，并有充分的财政自主权。因而现有的涉及经济、文化、环境等多方面的省际合作协调组织在传统的管理模式下虽然已经建立，但不能发挥实质性效能。

第七章　推进长江上游地区重点领域经济一体化的战略举措

显然，生态环境治理是有着跨省级行政区域性质的公共事务，必须通过区域联动方能奏效。在这个问题上国外解决最成功的例证就是美国田纳西流域管理局（TVA）。根据研究，我们认为"田纳西模式"成功的经验有很多，但其中最重要的在于其"授权明确，统一规划"。这是田纳西河流域开发与治理取得成功的关键所在。田纳西流域管理局经美国国会通过、总统批准，并由国会明确授予其规划、开发、利用、保护流域内各种自然资源的广泛权利，包括防洪（由TVA在全流域设立若干监测站，通过数学模型分析各地雨量及水情，从而确定各坝的水位、是否蓄洪等）、航运、水电、工农业用水、环境保护与自然生态建设与管理等。TVA既是一个经济实体，又是联邦政府的一级组织机构：既有颁布流域管理行政法规的职能又有对流域所有水资源统一调度的权力。

为此，建议成立专门的长江上游生态环境保护与建设委员会（联合会），它是一级行政管理机构，由国务院直接管辖，专门负责所辖区域的生态环境治理及相关的经济、社会政策的制定与协调，并由中央对其负责人进行考核与任免（图7-1）。

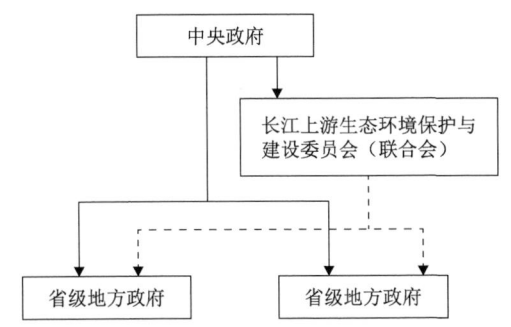

图7-1　长江上游生态环境保护与建设委员会运行机制示意图

该委员会（联合会）的行政职能主要应包括如下几个。

（1）统一规划解决区域内的生态环境治理问题，对各省市及各地、市、县的五年规划及每年的政府工作报告中，关于生态环境治理的有关内容进行专项审核，并有"一票否决"的权力。

（2）专门负责本区域内水资源、森林资源、矿产资源的开发。

（3）在本区域内重大工农业项目的审批中，对其生态保护治理措施进行专项审批，并有"一票否决"的权力。

（4）统筹掌握中央及东中部地区给予的补偿资金，用于区域内生态保护的重点工程和重大项目。

（5）作为中央授权的特殊机构，指导省、区、县级国税部门实施专项税收政策，引导区域内企业的生态保护积极性。

二、以区域一体化组织作为四省市统一的生态环境治理的考核单位

如前述，在现有的地方行政管理体制下，对地方政府的政绩考核常常"以 GDP 论英雄"，这是由"行政区经济"这一特定的制度安排所造成的。因此，试图改变这样的情况，仅仅是在对地方政府的政绩考核中简单加入生态环境保护和治理方面的指标，实际收效可能并不明显。

我们建议，在前述成立"长江上游生态环境保护与建设委员会"的基础上，针对该委员会的政绩考核（该委员会属于国家机构的一个组成环节），制定专门的生态环境治理考核指标体系。由该委员会对全国人大承担区域内生态环境治理和建设的责任，并由他们再对区域内各级行政单位按该指标体系进行考核，考核时间与方式可与各级地方人大会议协商形成。这样就使得跨区域的生态环境治理问题落到实实在在的机构身上，并形成合理可行的权责关系链。考核指标体系至少应包括城市生态环境治理与建设、农村生态环境治理与建设两个层级，以及水污染、大气污染、土壤污染、固体废弃物污染、森林绿化、水土保持、矿业资源保护等多个方面。

另外，将该区域一体化组织作为区域内生态环境资源的人格化产权主体和管理主体，可以形成内生的激励机制。产权不明晰是目前很多学者针对环境问题提出的难以解决的主要症结之一。其中，有些学者提出："将产权主体人格化、实在化。"例如，"允许不同经济成分主体购买'四荒'（荒山、荒沟、荒丘、荒滩——本章作者注）使用权"……作为解决办法之一（田代贵，2006）。但我们认为，环境治理与建设是一项利在全民、功在千秋，投资回收期长，风险大的工程，不要说以利润为先导的企业或个人经营者没有多少意愿，就连一些急功近利、追求政绩的地方政府都很难扎扎实实地做这项工作。因此，生态环境资源的产权主体不应该明确到哪个企业或个人身上，只能由政府代表全民大众承担这样的角色，而且如前述为避免行政区政府的狭隘性，最好由中央或地方区域性政府机构担任这样的主体。一旦产权主体明确在该组织身上，则该组织可以像美国 TVA 一样，作为经济主体长期开发利用这些资源。

第七章 推进长江上游地区重点领域经济一体化的战略举措

三、在长江上游地区共建补偿机制,更加有效地推动西部地区的生态保护

实施生态保护,作为具体实施主体的单位,如各区县、各企业等都需要付出巨大的成本和代价,这是他们不愿甚至是无法承受的。例如,"在四川省甘孜藏族自治州,天然林禁伐后,原有的木材产业消失,为培育替代产业,使该州具有自我发展的经济能力,需要在 7 年内投入 28 亿元资金培育新的经济增长点。如果所有的投资都能取得成功,甘孜州将摆脱目前的经济困境,实现经济的稳定增长。但事实上该州 2005 年财政总收入仅 8.13 亿元。其中,上级补助 5.58 亿元,扣除经常性开支后用于建设的资金相当有限,经济发展和生态恢复的压力巨大。"(周婷,2007)解决此问题,通行的做法是建设生态补偿机制,以生态保护受惠地区支付一定形式(实物或资金形式)的补偿来弥补实施单位的代价或成本。

西部大开发以来,对长江上游生态保护所给予的补偿,主要是通过中央政府实施跨省区的财政转移支付来实现。但这样的补偿机制存在着补偿线路过长、补偿环节过多、补偿形式单一、补偿力度过小等问题。

(1)由中央政府实施,补偿线路过长,如果西部各省区各自直接与东中部受惠地区衔接补偿,则难以量化,这是因为生态保护本来就是一个跨省区的联合行动,很难对哪一个省区行政单位的生态保护成本进行准确的计量,因而无法实现。

(2)目前中央政府实施的主要是财政转移支付,是一种间接补偿,即由东中部地区所有的受惠大众共同为补偿付费,这样的补偿实际上力度是比较小的。真正能够提供最有力补偿的是生态保护的直接受惠者,包括从事长江水运的单位和个体、从事水利发电的有关单位系统等,他们却没有为自己的受惠直接支付补偿。

(3)补偿资金,即中央政府转移支付的财政拨款,经过从中央到各级地方政府的层层拨付,中间经历的环节过多,经办者的利益、偏好等问题都会对财政款项的实际用途和效用产生影响,从而影响补偿资金的使用效果。

针对这些问题,我们认为,通过区域一体化的努力,建立跨省区的生态建设补偿机制,是提高生态补偿效率的重要办法之一。为此,建议由区域一体化组织统筹收取和支配生态补偿资金,即在长江上游生态环境保护与建设委员会

（联合会）下面设立生态治理补偿资金统筹使用理事会，专门负责区域内生态保护补偿资金的筹集和统筹使用。

理事会成员可由长江上游地区四省市省级政府机关、重点行业、知名会计师事务所、律师事务所等共同派员组成。

理事会负责本区域生态保护的补偿资金的筹措，具体包括：向中央政府申请财政转移支付拨款，向长江中下游省市及周边省市政府征集生态建设共建专项资金，向长江中下游运营长江水运及水利发电的企业等直接受惠单位收取资源补偿税费，在此基础上向资本市场融资等。

理事会负责本区域内生态保护补偿资金的统筹使用，采用项目管理形式，成立水环境保护、大气环境保护、土壤治理、森林环境保护、固体废弃物排放、生态环境恢复等各个专项审核委员会，发挥专家治理的积极作用，对相关领域生态保护建设重大项目和重点工程从项目审批、资金拨付、资金使用监管、建设效果考核等方面进行全面的监控，提高补偿资金的使用效能。

四、长江上游四省市建立统一的生态税收制度，加强对企业市场行为的引导，减少市场运行对环境治理的冲击

（一）实施生态税收制度对环境治理的功能与作用

（1）刺激企业技术革新。建立生态税制度可以刺激企业进行技术革新，改进企业生产方式。通过该制度的实施，对污染企业进行征税，可以引导和鼓励企业使用符合环保要求的能源设备和技术设备。如果企业使用污染小的设备和技术进行生产，其生产的成本低于企业因污染而需要承担的纳税负担，就会推动企业加强对环保型生产设备的研究与应用，促使企业进行技术革新，从根本上改变以大量消耗能源和严重污染环境为代价的生产模式。

（2）优化产业结构，引导改进消费模式。通过生态税的征收，对于环保型产业给予税收优惠，对于污染环境的产业则课以重税来限制其发展，从而促进产业结构的优化，实现资源优化配置。并且，通过征收生态税可以引导人们改变消费模式和生活方式。生态税作为税收的一种，其覆盖面广针对性强。凡对环境造成污染的企业和个人都会成为生态税的纳税主体，这有利于绿色消费和环保生活方式的宣传和普及，从而使人们的生活方式和消费方式得到转变。

（3）解决环境治理和建设的资金。通过征收生态税可以增加政府的财政收入，

为治理环境污染提供经费。并且，由于生态税的开征有效地解决了环境污染治理金的来源问题，减少政府将其他财政收入用于环境保护，从而缓解政府财政压力。

（4）实现环境公平，促进可持续发展。通过对环境污染行为进行征税，可以减少或消除污染者对社会上其他人的消极影响。通过对自然资源利用行为进行征税，有利于保护现有的自然资源，也可以筹集资金用于开发可再生资源，为子孙后代的生存和发展提供充足的资源，从而实现目前与未来的环境公平。

（二）当前生态税收制度的缺陷

（1）环境收费多。在我国，由于长期计划经济的影响，行政命令、强制规定、官本位为一些政府部门滥设收费项目、乱收费等行为提供了便利条件。这样的现象在环境治理过程中造成了环境收费增多、"费主税辅"等问题。环境收费多，不仅让人们不堪重负，而且也不利于对生态税收行为进行有效的监督。

（2）生态税种少，范围狭小。我国具体的生态税种规定得太少，只有对资源税、燃油税的规定，对资源的税收规制主要针对的是与土地有关的资源税、盐税，与矿产有关的资源税，资源收税的范围狭小。另外，也缺少对生态破坏税、污染防治税的税制规定。

（3）优惠政策表面上多，但因政出多门而效果差。各省市、各部门对相关生态税有很多专门的优惠规定，仅国务院各部门的规定就达30多种。另外，还有针对不同的产业结构、项目、行为及不同的纳税主体，对其有利于环境的行为，在所得税、增值税、消费税、关税及折旧方面给予税率优惠的规定。这种生态税实施当中的"优惠本位"现象既不利于生态税的改革，也不利于纳税人纳税意识的提高，实施效果较差。

（三）加强四省市区域联动，以统一的生态税收制度进一步保障生态环境建设

（1）改革"排污收费"等环境收费制度，统一征收"环境保护税"。具体可包括产品污染税、水污染税、大气污染税、垃圾税、噪音税等。

（2）改革资源税。具体包括：扩大纳税主体范围，凡是利用自然资源获益的单位和个人都应纳税；扩大征税范围，不仅对矿藏资源，对森林、水、草场等资源进行开发利用的也应征税；合理设置税率，根据资源的优劣程度、稀缺

程度及可否再生等情况确定相应的税率，特别对开发利用非再生性、非替代性和稀缺资源的单位课以重税。

（3）改革消费税。对不同的产品根据其对环境的友好程度，设计差别税率，将那些用难以降解和无法回收利用的材料制造、在使用中可能会对环境造成严重污染，而又有一些"绿色产品"可以替代的各类包装物品（如一次性塑料包装用具）、一次性使用的电池和筷子，以及会对大气环境产生破坏的氟里昂产品等列入到消费税的征税范围。同时，适当提高汽柴油、焰火等应税消费品的适用税率。通过对消费税的调整，使其成为具有较高生态含量的税种。

（4）完善城市维护建设税。将城市维护建设税设立为独立的税种，而不再只是作为一种附加税。并且，考虑到成渝两地正在实施的城乡统筹配套改革试验，建议可以尝试将城市维护建设税扩大到乡镇，改称为城乡维护建设税。这样做，可以增加该税的税收，扩大其所保护的环境范围。

（5）进一步完善生态方面的优惠措施，增加省市之间的联动，统一各种生态优惠措施，避免政出多门。同时，将生态优惠从事后鼓励逐步改进为事前扶持，特别是对引进高新环保技术和其他环保项目，通过税收减免、退税、允许加速资产折旧等方式给予优惠。

五、加强长江上游四省市区域内生态环境建设研究和教育方面的合作

其实环境恶化，真正的敌人是我们人类自己。追根究底，环境问题是由于人类长期的忽视，是由于人类对物质条件的不断增长的需求，和对环境资源无休止的、甚至是掠夺式的开发造成的。因此，治理环境，根本上取决于对广大民众的教育，要使他们普遍提高环境保护的意识，养成以环境保护居首位的思维和行为习惯。

另外，在经济建设与社会发展过程中，各级政府、企业在做出各项决策时必须考虑环境问题，必须在考虑环境问题的基础上做出科学的决策。而科学决策的依据在哪里？在于对环境问题进行专门的、深入的研究。

在研究和教育方面，重庆、四川、贵州、云南等四省市实现区域合作的空间很大。四省市中，四川是教育和科研大省，有各类高校100多所，有中国科学院成都分院等实力雄厚的科研机构，重庆、云南、贵州各有40～70所高校，及各种科研机构。在这些高校和科研机构中，很多专业和研究所专门研究环境

保护，如四川大学有生命科学学院、建筑与环境学院，并建有生物资源与生态环境教育部重点实验室、西南资源生物研究所、国家烟气脱硫工程技术研究中心、九寨沟生态环境可持续发展国际研究中心等；重庆大学有城市建设与环境工程学院、资源及环境科学学院，并建有西南资源开发及环境灾害控制工程教育部重点实验室、能矿资源开发及三峡库区环境损伤与工程灾害重庆市重点实验室、污染防治与废物资源化重庆市重点实验室、重庆市环保工程研究中心等；云南大学有资源环境与地球科学学院，并建有亚洲国际河流中心、生态学与地植物学研究所等；贵州大学则有资源与环境工程学院，并建有教育部绿色农药与生物工程重点实验室等。这些教育与科研单位具有非常强大的科研与教学力量，在各自的地域范围和学术领域都有很强的优势，为区域教育和科研合作提供了坚实的基础。在以往的环境保护与治理工作中，这些机构的联合与合作并不明显，最重要的原因是缺乏有效的组织机制和交流平台。如果在本书建议设立的长江上游生态环境保护与建设委员会（联合会）下面设立教育与科研联合会，就可以提供这样的机制和平台。具体而言，该教育与科研联合会可以承担以下工作：

（1）受长江上游生态环境保护与建设委员会的委托，向各有关高校和科研机构下达研究任务，联合他们的力量，组成专门项目组完成环境保护与治理建设方面的专项课题，为委员会的科学决策提供依据。

（2）组织长江上游各高校专业教师及研究生等以假期社会实践、三下乡等形式，前往生态环境保护的重点地区，开展生态环境保护与建设的意识和素质教育。

（3）组织长江上游的县市乃至乡镇干部分批到各高校轮训，专门对他们开展生态环境保护与建设方面的意识和政策教育，使他们不但提升意识，而且能够懂政策，用政策，推进生态环境保护与建设。

第三节　提高产业一体化水平的主要对策

第三章告诉我们，长江上游地区各省市之间产业发展各自为政，产业功能相似，存在严重恶性竞争。同时，第四章告诉我们，长江上游地区四省市产业发展程度差距较小，但四省市的产业发展水平都较低，是一种低水平的产业一体化。为此，首先，要遵循比较优势原则，按照市场规律，合理引导不同地区优势产业错位发展，从而改变四省市产业结构相似或雷同的状况；其次，改变当前不合理的政绩考核体系，避免地方政府因追求发展政绩引起投资冲动和扩张欲望，导致重复建设和产业同构；最后，统一规划四省市产业，提高资源配置的效率，最终使区域内产业合理分工，形成一体化产业发展架构。具体而言应从如下几个方面着手考虑长江上游地区产业一体化。

一、推动四省市在主导、支柱产业中实现战略协议分工，实施主导产业差别化发展

坚持错位发展，主导产业差别化推进。长江上游地区四省市立足发挥和充分利用各自产业基础和资源比较优势，最大限度地避免重复建设，避免各省市结构同质化和区域内过度竞争，共建长江上游地区产业发展优势。加快实施优势产业重组和整合，合力打造区域产业新优势。以本区优势产业现代装备制造、钢铁、石化、能源和高新技术产业、农产品加工业为重点，以大型骨干优势企业为核心，全力推进产业重组整合，特别要创造条件支持"央企"重组兼并地方企业，全面提升长江上游地区优势产业竞争力。要实施综合配套改革，建立有利于企业重组和整合的制度环境和运作机制，统筹兼顾重组的各地区的利益，建立比较科学的利益平衡机制，确保被重组整合企业的属地利益不受损失。

长江上游地区四省市主导产业差别化发展方向如下：①重庆主要发展电子信息、汽车摩托车、石油化工、装备制造、新材料和新能源等主导产业。②四川主要发展航空航天、水电能源、家用电器、机械冶金、旅游、医药化工、食品饮料等主导产业；③云南主要发展烟草、旅游业、电力产业、生物产业和矿业等主导产业；④贵州主要发展能源、冶金、有色、制药、化工和饮料等主导产业。

二、以地级中心城市为中心培育产业集群，向小城镇、乡村延伸产业链条

为了提升长江上游地区四省市产业发展整体水平，改变低水平的产业一体化现状，长江上游地区四省市需要从单个产业的发展转到跨部门及产业内的价值链分工的发展，从政府的立场转到企业的立场，从国家和区域内部的视角转到地方和全球相互作用的视角，从游离的企业个体转向企业集群，从片面强调

培育大集团转向促进大中小企业形成生命共同体，从片面强调硬环境转向发展软环境。做到长江上游地区内部各省市、各区县、各乡镇根据自己的相对优势，组织生产活动，并参与更广泛的产业间分工合作的网络。形成水平分工的产业群和垂直分工的产业链。为此，必须抓住全球产业结构大调整和国家产业结构优化契机，积极配合各省市的战略定位，充分发挥各地的比较优势，以各省市的地级市为中心培育特色产业集群，并向小城镇、乡村延伸产业链，加强产业的分工与互补。同时要注意，必须以市场机制为基础进行调整。

三、四省市加大相互间协调力度，制定和实施一体化产业政策

共同的产业政策是四省市基于比较优势发展各自产业的基础。首先要制定并实施一体化的产业政策。如实施共同的农业政策，四省市对农产品流通实行统一的零流通税、零过路费，以及共同的农业补贴；实施共同的区县工业园区产业集群支持政策，支持围绕区县工业园主导产业发展相关配套产业；实施共同的旅游政策，对重要旅游景点联动开发，统一规划等；其次要制定并实施产业一体化空间优化政策。除共同制定"一圈两核四心五带"的区域性差异化产业政策外，还应鼓励长江上游内部各区县实施"一区县一主业"的错位发展性区域政策，共同制定长江上游"老少边穷"地区开放政策。长江上游地区四省市之间有很多的相邻县、市、区，相邻县、市、区之间应建立区域的经贸产业协调会或产业对接会，协调相互间的产业发展规划，共建相互联系的道路、物流设施，共建边界省区消费品或生产资料市场等。

第四节 推进城乡一体化的对策建议

第三章和第四章的分析都告诉我们，长江上游地区四省市城乡一体化差距较大，城乡二元结构十分严重。统筹城乡协调发展，削减当前严重的城乡二元结构现状，必须综合运用行政、经济、法律和市场手段，多管齐下，多策并举。简而言之，就是要大力调整经济社会发展的战略，重新构建国民收入分配格局，消除制约城乡协调发展的体制性障碍，加快农村生产方式的变革；就是要大力推进产业结构调整，增强工业反哺农业的能力，逐步拓宽农业人口向非农产业

转移的渠道，提高特色农业的商品化、规模化和集约化水平，推进城乡互动，促进工农互补，实现城乡经济和社会协调发展。

一、以缩小城乡差距走向共同富裕为目标，制定长江上游城乡统筹发展的总体规划

要将长江上游四省市城乡问题纳入一个统一的框架之中进行通盘考虑。城乡统筹发展的最大特点就是消除城乡分割的局面，政策制定要去除单纯就城市谈城市、就农村谈农村的城乡两套体系的做法，而是把城市与乡村作为一个整体，以缩小城乡差距为目标，把长江上游地区作为一个整体，统一规划长江上游地区城市与乡村经济社会发展，特别是针对城乡关系失调的领域，通过制度创新和一系列的政策，理顺城乡融通渠道，为城乡协调发展创造条件。只有这样，城乡统筹发展的政策制定才有可靠依托。主要是通过改革目前的户籍制度、农村土地制度、公共财政、社会保障、医疗卫生、文化教育等方面的城乡二元体制来实现。

二、加强四省市教育发展战略协调，统筹发展基础和职业教育，为农村劳动力转移创造条件

解决长江上游地区进城农民的就业再就业问题。实际上，在市场经济条件下，劳动力就业主要靠市场竞争，农村富余劳动力的就业不是单纯靠政府所能"解决"的，而是要靠农村劳动力在城市劳动力市场上与城市劳动力一起竞争。如果农村基础教育缺乏，不但农村劳动力由此就会缺乏竞争的起点，统筹就业就会成为一句空话；而且，从更长远的意义来看，也不利于现代农业和现代农民的形成。总之，如果农村教育薄弱的状况得不到根本的好转，那么将来我们的农民不仅在城市做不好工人，在农村也做不好农民。

近年来，长江上游地区城乡基础教育的差距明显拉大，乡村教育质量较差，有的地区人均受教育不到初中毕业的水平，乡村中学毕业生的质量相对于城市来说要低得多，许多中学毕业生远远达不到国家规定的要求。统筹教育的关键是彻底改革当前教育资金运作机制，统筹安排城乡教育资金，当地方政府无力提供时，上一级政府和中央政府需要担当起责任，加大农村基础教育和职业教育的公共财政投入力度，将农村职业技能教育纳入总体教育规划，保证农村劳

动力在用工单位享受平等的培训权利。四省市内农村劳动力流动大，四省市要加强协调切实解决好跨省（市）进城务工农民子女接受义务教育的问题，建立城乡平等的劳动保障机制，坚持同工同酬，建立统一的劳动保障制度，给跨省流动农民以同等国民待遇。所以，只有解决了城市中的农民问题，让他们在城市中找到归属感，他们才会把自己当成城市人，才会以城市人的思维去对待周围的问题，才能努力遵守并维护社会秩序，他们的购买力才开始成为城市购买力的重要组成部分，城乡统筹发展战略的实施也才有了最后的保障。

三、探索建立更加灵活的土地制度，组建股份合作社和专业合作社，促进现代农业发展

鼓励和引导长江上游地区农民按照"依法、自愿、有偿"原则，对农民的承包经营权实行量化入股，组建股份合作社，进行现代农业经营。对有条件的地区，鼓励家庭农场和微型企业发展。对偏远地区，则要注意保护家庭经营和兼业经营。对自愿进城农民，允许他们将承包经营权以股权形式实行有偿流转，搞活土地存量资产，提高土地产出率，实现农业产业化、规模化和集约化经营，为农民离土离乡创造条件。允许农村集体经济组织采用以土地入股的方式参与营利性水电、交通等项目的开发建设，探索将农村集体土地收益用于农村基础设施建设。改革征地制度，完善征地程序，积极探索建立土地收益分配新机制，尝试建立明确土地权属的体制机制，切实解决好土地被征占农民的社会保障和就业问题，使农民失地不失业，失地不失利。

要特别注意做好农民教育，提高农民整体素质。培养一大批留得住、用得上的农村实用人才，造就一大批种养能手、经营能人，带领村民增收致富和建设家乡。要大力发展农村职业技术教育，良好的农业职业技术教育能促进新机械、新技术在农村的普及，对于土地规模经营和土地生产率的提高也会发挥积极作用。完善农业投入保障机制，稳步提高农业综合生产能力，合理安排使用财政支农资金，改善农业生产条件，减少中间环节，提高资金使用效率。加大对农业科技的投入，改善农业生产条件，逐步改变农业比较收益较低的现状，吸引资金、技术、人才向农业回流，培育农业走向现代化的机制。建立农村合作经济组织、农业专业合作组织，为农民提供准确、及时的产前、产中、产后市场供求信息服务，探索建立农业生产风险防范机制，提高农业抵御风险能力。加大对农业生产的扶持力度，通过政府政策引导具有本地区特色的农业产业发展。

四、四省市统筹建设，规划城镇体系，通过城镇体系的传导机制来缩小城乡差距

（1）大力发展四大区域性中心城市。长江上游地区城乡统筹离不开成都、重庆、昆明、贵阳等中心城市的发展，由于这些城市已有较好的发展基础，交通条件便利，必然成为带动该区域经济发展的"火车头"。然而中心城市作用力的发挥方式，总是呈波纹状的形式，由近及远，逐渐地、有层次地扩展开来。在这种波纹状的传递结构中，城镇体系起着类似加油站或中转站的作用。如果没有多层次、多类型的城镇体系，中心城市作用的发挥将受到极大的限制和削弱。同时，广大农村并不只是中心城市作用力的承受者，它通过向中心城市提供原料、劳务、经济合作来促进城市的进一步发展。因此，多层次的城镇体系又担负着促进中心城市与乡村交流、联系的桥梁作用。

（2）发展次区域中心城市和县域中心城镇。次区域中心城市是城镇体系重要的组成部分，是一个地区的经济中心和交通枢纽。在经济发展中，它一端连着特大大城市或者大城市，一端连着小城镇，有着特殊的地位和作用。以成渝经济区为例，其发展的次区域中心城市主要包括绵阳、德阳、资阳、自贡、宜宾、泸州、遂宁、南充、达州、万州、涪陵、江津、永川、合川等。这些城市都是次区域经济中心和增长极，是对市域（省域）中心城市功能的补充和完善，是带动区域社会经济发展的重要力量。

县域中心城镇是都市圈城市功能向外延伸的结合点，县域经济是长江上游地区经济发展的基础，是连接大城市和大农村的纽带，是小城镇发展的依托。

（3）发展小城镇。发展小城镇是面积114万余平方千米的长江上游地区经济发展及统筹城乡发展的必然要求。为数众多、星罗棋布的小城镇处于城乡结合部，是大城市带动大农村战略实现的关节点，是中心城市向农村辐射的"二传手"，是大农村与大城市市场衔接的"中转站"，是吸纳农村剩余劳动力的主要地区。若没有这些小城镇的发展，那么，农村的发展与工业化就会犹如空中楼阁，城乡一体化的目标也将难以实现。

对于长江上游地区的小城镇发展，可选择以下途径：①通过加快农业资源开发，发展为农副产品加工集散服务的小城镇；②大力发展依托当地资源的乡镇企业，实现农村剩余劳动力的工业安置，并使工业相对集中在小城镇，以提高城市化水平和产生经济规模效应；③旅游资源富集地以旅游业为"龙头"，加

第七章 推进长江上游地区重点领域经济一体化的战略举措

快第三产业的开发并发展相关的小城镇，为安置农村剩余劳动力开辟更加广阔的途径。

同时，长江上游地区城镇建设应坚持"统一规划、合理布局、功能完善、各具特色"的方针，遵循与区域经济发展相结合、与交通建设相一致、与基础设施建设相配套、与生态环境相融洽的原则，构筑以中心城市为主体、外围城镇各具特色、沿水陆交通干线点轴分布，规模、层次合理的发散式的生态型城镇群。

第五节 加强高技术一体化的对策建议

高技术一体化要充分发挥智力性、创新性、战略性和环境污染少等优势。①知识和技术密集，科技人员的比重大，职工文化、技术水平高；②资源、能量消耗少，产品多样化、软件化，批量小，更新换代快，附加值高；③研究开发的投资大；④工业增长率高。因此，长江上游地区高技术一体化发展需要从以下几方面着力推进。

一、推进特色产业发展与高技术产业化形成良性互动

高技术产业对于国民经济总量指标的贡献关联性极强，但是对于国民经济发展的质量指标，比例利税率，增加值率，劳动生产率的影响不明显。因此，长江上游四省市应当着眼长远，发挥高技术产业的带头作用，利用高技术产业发展，拉动区域经济发展质量的提高。长江上游地区四省市要在本地要素资源比较优势分析的基础上，进行错位发展，体现本地区特色产业发展不断与高技术产业化形成良性互动。

二、把握全要素发展规律，优化要素贡献结构

大多数地区高技术产业的技术进步贡献率比较高，资本和劳动的贡献却不明显。根据中国国情和长江上游地区四省市的区情尤其是长江上游四省市劳动力资源富集、土地资源短缺的特点，从长远发展考虑，在提高技术进步贡献率的同时，兼顾资本和劳动的贡献率，形成持续发展、稳定发展的状态。

三、在四省市已有的比较优势基础上培育竞争优势，推动高技术发展向国际水平、国家水平靠近

长江上游地区高新技术发展在一体化中要注意统筹协调，避免出现新的恶性竞争和重复研究，这是高技术一体化能否实现的关键。在经济全球化和区域一体化背景下，技术创新能力不足，在全球竞争的挑战下必将陷入衰退的境地，而区域内产业集群的形成对于技术创新尤其是高技术的创新十分重要。

因此在长江上游地区各省市、区县（尤其是城市中）努力营造开放、规范的市场环境，为企业提供更好的营销和技术开发条件，使区域内非中心城市的企业集团实现生产和营销、技术相分离，将企业的核心研发和营销枢纽设立在中心或次中心城市，以充分利用中心城市的综合功能。中心城市应该更多地通过研发和创新，服务于区域产业的合理整体布局和整体竞争力的提高。

在长江上游地区，要以市场导向为主，以信息技术、生物工程技术、航空航天技术、先进制造技术、新医药、新材料、新能源等领域相关技术为重点，突破一批国民经济和社会发展中急需解决的关键技术；支持大、中、小型高技术企业共同发展；促使高技术发展与传统技术利用相结合。促进传统技术升级换代；完善和建设一批高技术研究和孵化基地，创建高技术研究、开发、调试、生产一体化的发展环境与机制，推动高技术发展向国家水平、国际水平靠近。

第六节 加速交通设施一体化的对策建议

一、树立科学的交通发展观，大力发展绿色交通

交通运输必须树立科学的发展观，转变传统的发展方式，从单一的数量、规模、速度型变为速度、规模、效益相统一；从单纯重视交通经济效益转向经济社会效益和环境效益相统一。从资源粗放消耗型变为资源集约使用型；由各方式各自发展向协调发展转变；向生态、环保、安全型转变。在大中小城市和乡镇大力发展产业融合的绿色交通步道和自行车道。

二、长江上游四省市制定统一的交通运输发展规划

针对长江上游地处内陆、山地为主的特点,长江上游四省市必须制定与国民经济发展总体规划相衔接的立体的一体化运输发展规划,使铁路、公路、航空、水运部门规划成为综合运输发展规划的一个有机组成部分,防止各种运输方式或部门以自我为中心,各自规划、各自建设、自成体系。综合运输发展规划必须充分体现政府统筹发展各种运输方式的思路和重点,针对各地区特点,从宏观、战略、全局性的高度,突出交通运输与经济社会的协调发展,以及各种运输方式彼此的协调发展等问题。

三、围绕"两核四心"共建"一圈五带"物流大通道

在长江上游四个中心城市之间,重点建设由高速铁路、高速公路、民用航空组成的快速客运系统,以及由铁路干线和公路干线组成的快速货运系统。在成渝经济圈,重点在长江主航道发展国际航运中心港口群及集装箱运输系统、散装运输系统、特种货物运输系统。建设散装货物、集装箱货物的联合运输系统。建设换乘便捷的旅客联合运输系统。在二级中心城市,发展公交优先的城市运输系统。实现运输组织的信息化、智能化。

四、大力提高小城镇基础设施建设水准和质量

针对长江上游地区小城镇基础设施落后问题,未来18年,要大力提高小城镇基础设施建设水准和质量。主要包括:能源设施:包括电力、煤气、天然气等。供、排水设施:包括水资源保护、自来水厂、供水管网、排水和污水处理。交通设施:包括铁路、航运、长途汽车和高等级公路、桥梁、公共交通、停车场、轮渡等。邮电通信设施:如邮政、电报、固定电话、移动电话、互联网、广播电视等。环保设施:如园林绿化、山水绿化美化、水土保持、垃圾收集与处理、污染治理等。防灾设施:如消防、防汛、防震、防冻、防热、防风沙等。

第八章
长江上游地区经济一体化组织保障及协调机制创新

纵观长江上游地区经济一体化的简短历程，制度创新不足、协调合作不强是长江上游地区经济一体化的最大障碍，构建科学、合理、有效的区域经济一体化协调机制是推动长江上游地区经济一体化的关键步骤，是践行科学发展观，构建和谐社会的具体体现。

第一节 建立经济一体化的区域协调机构和相应协调机制

一、当前长江上游地区经济合作协调机制建设中的问题及原因

国内区域经济一体化的实现过程一般是从贸易一体化到要素一体化，再到产业政策一体化，最终达到完全一体化。其在不同阶段的推进载体分别以经济联席会，经济协调会，跨行政区专属协调管理局，跨行政区综合协调管理局等形式出现。考察长江上游区域合作协调机制建设现状，主要存在以下三大问题。

（一）保护主义严重，区域对内对外开放不够

改革开放以来，随着地方和部门自主权的增大，资源的地方所有和部门所有日益固化。在"肥水不流外人田"的思维方式和行为模式下，区域之间、部门之间，以及区域内部各自之间都程度不同地存在保护主义，对内、对外开放不够。

一种表现是，长江上游各地之间对内保护、对外竞争的情况比较突出。各地通过对本地市场进行保护，或者通过行政手段硬性限制或加价、征收附加费用等设置贸易壁垒，排斥外地同类产品进入本地市场，限制本地的资源流出，

第八章 长江上游地区经济一体化组织保障及协调机制创新

甚至在涉及区域之间的经济纠纷时，不顾有关法律规定，袒护本地的经营者，失去解决纠纷的公正立场，造成严重的市场扭曲、资源浪费和环境破坏。比如，粮食不准出省，本地居民不准饮用外地啤酒，本地农民使用本地化肥，甚至遇到查处本地的假冒伪劣时也往往心慈手软（徐昌生，2006）。另据经济观察网记者报道，孙阳赣从老家泸州来重庆杨家坪做烟酒批发生意已经11年，说起成渝两地的市场准入，仍然十分感慨。他说："你要在重庆销售成都的产品，总会有人以种种借口来干涉，让你穷于应付，最后不得不知难而退。"（杨兴云，2009）这种支持购买本地产品的政策看起来只是鼓励性的，也没有给外地产品设置人为限制，但实际上是一种间接的帮本地企业推销产品、保护地方财政收入来源的手段。

另一种表现是，通过对外优惠待遇而扭曲要素优化配置、损害公平竞争环境和地方发展权益的隐形保护主义。比如，各地在招商引资中都提供了这样的优惠政策：土地便宜卖，甚至不要钱；环境不考虑，甚至投产后面对污染不追责；规费一般减收或免除，税收地方部分全部返还，甚至是连续几年返还；更有甚者，有的地方政府为了招到符合他们心中规划的大型企业，不惜提供巨额资金借贷或者提供信贷担保，有的干脆就是变相的巨额现金赠送。于是，一些新办企业为了追逐这种地方优惠政策竞争带来的更低的成本，居然落户到了既远离原料又远离市场甚至远离熟练工人的地方。由于各地提供的优惠政策越来越大胆，越来越刺激，一大批并不适合在当地落户的企业就在那里扎下了根（徐昌生，2006）。地方官员看到一栋栋厂房拔地而起，自认为招商引资成绩斐然；落户企业得到了实实在在的优惠，减低了生产成本增强了竞争优势；而直接受害者却是那些正在依靠正常条件正常发展的同类企业、那些被低价收购土地的农民及那些被环境污染困扰的居民等。与全国一样，经济学上的"劣币驱逐良币"现象在长江上游部分地区经常发生。令人担忧的是，目前，几乎所有的地方政府都把这种模式的招商引资作为头等大事来抓，还在乐此不疲地出台各种优惠政策，并互相介绍经验津津乐道发扬光大，看不到有丝毫终止的迹象。

（二）区域经济一体化的协调机制尚未建立

在区域经济一体化的进程中，区域内各成员之间不从区域整体发展角度寻找各自的比较优势、错位发展，而是各自为政、互为对手，这是区域经济发展最忌讳的，这将导致项目的重复建设和资源的不合理利用。而这种局面在长江上游地区频频出现。虽然从地域上看,长江上游是一个整体,但从行政管理上看,长江上游地区分属于几个不同的行政区域,地方政府出于多种因素的考虑存在"宁做鸡头,不做凤尾"的想法,与人合作的动力不足,措施有限。其最严重、最直接的后果就是,在区域经济一体化过程中,长江上游地区没有建立起一个良好的、有效的协调发展机制。

(三)现有的区域合作机制有一定形式,但实质性作用不明显

目前,长江上游各区域之间的合作还处于被动型、粗放式阶段。已经开展的合作仅仅局限于国家统筹必需的领域和微观企业的业务层面,政府和企业高层之间的合作磋商还停留在会议商谈、概念炒作和舆论宣传上,如川渝经济论坛、西南六省经济协作会等,比较具有约束力的能切实推动区域经济协调发展的高层次战略性合作与实质性管理协调机制,如跨区域协作管理机构等,还没有真正建立起来。各个利益主体之间缺乏整体合作的理念和合力,区域之间不规范竞争、各自为政的问题还比较普遍。

导致以上问题存在的原因很多,在中国特色的社会主义市场经济体制建设的大背景下,从区域经济一体化的内在需求角度看,其根本的原因主要集中在以下方面。

(1)行政区划限制了发展要素的流动性。在现有的行政区划体制下,由于地方政府为了追求本地区经济利益的最大化和地方官员出于政绩考虑,往往利用行政权力干预市场经济活动,形成我国特有的"行政区经济"现象,使经济区边界多多少少局限于行政区范围。我国行政区划层级过多,幅度偏小,类型混淆,功能受限……不利于发挥行政区划对区域经济一体化发展的主动作用。这样就极大地抑制了市场要素在各行政区之间的自由流动,阻碍了区域经济一体化由低层次向高层次的演进。

(2)适应区域经济一体化需要的政府转型不到位。我国地方政府还没有跳出"诸侯经济"的思维怪圈,仍然将自己的核心资源主要配置到本行政辖区的经济版图内,缺乏区际经济事务协调的职能,缺乏对区际共同事务的管理和政府之间公共关系的持久维护,缺乏对区域经济一体化发展所需公共服务和公共产品的供给。这说明地方政府在推进区域经济一体化方面的职能定位还不明确,政府转型不到位,机构设置不健全。受政府转型不到位的制约,地方政府组织体系存在大量的直接管理本行政区经济的专门机构,但跨区域经济宏观管理和

第八章 长江上游地区经济一体化组织保障及协调机制创新

公共服务的综合性机构还不健全,尤为重要的是地方政府缺乏有力的区际合作机构作为区际经济一体化的组织沟通平台。地方政府之间在横向方面没有明确各自的权责边界和合作机制;与社会和民众之间缺乏在区域经济事务中的交流合作和共同治理的机制;缺乏调控区际关系的制度框架。

(3)忽视了社会认同与文化差异对区域经济一体化的深层影响。目前的区域经济一体化机制的设计主要关注政府和市场两只手的作用,认为阻碍区域经济一体化的根本原因主要来自两个方面:一是各地方政府过分追求政绩导致的"行政区经济",二是市场发育的严重滞后。实际上,社会认同与文化差异对区域经济一体化的影响却更为深远。因为一个区域由于历史的偶然性而被确定为特定区域之后,随之而来的该区域之内各个成员之间的交流和沟通会逐渐增多,其社会认同感也逐渐增强;而不同区域之间的成员由于区域划分隔离导致沟通协调减少,使其社会认同感逐渐降低,从而引起一成员对来自区域外的成员产生隔离和疏远。这种隔离和疏远会随着时间的推移而日益拉大双方之间互相认同和承认的心理距离,虽然双方之间只有一道区域边界,甚至一步之遥,但也恍若隔世。正是这种社会认同的降低导致的心理距离的拉大,久而久之,就形成了一区域不同于其他区域的独特文化习俗和风土人情。于是,社会隔离、心理距离和文化差异又反过来固化了这种区域之间沟通和协调的障碍,使经济一体化在不同区域之间受到排斥和阻碍。

二、以三大原则形成共识,达成默契,共同推进长江上游地区经济一体化

松散的区域合作向更加紧密的区域经济一体化推进,需要有相应的制度安排。这种制度安排实际上起到了达成战略共识和心理默契的作用,即通过制度安排在一体化参与者之间达成一种政治意愿和经济合约,以此约束各参与成员方忠实履行合约,形成心理默契,共同实现约定的目标。因此,建立与长江上游地区经济一体化相适应的多主体治理型战略统筹机制,旨在促进各成员方更加广泛的社会认同、缩小心理距离,充分调动各方面积极性,多元自主推进长江上游地区经济一体化模式创新。

(一)坚持多样性统一,实现多模式发展互补

坚持多样性统一,就是要充分调动各地的积极性主动性,在寻找适合本地

区经济发展的不同模式的基础上,寻求经济一体化发展的共同目标和领域,找到合作发展的共同语言。比如,贵、川、渝等地都是国家"三线建设"的基地,虽然产品类别不同,但都具有中国"老工业基地"的特色。从民族分布来看,虽然各地民族各异,但都是民族区域自治比较集中的地区,民族特色经济优势显著。从发展阶段来看,长江上游地区各地同属于我国欠发达的区域,现代工业与传统农业并存,大城市问题与大农村问题同在。因此,坚持多模式发展互补,就是要在尊重各地不同的发展模式的基础上,实现优势互补和相互促进,不一定利益均沾,但一定求成果共享。虽然各地的发展水平差异很大,在全面建设小康社会的大目标下,允许各地选择适合本地发展的最好模式和最佳速度,通过经济一体化协调发展,实现先富带后富,走向共同富裕的美好生活。

(二)尊重多元主体,强调自主协商

在长江上游地区经济一体化的推进中,要正视社会认同和文化差异的深层影响。尊重多元主体,就是要让除了政府和市场以外的社区单位、社会阶层、利益团体、广大民众等有表达利益诉求的方式和途径,尊重他们的合理选择。自主协商就是要让区域经济一体化的直接参与者和各个阶层、利益团体、社会公众等共同参与、信息对称、成果共享。在长江上游地区经济一体化推进过程中,无论是公共产品和公共服务的提供,或是公共问题的咨询和决策,都应该通过民意调查、公开招标、社会听证、民众监督等程序加以推进。通过尊重多元主体、自主协商合作,广泛听取各方的意见和建议,增强长江上游地区经济一体化的普遍认可度,缩短不同区域成员之间的心理距离,以多元文化包容的手段克服区际文化隔离带来的不利影响。

(三)坚持战略性协同,加强项目性合作

长江上游地区各地虽然区情不同,发展战略各异,但加强战略性对话,搞好区域规划项目的协调,有利于避免恶性竞争和重复建设,减少资源浪费,维护和谐发展环境。同时以项目性合作为契机,在跨区域具体事务的处理上加强沟通和协调,可以有效地促进工作效率的提高和服务水平的提升,树立良好的公共形象,营造和睦的合作关系。具体地说,长江上游各地省级政府的职能更多地倾向于进行宏观调控而非直接管理操作,各省级直属部门的工作重点实际上就是行使分行业的区域协调职能。区域协调在空间上、相邻或相关城市间要

第八章 长江上游地区经济一体化组织保障及协调机制创新

相互协调；省级发展和改革委员会与各省级直属机关之间、省级发展和改革委员会与各地级城市政府部门之间、各省级直属机关与各地级城市政府部门之间都需要协调（刘静玉，刘鹏，2009）。在区域规划的协调上，下级规划和协调服从上级规划和协调，专业规划和协调服从综合规划和协调。而这种上下左右内外的多层级多领域的战略协同如果只是空对空是没有实效的，因此，战略协同必须以项目为引领，通过各级各类项目的合作实施来推进战略性协调的实时动态开展，比如高速公路、高速铁路等基础设施建设项目的合作、新型农村医疗保险等社会公共服务项目的合作等，就能起到事半功倍的作用。

三、基于和谐共赢，搭建长江上游地区经济一体化协调组织构架

在区域经济一体化过程中，各类发展要素在各个行政区域间自由流动，需要加强战略性交流、合作与协调，这必然要求专门的机构承担这方面的职责，现有的"西南地区经济合作协调会"虽然在促进区域协调发展方面发挥了较好的作用，但是该组织只能在寻找各成员之间的利益共同点，推动具有互利互惠和双赢性质的项目上发挥作用，对于协调各方之间的利益冲突则基本无能为力（饶光明，2006）。

在我国现有的行政体制下，构建高层次战略性区域一体化协调组织机构有如下几种方案可供选择：其一，在各省级政府之上设立统一的跨区域专职机构，取代互不隶属的分头管理机构，使区域政府的相关部门成为其分支组织，国外成功的案例如美国田纳西流域管理局等；其二，在中央政府层级设立负责区域管理的综合性权威机构，负责制定区域规划，组织跨区域重大基础设施建设，处理区域间利益冲突，主张这种制度设计的如张可云提出的"区域管理委员会"（张可云，2005）；其三，由中央政府职能部门牵头，相关区域的地方政府、企业和中介组织共同参与的治理型组织模式，主张这种观点的有王健、鲍静、刘小康等，提出"复合行政"（王健等，2004）。

吸纳上述观点和建议的优点，结合长江上游地区实际，我们主张：建立一个具有广泛代表性、各个利益群体能够平等协商的协调组织——长江上游地区经济一体化战略统筹组织体系，基本框架如图8-1所示，这个组织体系包括中央、地方政府及其下属直管式协调机构，和相关的社会中介组织有机结合。

长江上游地区经济一体化研究

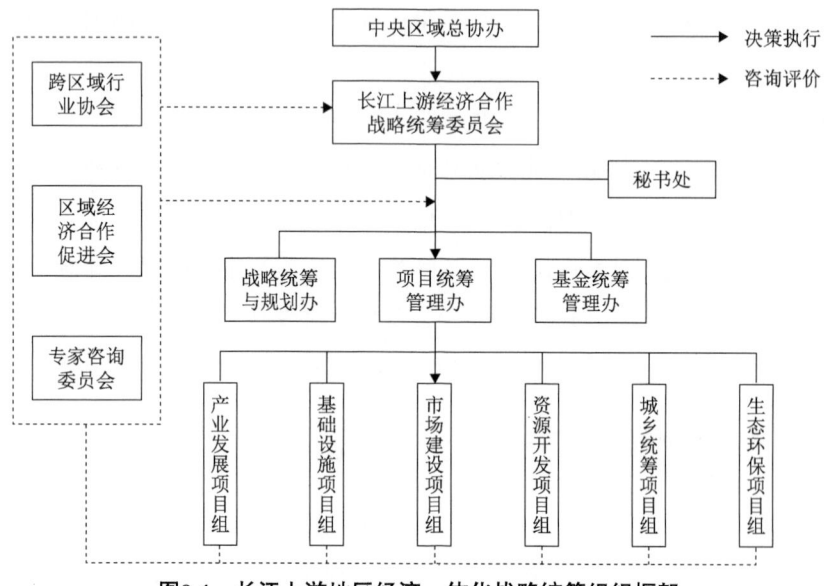

图8-1 长江上游地区经济一体化战略统筹组织框架

（一）中央级区域一体化战略总协办（国务院区域战略统筹办）

经过立法程序建立国务院区域战略统筹办。这是区域经济一体化战略协调机制中最高层的协调主体，类似于现有的国务院西部地区开发领导小组办公室，但比国务院西部地区开发领导小组办公室的职能更全，该机构的建立对中国这样的大洲性大国意义重大。该机构采取统筹宏观规划、转移支付、基础设施建设等来缩小区域差距，整合区域发展，专门负责全国东部、中部、西部区域经济一体化战略的总协调，负责长江流域、黄河流域及其他跨省流域建设和发展战略的总协调。

（二）长江上游经济合作战略统筹委员会（长江上游战略统筹委）

该委员会由中央政府代表、地方政府首长组成，根据协商一致的原则，专门负责长江上游四省市区域经济一体化过程中的区域经济战略重大事务的统筹协调，排除部门保护主义和地方主义的干扰，制订长江上游地区经济一体化的总体战略发展规划方案，制定区域战略统筹政策和落实工作，审批跨区域分工与合作的重大项目，通过下设的战略统筹与规划办、项目统筹管理办、基金统筹管理办等具体推进。这三办又通过项目统筹管理办集中组织落实。内设产业发展、基础设施、市场建设、资源开发、城乡统筹、生态环保等具体项目组。

（三）长江上游区域合作战略统筹社会中介组织

这是通过社会自治的形式设立的相应的区域社会中介组织。因为区域经济战略协调的具体制度的落实需要社会中介组织来配合，而且协调合作的绩效大小也要由社会中介组织的参与度来体现。具体考虑是在长江上游地区设立由国内外知名专家学者、企业家组成的专家咨询委员会、区域经济合作战略促进会及跨区域行业协会，如四省市交通运输协会、城市建设与管理协会、现代制造业协会、现代商贸物流与金融服务业协会、市场一体化共建协会、资源与环境保护共建协会等，动员民间力量来优化市场环境，强化制度建设，进一步推进长江上游地区经济一体化进程。

（四）长江上游经济合作战略统筹委员会秘书处

这是单独设立的、具有秘书性质的联络机构和协调助理机构，负责战略统筹委员会授权的日常工作，包括组织安排会议、调研及信息沟通、收集与发布信息、合作事务督办协调、建设和维护网站等。

四、创建长江上游地区经济一体化战略统筹机制

在区域经济一体化背景下，创新区域协调机制，就是建立一种多主体治理型战略统筹机制，实现与区域经济一体化发展的良性互动。区域性公共领域的和谐治理，需要各级地方政府与人大、政党、利益群体、媒体等组织建立起一种在开放的公共领域进行对话和互动的关系，实现政府内部及与其他组织之间关系的和谐化。

在经济一体化战略组织体系构成方面，由与区域经济一体化相关的中央（上级）政府代表和各级地方政府领导，以及各类社会中介组织代表、企业代表、专家学者代表、公众代表等成员共同组成。

在权力来源方面，由中央和利益相关的地方政府通过战略部署、战略规划、重大政策、跨行政区立法等途径共同赋予相应的战略决策和战略管理权力而集中行使跨区域的战略统筹发展权。

在组织结构方面，决策部门实行双层架构，下层遵循市场原则和效率原则，通过项目招投标等手段发挥竞争激励作用，上层遵循社会公平原则，通过财政转移支付，对弱质产业、战略新兴产业、落后地区的特殊扶持等战略措施提供

平等发展机会。

在经费保障方面，借鉴欧盟共同基金的经验，由中央设立的专项资助经费和组织成员(主要是地方各级政府)交纳的"会费"共同组成区域一体化战略统筹发展基金(包括重点产业一体化统筹过程中部分地区的产业退出补偿基金、农业补偿基金、民族区域补偿基金、生态一体化建设补偿基金等)，设立海外及国内发达地区援助基金等，供长江上游地区经济一体化统筹发展项目专用。

在决策规则方面，充分体现效率与公平兼顾的原则，对于基础性区际公共领域战略决策采取"一人一票"和"票票平等"原则，对于此外的区际公共领域战略决策采取差别原则，如实力胜出原则和弱者保护原则等。

在功能职责方面，重点解决跨行政辖区的区域公共性重大问题，如区域内电力同网、金融同城、信息同享、设施共筑、人才共用、生态共建等(李金龙，王宝元，2007)，研究区域协调发展战略问题，制定整体发展规划和重大政策；统筹管理区域经济一体化战略统筹发展基金，提供统一标准的跨区域公共设施与公共服务；制定解决利益冲突的协调规范与程序，受理对区际利益冲突的申诉，进行调查并提出协商意见加以解决。

在运行流程方面，通过联席会议定期决策和工作机构跟踪服务落实各项战略统筹项目，着重突出治理主体的多元化和自主性特点。即以问题调研—项目招标—政策预研—会商决策—审议执行—监督评价的思路开展工作。

第二节 建设服务开放合作型政府

长江上游地区经济一体化战略统筹机制的推进，需要长江上游地区各级地方政府机构瞄准建设服务开放合作型政府的大目标，有针对性地开展转型对接改革和制度创新工作。改革开放30多年来，我国的经济体制运行方式发生了深刻的变化，尤其是在全球经济一体化的背景下，政府面临严峻的挑战，即在全球经济一体化的背景下，面对新的形势，新的挑战，政府的服务内容方式等必然要有重大的转变。因而对于长江上游地区经济一体化来说，建设服务开放合作型政府迫在眉睫。但是转变政府职能与建设服务开放合作型政府是相辅相成的，只有政府职能的转变，才能促进服务开放合作型政府更好建设。

第八章 长江上游地区经济一体化组织保障及协调机制创新

一、转变政府职能的提出

早在20世纪80年代初期，邓小平（1983）在《党和国家领导制度的改革》中就指出，改革目标的每一次调整都对政府职能的转变提出新要求。1984年10月20日，中共中央在十二届三中全会通过的《中共中央关于经济体制改革的决定》中明确提出，要"政企职责分开，正确发挥政府机构管理经济的职能"（中共中央，2008b）。1992年，党的十四大报告确立了经济体制改革的目标，提出建设社会主义市场经济体制，十四大报告明确指出："加快政府职能转变。这是上层建筑适应经济基础和促进经济增长的大问题。……转变的根本途径是政企分开。"（中共中央，2007）1993年11月，《中共中央关于建立社会主义市场经济体制若干问题的决定》指出，转变政府职能，改革政府机构，是建立社会主义市场经济体制的迫切要求（中共中央，2010a）。1995年9月，《中共中央关于制定国民经济和社会发展"九五"计划和2010年远景目标的建议》指出，按照政企分开的原则，转变政府职能（中共中央，2010b）。1997年，党的十五大则丰富了转变职能的内容，提出："要按照社会主义市场经济的要求，转变政府职能，实现政企分开，把企业生产经营管理的权力切实交给企业；根据精简、统一、效能的原则进行机构改革，建立办事高效、运转协调、行为规范的行政管理体系，提高为人民服务水平。"（中共中央，1997）2002年11月，中国共产党第十六次全国代表大会通过《全面建设小康社会，开创中国特色社会主义事业新局面》的报告，进一步提出，要"深化行政管理体制改革。进一步转变政府职能，改进管理方式，推进电子政务，提高行政效率，降低行政成本，形成行为规范、运转协调、公正透明、廉洁高效的行政管理体制"（中共中央，2002）。2003年，《中共中央关于完善社会主义市场经济体制若干问题的决定》指出："转变政府经济管理职能，深化行政审批制度改革，切实把政府经济管理职能转到主要为市场主体服务和创造良好发展环境上来。"（中共中央，2003）2008年2月，中共十七届二中全会在《关于深化行政管理体制改革的意见》中提出："深化行政管理体制改革要以政府职能转变为核心。转变政府职能，建设服务型政府。"（中共中央，2008a）由此可见，政府职能转变的过程是一个从全能政府向有限政府转变的过程，从集权型政府向分权型政府转变，从政企不分、政社不分向政府、企业、社会各自具有自己的合理边界转变，从以往的管制型政府向服务型政府的转变。尤其是在经济全球化和中国加入WTO的新时代，中国经济融入世界的深度和广度都提升到了一个新的水平，从中央到地方，中国政府职能转变的核心问题是如何建设服务于对内对外深度开放大局的开放合作型政府，更好的为市场经济主体和广大人民群众提供良好服务的问题。因此，弄清服务开放合作型政府的内涵，是建设服务开放合作型政府的前提。

二、服务开放合作型政府的内涵

所谓服务开放合作型政府，就是指在公民本位、社会本位理念的指导下，在整个民主的框架下，通过法定程序，按照公民意愿组建起来的适应对内对外大开放格局需要的以为公民服务为宗旨并承担服务责任的政府。从执政理念看，服务开放合作型政府要求各级政府和官员必须树立"公民本位，开放合作"的思想，即国家的主人是广大普通民众，政府的权利来自人民的让渡，政府必须适应区域对内对外开放的新要求，利用开放合作的有力手段把全心全意为人民服务落到实处，实现社会公共利益的最大化。从职能范围看，服务开放合作型政府的职能是政府要还权于社会，以积极开放、吐故纳新的心态虚心向人民学习；要尊重市场经济规律，还权于市场，以与人合作、成果共享的姿态相互学习、取长补短，做市场和个人不能做和做不好的事情。从运行机制看，服务开放合作型政府不同于管制型政府，它要求政府的施政目标必须首先取得广大人民群众的同意，必须敞开胸怀，在大开放合作格局中找准定位，演好角色。

三、以引导和促进长江上游地区经济一体化为目标，促进政府职能转变

行政区划调整对于问题的解决只能起到辅助作用而不能解决根本问题，相对而言，政府职能的转变才是适应并促进区域经济一体化健康发展的根本之策。在社会主义市场经济条件下，地方政府主要行使四大职能，即经济调节、市场监管、社会管理和公共服务。对服务开放合作型地方政府而言，就是要在区域经济一体化过程中创造良好的软硬投资环境，为区内区外商户和求职者、国内国外客商和人才提供统一的社会管理和公平公正的社会服务；监管国有资产，合理选择主导产业，优化经济结构；为国内外经济管理者和公私企、事业单位职工提供公共环境和公共产品，促进区内区外经营者充分投资、本区域居民充分就业，国内国外人才乐于创业，完善社会保障体系；促进区域之间的经济交

第八章 长江上游地区经济一体化组织保障及协调机制创新

流与合作,构建富有竞争力的、可持续发展的区域分工与协作体系。

首先,地方政府理念要由统治型、强势型行政理念转变为服务型、治理型行政理念。传统的地方政府十分注重职能的政治统治和经济干预作用,而忽视了对市场秩序的维护和对市场环境的营造。现代政府理论启示我们,"小政府、大社会"是历史发展的选择,地方政府要把服务作为第一理念,强化政府、市场与第三部门之间合作的观念,抛弃狭隘的属地观念。

其次,地方政府管理内容要由片面发展本地经济向促进跨区域的经济、社会、文化和生态全面协调发展转变。在区域经济一体化背景下,地方政府要为本地居民提供公共产品和服务,更要与其他地区的政府加强协作,为流进流出的务工经商人员提供服务。统筹跨区域资源的开发、利用与保护,以增强资源的可持续性;统筹跨区域基础设施建设,以实现空间结构的网络化;引导居民形成一种共存共生、开放合作的文化观念,以增强对区域经济一体化的理性认同。

再次,地方政府管理权限要在各级政府间、政府与社会间、政府与企业间进行科学规范。中央政府在调控地区均衡发展、维护全国性统一市场、全国性和跨区域性重大基础设施建设等方面发挥主导作用;地方政府要适时向社会放权,主动培育社会自治团体,增强社会的自治能力和再生能力;地方政府要减少对企业的直接管理,推进政企分开,通过开放产权交易,鼓励地区间企业的兼并与联合,促进资源的优化配置。

最后,地方政府管理方式要由单一化的行政手段向多元化的经济、法律、行政等手段转变,由过程管理向目标管理转变,由自为行政和官治行政向依法行政和民治行政转变,由以微观管理为主向以宏观管理为主、微观管理为辅转变,由直接管理向间接管理转变,由"行政区行政"向"区域公共服务"方式转变(李金龙,王宝元,2007)。

四、创新定位,理顺关系,建立良好的府际合作关系,将长江上游地区各级地方政府建成服务开放合作型政府

政府之间的关系,其实质是政府之间的权力配置和利益分配的关系。创新定位,就是要将"高高在上"的统治型政府转变为"亲民务实"的开放合作型政府。理顺关系,就是要理顺各级政府之间的关系及政府与个人、社会团体、民间组织的关系,并以首先理顺本地区政府之间、本地政府与外地之间的关系为前提和核心。进而从战略上谋划本地区与外国政府、跨国公司、国际组织和

机构之间的关系。创新定位是理顺关系的前提，理顺关系是创新定位的手段和途径，二者都是围绕建设服务开放合作型政府这一中心展开的。

（一）构建上下联动、共同参与的联盟型纵向政府间关系

从法理上讲，我国地方政府扮演着双重角色，既要维护上级政府的权威，又要保障本地居民的合法权益。理顺二者关系需要在民主集中制原则指导下，以提高行政绩效和民主正义为目的，建立一种上下联动、双向制衡、共同参与的联盟型纵向政府间关系模式。首先，依法建立下级政府参与上级政府政策制定的有效机制。胡鞍钢就曾指出，若中央政府在制定政策的过程中让地方政府共同参与，形成"一对多"的博弈，要比在政策执行过程中多次的"一对一"博弈更有效率（胡鞍钢，2003）。其次，通过动态平衡集权与分权关系，形成上下级政府之间的相互依赖关系。一方面，通过改善分税制，实现上下级政府，尤其是中央政府与地方政府在财政、行政、政策和立法上的相互依赖关系；另一方面，通过确定分权的内容、数量、协调与控制标准，明晰上下级政府专属与共享的事权和财权，实现政府权责之间的平衡。最后，创新和丰富政府间调控的手段与工具。充分利用利益、权力、财政和公共行政在政府间的调控作用，进一步分类细化中央政府对地方政府的财政转移支付制度；在互惠互利原则指导下，大力发展四种类型的合作，即委托性合作、协议性合作、计划性合作和参与性合作等。

（二）建立合作共赢、协作互补的邻里型横向政府间关系

随着区域经济一体化的发展，横向的政府之间关系更多地体现为交流与合作的关系，因而具有强大的经济功能和价值创新能力。为了形成合作共赢、优势互补、共同发展的新型政府关系格局，需要从以下三个方面着力：首先，确定长江上游四省市政府间区域合作协调的领域。从长江上游区域发展所处阶段上看，邻里政府之间要在基础性产业与公共设施、统一的规制与公共服务、中长期国民经济社会发展战略等方面战略协商和协议分工合作。这有利于解决在区域经济一体化过程中政府各自为政、属地封闭型经济、市场割踞型恶性竞争等各种资源浪费问题。其次，四省市政府之间增加合作频率扩大合作规模，推进合作方式的多元化。长江上游地区可以根据各地具体情况创新政府间合作的方式，比如制定一个互帮互助的正式或非正式的契约，如电力同网、金融同城、

信息同享、设施共筑、人才共用、生态共建等协议,并把这些写在纸上的契约通过不断增加的合作频次和不断扩大的合作规模上升为巩固的战略共识和心理默契。最后,加强四省市政府间的制度学习与创新,建设学习型政府。向内,要增强自主学习和创新的能力,敏锐地认知制度不均衡状态中蕴涵的潜在利润,合理制定制度创新的规划并持续地加以执行,实现政府制度的创新发展。向外,要认真学习、借鉴甚至模仿其他政府的制度,通过研究历史上和现实中成功运作的制度,掌握政府运行内在制度的发展规律,从而提高政府对制度创新的把握。内外兼修,共建服务开放合作型政府(饶光明,2006)。

(三)以长江上游四省市的深度合作为基础,逐步扩大并有序深入与国内临近省区的协作、与国外政府和组织的合作

在长江上游云、贵、川、渝四省市深度合作的基础上,长江上游各级地方政府一要加强与广东、广西、湖南、湖北、河南、陕西、甘肃、青海、西藏、新疆、宁夏、内蒙古等周边各级政府和组织的合作深度与广度;二要加强与长三角、珠三角、京津冀、东北三省等大区域的经济一体化协作;三要加强与东盟、东北亚、南亚、中亚等周边地区国家及经济组织的战略合作;四要继续加强与欧盟、北美、澳洲等发达地区的深入持久合作;五要积极拓展与非洲、俄罗斯、中欧、东欧、拉美、中东等新兴市场国家和地区的多层次、多领域合作。通过以上合作,在地下资源、地上产品、资源加工、现代制造、全方位服务等多层次多领域与他们建立建设性的可持续的友好联系,学习他们对公共产品和服务提供的类型、区位环境成本、组织管理成本、地方民主参与等多种因素的综合考量模式和方法,加快推进本区域服务开放合作型政府的建设进程。

第三节 培育跨区非政府合作组织

一、非政府合作组织是市场经济发展的必然选择

20世纪80年代以来,随着我国经济体制的转轨和社会结构的转型,我国经历了多次行政改革,政府职能和管理方式的转变迈开了实质性的步伐,在政

府间关系的理顺与发展，政府与企业、市场、社会的关系调整方面都有较大进展。在这个过程中，政府原来的一部分职能开始向外部转移，逐渐由"全能型政府"过渡到"有限政府"、"有效政府"和"服务型政府"。行使"治理"权力的政府不再是社会唯一的权力中心，非政府组织和私人部门都可能成为不同层面的权力中心。非政府组织作为一种公共服务的提供者和公共责任的担当者，在区域经济一体化进程中发挥着独特的功能。非政府组织（non-governmental organization，NGO）又称"非营利组织"（non-profitable organization，NPO），就是我们日常所说的"第三部门"（the third sector）或"第三域"、民间组织或公民社会组织（CSO）等，它是介于政府组织与市场组织之间的非政治组织形态，具有组织性、非政党性、民间性、非营利性、志愿性、自治性，是致力于公益事业的社会中介组织，依靠会员缴纳的会费、民间捐款或政府财政拨款等非营利性收入来从事政府组织和市场组织无力、无法或无意作为的社会公益事业，是以实现服务公众、促进社会稳定发展为宗旨的社会公共部门。

政府失灵理论——这一理论是美国经济学家伯顿·韦斯布罗德提出的，他的理论开创了用经济学解释非政府组织的先例。他采用了经济学中的需求和供给的分析方法来解释非政府组织存在的原因。在他看来，任何消费者对于物品的需求，政府、市场和非政府组织都是满足个人需求的手段，而且这三者在满足其需求方面存在相互替代性。由于政府和市场在提供公共物品方面的局限性，导致了对于非政府组织的需求，这就是非政府组织存在的主要原因（田凯，2002）。

合约失灵理论——这是美国法律经济学家亨利·汉斯曼在传统的经济学和法学对于非政府组织还缺乏理论研究的背景下提出该理论的。他认为在提供复杂的个人服务、服务的购买者和消费者分离、存在价格歧视和不完全贷款市场、提供公共物品等制度条件下，都会出现合约失灵现象。但是如果这类商品或服务由非政府组织来提供，生产者的欺诈行为就会少得多。因此在市场可能出现"合约失灵"时，对生产者机会主义行为的另一种有力的制度约束就是充分发挥非政府组织的功能（Coase，1937）。

第三方管理理论——这是美国公共政策学者、非政府组织研究专家赛拉蒙提出的理论。在这种治理体系中，政府与第三方分享在公共基金支出和公共权威运用上的处理权。而第三方管理模式的出现很好地调和了公共服务的社会需求与政府机构的敌意之间的矛盾（田凯，2002）。

二、改革开放后发展起来的中国非政府合作组织

改革开放以来,顺应经济全球化的历史潮流和社会主义市场经济的时代需求,中国发展起来的非政府合作组织,主要有以下几种:

第一种是政府支持型:这种运作模式是要求政府为非政府组织提供一定的人力、财力、物力、政策等支持,并对其进行相应的监督管理;非政府组织则在相应的规范、监管下运作,动员整合各种社会资源(包括政府财政补贴、社会慈善资源及国外资源),进而提供社会所需的各种公共物品(赵平安,高猛,2009)。目前我国政府与非政府组织的关系大多近似于此类。但其中仍旧存在政府支持力度不高、募捐来源不稳定、筹资方式单一、非政府组织自律机制不健全、竞争不充分、运作不透明等问题,如中国红十字会的财务混乱问题。2010年,由于会计核算科目应用不当,中国红十字会总会将"红十字事业"的资金收支应用于往来款科目核算,其中年初结余141.91万元,当年收入30.93万元,支出139.89万元,年末结余32.95万元,且中国红十字会总会决算报表与实际账簿资料不符,多计收入33.07万元,少计支出75.89万元,少计结余32.95万元(王欲然,2011)。此外,许多这一类非政府组织是在政府机构改革中从政府系统中剥离出来或是由政府自上而下筹建的组织,具有"官办"和"第二政府"的特点,缺少独立性和自主性,对政府高度依赖。

第二种是政府委托型:政府将公营机构委托给非政府组织经营,规定其必须开展一定数量的社会福利项目,完成一定的公共服务;非政府组织作为经营者,在完成相应服务的前提下自负损益。上海浦东罗山市民会馆的经营模式就是此类样板,我国的一些公营福利机构都在根据具体情况按照这类合作关系进行改革。但是,此类合作关系也有一定缺陷:在政府监管不力或者非政府组织的运作、动员能力不强的情况下,容易导致公共产品总量减少和质量下降的现象。

第三种是政府购买与非政府组织生产型(合作模式):政府作为公共物品的购买者,非政府组织以投标竞标的方式获得某种或某类公共产品的生产者资格,而受益对象则是该产品的"消费者"。这类关系具有公开、平等、竞争充分等优点,但它的要求条件也较高:必须存在成熟、多样的非政府组织,实现多元参与和充分竞争,建立完善的监管机制、互律合作机制等。香港在此作了许多有益的探索并取得了成功。通过政府不断增长的"购买式"资助,香港的非政府组织商业化程度非常高。资料显示,2003年,香港参与社会服务的非政府机构

约345家。其中,受到政府资助的有184家,香港公益金会员有142家,接受香港赛马会基金拨款的有61家,服务单位3400个。它们提供了90%的社会福利服务;每年接受服务人次超过5700万,义工100万人次,全职员工4万人;总收入117亿港元(2003～2004年);2002～2003年获71.4亿元政府津贴,占包括社会保障在内的福利开支的78.6%;机构董事5600人,义工20万人。(梁祖彬,2009)。但这类合作关系在大陆尚不多见。

三、实施长江上游地区经济一体化,必须动员民间力量,以"长江上游地区经济一体化战略统筹论坛"来培育跨区域非政府合作组织

长江上游培育跨区非政府合作组织,是区域经济一体化进程中构建服务开放合作型政府的有效路径。而非政府合作组织的成长,既是经济一体化要求的服务型政府的动力,又是其基础。作为动力,非政府合作组织的成长为经济一体化过程中政府职能的转变提供了可能;作为基础,非政府合作组织的成长为经济一体化服务型政府的运行提供了有效支撑。因此,在社会体制改革中,政府职能转变和服务型政府的建设和发展,是长江上游地区经济一体化的必然选择。而经济一体化要求的培育跨区非政府合作组织,须通过民间组织发展寻求新的、合理的利益协调机制。这就需要在以下三个方面做出努力:

(1)建立一系列的跨区域合作论坛,为长江上游经济一体化创造文化氛围和提供智力支持。具体包括:长江上游经济合作论坛、经济一体化战略统筹论坛、民族文化共建论坛、科技合作论坛、教育合作论坛、生态环保合作论坛等。成立相应领域的专家咨询委员会和智囊团,通过课题调研、讲座、讨论、方案策划、专题咨询等为相关单位提供知识性、专业性的高端服务和智力支持。

(2)建立长江上游跨区域同业行业协会,为同业企业、同行事业范围的合作提供服务。比如:电子信息行业协会、交通运输行业协会、旅游行业协会、房地产行业协会、汽车摩托车制造业协会、钢铁等金属冶炼行业协会、五金行业协会、电力行业协会、水泥行业协会、可再生能源行业协会、环境保护行业协会、食品行业协会、药品行业协会、服装行业协会、火锅等餐饮行业协会、人力资源开发与教育培训行业协会,等等。

(3)建立长江上游商会联合会,促进四省市民营、合资、合作企业发展。可以建立诸如:四省市商会联会、中心城市联合协会、国有企业联合会、上市

第八章 长江上游地区经济一体化组织保障及协调机制创新

公司联谊会、个体协会联合会等。

通过以上措施的实施，动员和支持民间力量积极参与，培育跨区域非政府合作组织，弥补市场缺位和政府缺位，推进长江上游地区经济一体化向纵深发展。

参考文献

白永秀, 岳利萍. 2005. 陕西城乡一体化水平判别与区域经济协调发展模式研究. 嘉兴学院学报, 1:76-80.

贝蒂尔·俄林. 2001. 地区间贸易和国际贸易. 王继祖, 等译. 北京：首都经济贸易大学出版社.

彼得·罗布森. 2001. 国际一体化经济学. 戴炳然, 等译. 上海：上海译文出版社：1-2.

波特. 2002. 国家竞争优势. 李明轩, 邱如美译. 北京：华夏出版社.

布雷达·帕弗里奇, 等. 1987. 南南合作的挑战. 赵瑞生译. 北京：中国对外贸易出版社：13-24.

陈栋生. 1996. 长江上游经济带发展的几个问题. 开发研究, 4.

陈宏, 韩轶, 杨莉. 2001. 四川省国民经济关键部门的确定. 系统工程, (11):27-33.

陈慧义, 张敏. 2006. 区域主导产业分析方法研究综述. 山东轻工业学院学报, (1):45-49.

陈正伟. 2003. 重庆市新经济增长点群的构筑及发展时序研究. 香港：华夏文化艺术出版社.

重庆市统计局. 2008. 重庆统计年鉴 2008. 北京：中国统计出版社.

重庆市统计局. 2010. 重庆统计年鉴 2010. 北京：中国统计出版社.

重庆市统计局. 2011-04-04. 重庆市 2010 年国民经济和社会发展统计公报. http://jtj.cq.gov.cn.

大卫·李嘉图. 1962. 政治经济学及赋税原理. 郭大力, 王亚南译. 北京：商务印书馆.

邓玲. 2002. 长江上游经济带建设与推进西部大开发. 社会科学研究, (6): 40-44.

邓玲, 王彬彬. 2008. 统筹城乡发展评价指标体系研究——基于成都市温江区的实证应用. 西南民族大学学报(人文社科版), (4):80-84.

邓仁菊, 张健, 杨万勤. 2007. 长江上游生态安全的关键科学问题. 世界科技研究与发展, (2): 55-61.

邓小平. 1983. 党和国家领导制度的改革 // 邓小平. 邓小平文选（1975—1982）. 北京：人民出版社.

樊莹. 2005. 国际区域一体化的经济效应. 北京：中国经济出版社：17.

冯云延. 2004. 聚集经济效应与我国城市化的战略选择. 财经问题研究, (9): 35-41.

高见. 2005. 中原城市群市场化水平评价与一体化对策. 许昌学院学报, (3):129-132.

高凯山. 2004. 地区经济一体化："小西北"欠发达地区经济发展的战略. 科学经济社会, (1).

戈银庆. 2008. 中国西部区域经济整合与区域经济发展问题研究. 北京：人民出版社.

广东省统计局, 国家统计局广东调查总队. 2011-03-01. 2010 年广东国民经济和社会发展统计公

参考文献

报 .http://www.gdstats.gov.cn/tjgb/201103/t20110301_81848.html.
广西壮族自治区人民政府办公厅 . 1988-07-07. 广西壮族自治区人民政府办公厅转发《五省区六方经济协调会关于大力推进横向经济联合和协作的意见》和《中南经济技术协作区工作暂行办法》的通知 . http://law.lawtime.cn/d592917598011_2_p1.html.
贵州省统计局 . 1979. 贵州统计年鉴 1979. 北京：中国统计出版社 .
贵州省统计局 . 1985. 贵州统计年鉴 1985. 北京：中国统计出版社 .
贵州省统计局 .1992. 贵州统计年鉴 1992. 北京：中国统计出版社 .
贵州省统计局 . 2008. 贵州统计年鉴 2008. 北京：中国统计出版社 .
贵州省统计局 .2010. 贵州统计年鉴 2010. 北京：中国统计出版社 .
贵州省统计局 . 2011-03-16. 贵州省 2010 年国民经济和社会发展统计公报 . http://www.tjcn.org/tjgb/201103/19073_6.html.
国家发展计划委员会，国务院西部地区开发领导小组办公室 . 2002-02-25. 国家计委、国务院西部开发办关于印发"十五"西部开发总体规划的通知（计规划 [2002]259 号）. http://www.gov.cn/gongbao/content/2003/content_62545.htm.
国家统计局 .1979. 中国统计年鉴 1979. 北京：中国统计出版社 .
国家统计局 .1985. 中国统计年鉴 1985. 北京：中国统计出版社 .
国家统计局 .1992. 中国统计年鉴 1992. 北京：中国统计出版社 .
国家统计局 .2008. 中国统计年鉴 2008. 北京：中国统计出版社 .
国家统计局 . 2009. 新中国六十年统计资料汇编 1949—2008. 北京：中国统计出版社 .
国家统计局 .2010. 中国统计年鉴 2010. 北京：中国统计出版社 .
国家统计局 .2011. 中国统计年鉴 2011. 北京：中国统计出版社 .
国家统计局国民经济核算司 .1997. 中国投入产出（延长表）编制方法 . 北京：中国统计出版社 .
国务院办公厅 . 2008-09-16. 国务院关于进一步推进长江三角洲地区改革开放和经济社会发展的指导意见（国发〔2008〕30 号）.http//:www.gov.cn .
哈维•阿姆斯特朗 . 2007. 区域经济学与区域政策 . 刘乃全，贾彦利，张学良，等译 . 上海：上海人民出版社：103.
韩佳 .2008. 长江三角洲区域经济一体化发展研究 . 北京：华夏出版社：26-27.
韩利，谢佳君 . 2011-05-06. 成渝经济区区域规划获国务院正式批复 . http://news.chengdu.cn/content/2011-05/06/content_706422_2.htm.
何丰伦 . 2009-04-23. 桂渝签订深化合作框架协议 .http://www.xinhuanet.com/chinanews/.htm.
何其祥 . 1999. 投入产出分析 . 北京：科学出版社 .
胡鞍钢 .2003. 第二次转型——制度建设 . 北京：清华大学出版社 .
黄贤全 .2002. 美国政府对田纳西河流域的开发 . 西南师范大学学报 (人文社会科学版)，(07):118-121.
黄毅莹 . 2007. "西南六省区市经济协调会"合作机制研究 . 昆明：昆明理工大学硕士学位论文 .

黄应绘 .2008.关于构建中国城乡差距综合评价指标体系的探讨 .生产力研究 ,(17) :83-87.

黄志亮,饶光明,陈正伟,等 .2011.西部开发中长江上游地区区域创新战略研究 .北京:科学出版社 .

黄志亮,等 .2011.西部开发中长江上游地区区域创新战略研究 .北京:科学出版社 .

蒋炜,秦远 .2006-4-14.川滇签署《旅游交流与合作协议书》. http://www.lotour.com/snap-shot/2006-4-14/snapshot_36132.shtml.

记者 .2004-06-03."9＋2"政府领导共同签署《泛珠三角区域合作框架协议》. http://www.southcn.com/panprd/news/info/200406030494.htm.

李昌莉 .2007-12-19.共同开发金沙江流域（下游）旅游 川滇黔13州市签署合作框架协议 . http://www.yndaily.com.

李金龙,王宝元 .2007.地方政府管理体制：区域经济一体化发展的重要制度瓶颈 .财经理论与实践 ,(1): 120-123.

李鹏,李银雁 .2008-01-16.广西多区域合作变奏曲 . http://finance.sina.com.cn/roll/20080116/09451936335.shtml.

李巧,朱忠旗 .2005.我国城市群存在的问题及对策建议 .经济问题探索,（2）：19-21.

李斯特 .1961.政治经济学的国民体系 .北京:商务印书馆 .

李颖,陈林生 .2003.美国田纳西河流域的开发对我国区域政策的启示 .四川大学学报(哲学社会科学版),(5):27-29.

厉以宁 .1999.区域发展新思路 .北京：经济日报出版社 .

梁双陆 .2007.国际区域经济一体化理论综述 .经济问题探索,(1).

梁祖彬 .2009.香港非政府组织的发展：公共组织与商业运作的混合模式 .当代港澳研究,（1）：152-162.

廖元和 .2009.长江上游经济带的范围及其经济核心区研究 .西部论丛,(5): 1-8.

林凌,杜受祜,刘世庆,等 .2004-3-22.川渝合作共建长江上游经济带的繁荣（1）. http://www.xslx.com/Html/jjlc/200403/6392.html.

林凌 .2005.中国区域经济发展新的格局与西部大开发 .西部论丛,(6): 1-3.

刘敏,陈轶 .2007-07-13.南川与道真正安武隆万盛签署新农合合作协议 . http://www.cqnc-news.com .

刘静玉,刘鹏 .2009.郑汴区域协调机制建设研究 .安徽农业科学,（7）：3277-3280.

刘军涛 .2009-07-09.渝川陕签订"西三角"经济圈工商联战略合作框架协议 . http://society.people.com.cn/GB/41158/9626755.html.

刘起运,陈璋 .2006.投入产出分析 .北京:中国人民大学出版社 .

刘起运,许宪春 .2004.中国投入产出分析应用论文精粹 .北京:中国统计出版社 .

刘庆,吴宁,刘照光 .1999-05-18-20.长江上游生态环境建设与可持续发展对策 .北京:99中国青年科技论坛 .

参考文献

刘茵，邱丕群.2002.长江上游地区投入产出表及分析方法研究.西安：陕西出版社.

刘正.2007.城乡一体化程度评价指标体系初探.山东大学.

柳春.2007-06-20.重庆成为中国-东盟博览会特别合作伙伴.中国-东盟博览会秘书处.http://www.caexpo.org.

陆大道.2003-06-19.科学规划西部开发重点经济带及其空间范围和发展方向.中国科学院.http://www.cas.cn/xw/zjsd/200906/t20090608_642759.shtml.

陆军.2002.城市外部空间运动与区域经济.北京：中国城市出版社.

陆铭，陈剑，严冀.2004.收益递增、发展战略与区域经济的分割.经济研究，(1)：54-63.

马丽娅.2011-10-31.成渝经济区背景材料及相关情况.http://leaders.people.com.cn/GB/218481/233128/16073948.html.

牟丰京，刘长发.2009-05-19.渝鄂签署战略合作协议 未来12条公路连接两地.http://news.xinmin.cn/rollnews/2009/05/19/1974359.html.

南方日报网络版.2009-12-07.广东重庆签订战略合作协议.http://www.gd.gov.cn/gdgk/gdyw/200912/t20091207_108403.htm.

南方网.2004-06-03."9＋2"政府领导共同签署《泛珠三角区域合作框架协议》.http://www.southcn.com/panprd/news/info/200406030494.htm.

宁吉喆.2001.西部开发重点区域及政策.中国投资，(9)：10-11.

钱俊瑞.1982.世界经济百科全书.北京：中国大百科全书出版社：110.

邱洪斌.2008-12-17.加强渝黔跨区域合作打造乌江山峡百里画廊.http://cqqx.cqnews.net/yw/youyang/200812/t20081217_2791032.htm.

饶光明.2006.长江上游地区地方政府之间跨区域合作研究.经济体制改革，(1)：87-91.

饶及人，黄立敏.2009-11-25.美国波士华城市群发展对中国的启示.http://www.chinacity.org.cn/csfz/fzzl/48921.html.

山泽逸平.2001.亚洲太平洋经济论:21世纪APEC行动计划建议（中译本）.范建亭，等译.上海：上海人民出版社.

申丽娟，吴江.2009.城乡社会统筹评价指标体系实证分析——以重庆市为例.西南师范大学学报(自然科学版), (4):61-66.

沈谦.2009-09-07."三线建设"对我省工业经济的影响.http://www.sxdaily.com.cn/data/xzg60/20090907_9864352_8.htm.

四川省统计局.1979.四川统计年鉴1979.北京：中国统计出版社.

四川省统计局.1985.四川统计年鉴1985.北京：中国统计出版社.

四川省统计局.1992.四川统计年鉴1992.北京：中国统计出版社.

四川省统计局.2008.四川统计年鉴2008.北京：中国统计出版社.

四川省统计局.2010.四川统计年鉴2010.北京：中国统计出版社.

四川省统计局.2011-04-20.四川省2010年国民经济和社会发展统计公报.http://www.sc.stats.

gov.cn/sctj.

宋明 . 2008-05-11. 五大产业，川黔合作有为 . http://www.sc.gov.cn/zwgk/zwdt/bmdt/200805/t20080511_277883.shtml.

苏春江 .2009. 河南省城乡一体化评价指标体系研究 . 农业经济问题，(7):96-100.

唐政生，孙荣博，潘安 .2005. 田纳西流域管理体制特点 . 东北水利水电，(1):52-53.

陶一桃 . 2005. 三大都市圈制度竞争力的比较研究 . 求是学刊，（1）：70-76.

田代贵 . 2006. 长江上游经济带协调发展研究 . 重庆：重庆出版社 .

田凯 . 2002-12-23. 国外非营利组织理论评述 . http://www.npo.org.cn/news/findnews/shownews.asp?newsid=5693.

王韩伟 . 2005. 投入产出分析在农业经济系统中的应用 . 农机化研究，(3):36-38.

王健，鲍静，刘小康，等 . 2004. "复合行政"的提出 . 中国行政管理，(3):44-48.

王欲然 . 2011-06-27. 审计署：中国红十字会多笔资金存在问题 . http://www.people.com.cn.

王云，张春 . 2010-08-01. 携手发展 川滇黔十市地州共推区域合作力争从地区构想上升为国家战略 . http://www.scol.com.cn.

韦茂光 . 1994. 西南各省区联手构筑大市场 . 技术经济信息月刊，(10): 31.

魏后凯 . 2006. 现代区域经济学 . 北京：经济管理出版社：486-487.

小岛清 . 1987. 对外贸易论 . 周宝廉译 . 天津：南开大学出版社：345-351.

谢本书 . 2000-05-21 西南经济开发的历史思考 . http://www.e56.com.cn/minzu/west/Information_detail.asp?Information_ID=29.

新华社 . 2006-01-16. 渝怀铁路正式通车 . http://www.gov.cn.

新华社 . 2006-06-27. 青藏铁路 7 月 1 日正式通车运营 . http://www.gov.cn.

新华网旅游频道 . 2010-04-25. 渝鄂长江三峡区域旅游合作 2010 年轮值主席会召开 . http://www.gov.cn/gzdt/2010-04/25/content_1591996.htm.

修春亮，许大明，祝翔凌 . 2004. 东北地区城乡一体化进程评估 . 地理科学，(6):320-325.

徐百柯 . 2004-02-04. 从对手走向合作 川渝结盟共谋长江上游经济发展 . http://finance.sina.com.cn/g/20040204/0715617942.shtml.

徐昌生 . 2006. 地方政府正迷失在招商引资的陷阱中 . 中国社会导刊，(3): 40-41.

徐德辉 .2005. 田纳西流域管理法 . 水利水电快报，(1).

许宪春 .2005. 中国 2002 年投入产出表编制方法 . 北京：中国统计出版社 .

亚当·斯密 .1996. 国民财富的性质和原因的研究 . 郭大力，王亚南译 . 北京：商务印书馆 .

杨锦竺，张伦 . 2005-12-27. 西南出海大通道——"渝湛"高速路全线贯通 .http://www.cwestc.com/newshtml/2005-12-27/31084.shtml.

杨兴云 . 2009-10-21. 成渝整合资源，打造西三角经济区 . http://www.eeo.com.cn.

于光远 .1992. 经济大辞典 . 上海：上海辞书出版社：16-26.

郁广健 . 2005. 长江上游间投入产出模型及应用研究 . 西安：中国陕西出版社 .

云南省人民政府办公厅.2006-11-15.云南省人民政府办公厅关于印发西南六省区市经济协调会第21次会议纪要及专题文件的通知.http://xxgk.yn.gov.cn/Info_Detail.aspx?Document_ID=129951.

云南省统计局.1979.云南统计年鉴1979.北京：中国统计出版社.

云南省统计局.1985.云南统计年鉴1985.北京：中国统计出版社.

云南省统计局.1992.云南统计年鉴1992.北京：中国统计出版社.

云南省统计局.2008.云南统计年鉴2008.北京：中国统计出版社.

云南省统计局.2010.云南统计年鉴2010.北京：中国统计出版社.

云南省统计局.2011-04-20.云南省2010年国民经济和社会发展统计公报.http://www.stats.yn.gov.cn.

张鸿.2006.区域经济一体化与东亚经济合作.北京：人民出版社：228-231.

张建平，潘海平，陈芳.2003-03-10.拆除束缚"长三角"的"汉界楚河".http://www.people.com.cn.

张竟竟.2004.河南省城乡关联发展研究.河南大学.

张可云.2005-09-20.关于成立区域管理委员会的建议.东中西区域发展和改革研究院简报总第20期.http://www.chinape.org.

张乃丽.2007.雁行形态理论研究新进展.经济学动态,(8).

张启东，石辉.2006.岷江上游的水沙变化及其森林破坏的关系.人民长江,(8):31-34.

张文合.1991.田纳西河流域的综合开发与治理.人民长江,(7):48-51.

张亚雄，赵坤.2006.区域间投入产出分析.北京：社会科学文献出版社.

张幼文.2001.世界经济一体化的历程.上海：上海学林出版社.

赵焕明.2009-02-05.迁得出 稳得住 三峡移民扎根侨乡走上致富路.http://www.jmnews.com.cn/c/2009/02/05/10/c_1014572.shtml.

赵平安，高猛.2009.双向建构：政府与非政府组织合作的逻辑与现实.行政论坛,(3):57-61.

赵伟.2006.区域经济一体化的理论渊源及最新进展.商业经济与管理,(6):62.

赵颖.2004-11-26.历次东盟首脑会议一览.http://www.people.com.cn/GB/shizheng/8198/41192/41198/3015339.html.

中共中央.1997-09-12.高举邓小平理论伟大旗帜，把建设有中国特色社会主义事业全面推向二十一世纪——江泽民在中国共产党第十五次全国代表大会上的报告（1997年9月12日）.http://news.xinhuanet.com/ziliao/2003-01/20/content_697189.htm.

中共中央.2002-11-17.全面建设小康社会，开创中国特色社会主义事业新局面——江泽民在中国共产党第十六次全国代表大会上的报告（全文）.http://www.china.com.cn.

中共中央.2013-10-14.中共中央关于完善社会主义市场经济体制若干问题的决定(全文).http://www.people.com.cn/GB/shizheng/1024/2145119.html.

中共中央.2007-05-07.加快改革开放和现代化建设步伐 夺取有中国特色社会主义事业的更

大胜利：江泽民在中国共产党第十四次全国代表大会上的报告 . http://www.gddjw.net/jcdj/LCDDH/DSSIC/200705/437.html.

中共中央 . 2008-03-04a. 关于深化行政管理体制改革的意见 .http://www.xinhuanet.com.cn.

中共中央 . 2008-11-12b. 十二届三中全会：中共中央关于经济体制改革的决定 . http://www.hy-djnet.gov.cn/News_View.asp?NewsID=8801.

中共中央 . 2010-09-03a. 中共中央关于建立社会主义市场经济体制若干问题的决定（中国共产党第十四届中央委员会第三次全体会议１９９３年１１月１４日通过）. http://www.china.com.cn.

中共中央 . 2010-09-03b. 中共中央关于制定国民经济和社会发展"九五"计划和２０１０年远景目标的建议（１９９５年９月２８日中国共产党第十四届中央委员会第五次全体会议通过）. http://www.people.com.cn/item/20years/newfiles/b1100.html.

周婷 . 2007. 长江上游经济带与生态屏障共建机制研究 . 经济纵横 , (3):12-14.

朱颖 .2008. 城乡一体化评价指标体系研究 . 农村经济与科技 , (7):51-65.

Balassa B.1961.The Theory of Economic Integration. Homewood, IL：Richard D. Irwin.

Coase R H. 1937. The nature of the firm.Economica,4(3):386-405.

Marchlup F.1961.A History of Thought on Economic Integration. Homewood, IL：Richard D. Irwin: 15．

Streeten P.1961.Economic Integration:Aspects and Problems. Legden: A.W.Sijthoff: 16.

TOM 科技 . 2007-06-07. "北电西南合作伙伴业务暨技术交流会" 蓉城举行 .http://www.jmnews.com.cn/c/2007/06/07/14/c_5505023.shtml.

后记

2005年年底，我们获准承担国家软科学研究计划年度项目——长江上游地区经济一体化研究，项目编号为2005DGS3D057。在课题主持人黄志亮教授的统筹策划下，课题组成员立即着手资料的收集，并于2006～2009年多次组织调查组，深入重庆、贵州、四川、云南等省市进行实地考察。课题组先后走访了这些省市的统计局、发改委、经委、政研室和典型的县、乡镇政府部门及其领导，并深入与同行专家交流，了解和收集了大量关于区域经济一体化方面的第一手调研资料。

在实际调研的基础上，课题组成员查阅了大量中外文献，由主持人提出课题的总体思路和具体专题大纲，课题组先后在贵阳、成都、重庆南川等地及重庆工商大学展开多次讨论，形成了课题的主要思路、基本观点和具体方法，并明确了课题分工和初稿执笔人：第一章、第五章，重庆工商大学段小梅研究员和硕士研究生刘勇俊；第二章、第六章，重庆工商大学黄志亮教授；第三章，重庆工商大学饶光明教授、戴林副教授、段小梅研究员和硕士研究生王兵、刘勇俊；第四章，重庆工商大学陈正伟教授；第七章，重庆工商大学陈正伟教授、戴林副教授、段小梅研究员和饶光明教授；第八章，重庆工商大学饶光明教授、朱艳平老师。在课题研究过程中，重庆工商大学邹璇教授参与前期研究，撰写部分文献综述，并协助黄志亮教授修改课题初稿；黄志亮教授负责课题的研究统筹；陈正伟教授负责数据处理；朱艳平老师做了文献收集整理和文字校对；饶光明教授协助黄志亮教授做了项目服务和大量组织工作。

课题成果于2011年12月完成。2012～2013年，课题主持人参与了陈泽明教授主持的国家自然科学基金项目（批准号71062002）的研究，课题组在最终成果基础上按照原有分工进行反复修改，补充完善，吸收了国家自然科学基金项目（批准号71062002）"基于企业内部与环境创新要素的资源型企业创新能力评价指标体系研究"的部分研究成果，紧扣长江上游地区经济一体化这一主题深入研究，并根据最近几年的最新情况进行了观点提炼、数据更新和文字润色。

在此期间，陈泽明教授对本书的完善提出了重要建议，重庆工商大学区域经济学专业硕士研究生王志强、胡尧协助做了数据补充收集与计算、文字校对、资料邮寄、信息联络等实际工作，从而形成了现在的专著稿。

课题组成员宁心静气，充分遵循实践—认识—再实践—再认识的规律，大家集思广益，辛勤努力，反复调研、讨论、修改、提炼，付出了巨大的辛劳。

在课题调研和专著撰写过程中，我们得到了很多单位和个人的热情支持和帮助，这些单位和个人是：重庆市发展和改革委员会，四川省发展和改革委员会，云南省发展和改革委员会，贵州省发展和改革委员会，重庆市统计局秦瑶总统计师、重庆市发展和改革委员会王平副主任、四川省发展和改革委员会王志斌处长、西南民族大学蒲成毅教授、云南大学发展研究院郭山教授、贵州省商务厅陈泽明副厅长（重庆工商大学客座教授）、中国人民政治协商会议贵州省毕节市委员会副主席杜娟等。

本书的出版还得到国家自然科学基金项目（批准号71062002）的资助，得到教育部人文社会科学重点研究基地重庆工商大学长江上游经济研究中心的资助，得到重庆工商大学科研处、财务处、研究生处、图书馆、经济管理实验教学中心和经济学院等部门的大力支持，得到科学出版社的大力支持。在专著稿汇总和与科学出版社协作中，饶光明教授付出大量心血。在此，谨向关心、支持和帮助我们的领导、专家和朋友致以崇高的敬意和衷心的感谢！

作为课题研究成果，本专著的出版标志着研究工作暂告一段落，但对于长江上游地区经济一体化发展的更深层次、更宽领域问题的探究和实践探索，还有许多艰苦的工作要做。我们拟在未来的工作中继续深入这方面的研究，为长江上游地区经济一体化发展的实践创新和理论创新尽匹夫之力。

鉴于课题组成员水平有限，研究中尚存在不少疏漏之处，不足之处在所难免，敬请读者批评指正。本书文责由作者自负。

重庆工商大学长江上游经济研究中心
长江上游地区经济一体化研究课题组
2013年12月

图6-1 成渝经济圈"双核五带"示意图

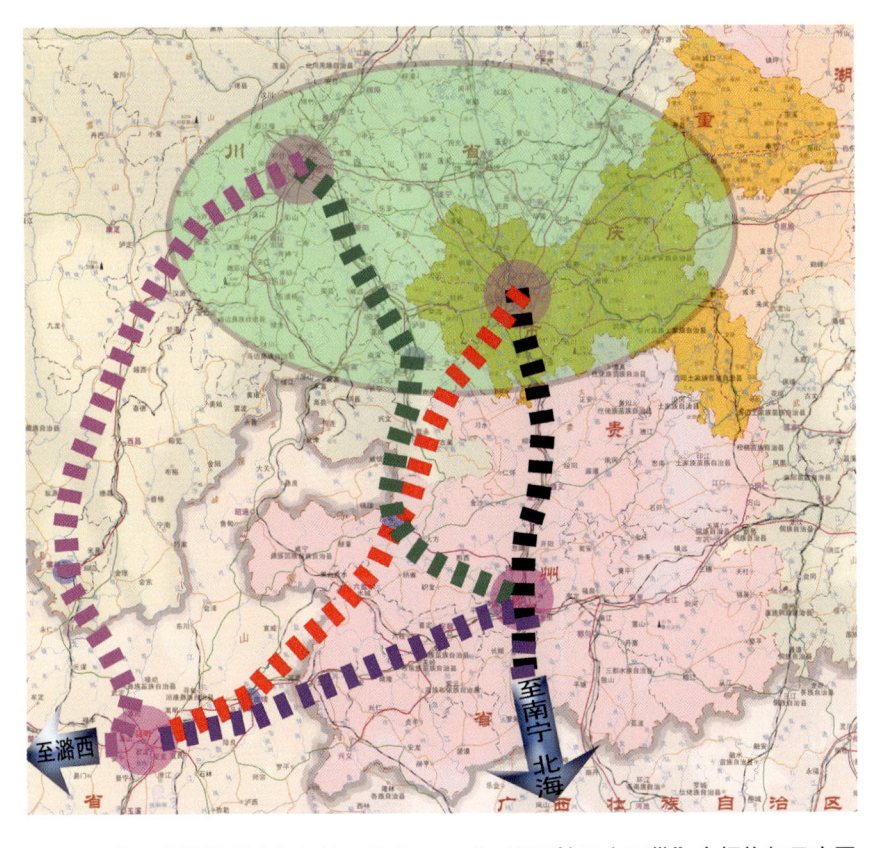

图6-2 长江上游地区内部经济一体化——"一圈两核四心五带"空间构架示意图